MINERVA福祉専門職セミナー

児童福祉論

———— 新しい動向と基本的視点 ————

菊池正治・細井 勇・柿本 誠
［編著］

ミネルヴァ書房

はしがき

　児童福祉と呼ばれる分野は，社会福祉の一領域を構成するものである。その他の分野として貧困・低所得問題にかかわる公的扶助分野，障害児・者問題にかかわる障害者福祉分野，高齢者問題にかかわる高齢者福祉分野，母子・寡婦問題にかかわる母子・寡婦福祉分野，地域住民の問題にかかわる地域福祉分野など多様に細分化されている。これらの諸分野は，個々が独立して存在しているものではなく，それぞれが相互的に関係をもちながら展開している。私たちは学習の便宜上，社会福祉原論（概論・総論），公的扶助論，児童福祉論，障害者福祉論，高齢者福祉論，地域福祉論などと分類して学習し，あたかもこれらが無関係のように考えがちであるが，原論（全体）と分野論とが，また，分野論相互が密接に関係しながら存在していることを知っておくべきであろう。

　社会福祉原論（概論・総論）との関係で児童福祉を見ると，原論に通底する社会福祉の考え方（理念・思想）や体系・枠組みなどは，当然，児童福祉の分野においても共通事項として存在している。社会福祉原論では，社会福祉の原理や全体（像）を学習することをねらいとするものであり，この全体の中での一分野が児童福祉である。

　このような考えに立った場合，昨今の社会福祉基礎構造改革と呼ばれる戦後最大の社会福祉の「改革」のもとで，社会福祉のありようが大きく変わり，社会福祉の一分野としての児童福祉も大きく様変わりした。今日の児童福祉を理解しようとすれば，総論の課題に属する社会福祉基礎構造改革への認識を抜きにしては成立しえない。児童福祉分野での市場原理にもとづく競争主義の導入や公立施設の民間委譲・委託を含む福祉サービスの市場化の促進，措置制度から支援費制度への移行など，児童福祉分野での具体的な展開は，社会福祉という総論の課題として大きな枠組みの中で設定されたものである。

　そして，児童福祉分野での諸改革は，同時に高齢者福祉や障害者福祉などの分野においても，相互に関係をもちながら同時に展開するものである。たとえば，2000年より実施された介護保険法は，保険方式を採用した新たな介護（福祉）サービスとして出発した。これの社会福祉領域での導入については，当初，賛否両論の立場から論議されたところであるが，これが沈静化し，福祉サービスの保険化が一定の支持をえた今日，児童福祉分野においても育児保険ないし子育て保険構想なる論議

がにわかに浮上し，分野相互の関係を示している。

　すなわち，社会福祉の全体像のなかでの方向は，各論の分野において実行され，全体の動向は確実に分野で具体化される歩みをしているし，分野相互のかかわりのなかで展開している。この流れを推進するも，修正や廃止をするも「国民の関心と行動」であるといえよう。

　本書は，児童福祉分野を取り扱うテキストであるが，読者は，児童福祉の学習を進めながら全体とその他の分野についても関心をもち，相互関係のなかで児童福祉を学んでほしい。児童福祉の分野だけでも子どもを取り巻く多様な生活問題があり，それに対応する制度や実践もまた多種である。これらを体系的に学ぶことにより，児童福祉のみならず，社会福祉の全体にメスを入れることができる。

　今日，児童福祉に関する書物は，多く出版されている。このなかで敢えて本書出版の特色を指摘すれば，児童福祉の解説をなしたに止まらず執筆者の研究的視点を尊重したところにある。したがって，単なる解説書ではなく，それぞれの執筆者の研究に裏付けされた考えを平易な文章でわかりやすく記述している。また本書は，全体の構成を総論，各論と，最後にこれからの児童福祉の方向性を示す展望に大きく分け，各論では特に問題，制度，実践の流れで記述して，理解しやすいように配慮したつもりである。それでもなお不十分な点があることは編者の責任であり，今後読者のご指摘を得て改善していきたい。

　最後に本書の企画に賛同し，執筆をご快諾頂いた研究の仲間である多くの先生方と，校正等を手伝って頂いた鹿児島国際大学大学院の勝智樹氏，企画・編集の労を根気強く最後までおとり頂いたミネルヴァ書房の五十嵐靖氏と音田潔氏にあわせて感謝申し上げる。

　　2006年11月3日

　　　　　　　　　　　　　　　　　　　　　　　　菊池正治
　　　　　　　　　　　　　　　　　　　　　　　　細井　勇
　　　　　　　　　　　　　　　　　　　　　　　　柿本　誠

◆目　次

はしがき

第1章　現代社会と児童問題

1　児童問題の背景としくみ……………………………………………………………1
　　児童問題の背景…1　家族のなかの児童問題…4　児童問題のしくみ…7
2　子どもの発達と福祉……………………………………………………………………9
　　子どもの発達の原理…9　子どもの発達と環境…10
　　子どもの発達と社会福祉…11
3　児童福祉の意義………………………………………………………………………13
　　児童福祉の概念…13　児童福祉の目的…13　児童福祉の対象と担い手…15
　　児童福祉の方法…16

第2章　児童福祉の歩み

1　欧米の児童福祉の歩み………………………………………………………………18
　　児童の権利思想の誕生とその背景…18　英国における児童福祉の歩み…19
　　米国における児童福祉の歩み…24　児童の権利の国際的表明…26
2　日本の児童福祉の歩み………………………………………………………………27
　　家族制度と生活困窮…27　近代社会形成期の児童救済事業…28
　　近代社会展開期の児童保護事業…31　戦後社会の児童福祉事業…35

第3章　児童福祉の法律と実施体制

1　児童福祉法と関係立法………………………………………………………………43
　　児童福祉法…43　その他の関係立法…45
2　児童福祉の行財政……………………………………………………………………47
　　児童福祉審議会…47　医療保障と所得保障…48　措置費制度…49
　　児童福祉と障害者自立支援法…49
3　児童福祉の実施機関・施設…………………………………………………………51
　　児童相談所…51　市町村（児童家庭相談機関）…53　保健所…53
　　児童福祉施設…53

4 児童福祉法の課題と展望……………………………………………………… 58

第4章 児童福祉の専門職員

1 児童福祉専門職と専門性………………………………………………………… 60
児童福祉の動向と児童福祉専門職に求められるもの…60
児童福祉専門職の専門性…62

2 児童福祉専門職の職務と資格………………………………………………… 64
児童福祉行政機関の専門職の職務と資格…64
児童福祉施設の専門職の職務…66
児童福祉施設の専門職の資格と課題…69

3 関連分野の専門職との関係…………………………………………………… 73
児童福祉と関連分野の専門職…73　関連分野とのネットワークの課題…75

第5章 母子保健と福祉

1 母子保健問題とは……………………………………………………………… 78
2 母子保健の制度と活動………………………………………………………… 81
妊娠について…81　赤ちゃんについて…83　その他の母子保健事業…84
3 事例：母子保健の活動………………………………………………………… 85

第6章 児童健全育成と福祉

1 少子化対策の現状……………………………………………………………… 88
児童健全育成の意義…88　児童健全育成の取り組み…90

2 子育て支援策の現状…………………………………………………………… 96
家庭における児童健全育成…96　地域における児童の健全育成施策…97
児童健全育成の課題…99

3 児童健全育成対策の取り組み………………………………………………… 99
従来からの児童健全育成対策…100　現在の児童健全育成対策…102

第7章 児童虐待と福祉

1 児童虐待問題とは……………………………………………………………… 108
児童虐待問題の社会的背景…108　児童虐待の定義と種類…111

2 児童虐待問題の制度と活動…………………………………………………… 113

　　　　親の親権の制約方法について…113
　　　　児童福祉法と児童虐待問題への取り組み…113
　　　　児童虐待の防止等に関する法律と児童虐待問題への取り組み…115
　　3　児童虐待問題への対応における関係機関の連携……………………117
　　　　事例の概要…117　課題と方向性…118　まとめ…120

第8章　母子家庭・父子家庭と福祉

　　1　母子・父子家庭の現状……………………………………………122
　　　　母子・父子家庭とは…122　母子家庭の現状…123　寡婦家庭の現状…125
　　　　父子家庭の現状…125
　　2　母子・父子福祉施策………………………………………………127
　　　　母子福祉施策…127　寡婦福祉対策…132　父子福祉施策…132
　　3　事例：母子生活支援施設の援助活動………………………………133

第9章　子どもの保育

　　1　保育問題とは………………………………………………………137
　　　　保育問題の社会的背景…137　育児の社会化をめぐる諸問題…141
　　2　保育問題の制度と活動……………………………………………145
　　　　保育の二元制度と認定こども園…145
　　　　保育サービスの情報公開と第三者評価…149　認可外保育サービス…150
　　　　保育所保育サービスのしくみ…152
　　　　保育ニーズの多様化と保育対策等促進事業…154
　　　　保育問題の課題と展望…155
　　3　事例：保育所での障害児保育（統合保育）の実際…………………158
　　　　3歳児保育の開始と保育経過…158　4歳児保育の経過…161
　　　　5歳児保育の経過…162

第10章　児童養護と福祉

　　1　養護問題とは………………………………………………………165
　　　　家庭…167　学校…168　社会…169
　　2　養護問題の制度と活動……………………………………………170
　　　　幼児の教育，保育…171　高年齢児童と高校進学…172

　　　　　アフターケア…173
　　3　事例：児童養護施設での援助活動………………………………………………174
　　　　　子どもの日常生活への援助活動…174　年間行事の現状と課題…178
　　　　　施設職員と労働時間…178

第11章　非行と福祉

　　1　非行とは……………………………………………………………………………181
　　　　　非行とは何か…181　歴史的経緯…184
　　2　非行問題の制度と活動……………………………………………………………188
　　　　　少年法による非行問題への対応…188　非行をどう考えるか…189
　　　　　児童福祉法による非行問題への対応…191
　　3　事例：児童自立支援施設とその実践……………………………………………192
　　　　　児童自立支援施設の特徴と課題…192　家庭学校の実践について…193

第12章　障害児と福祉

　　1　障害児問題とは……………………………………………………………………195
　　　　　障害児・者を表す言葉…195　国際障害者年の意義…196
　　　　　「障害」をどう理解するか…197　障害児の発達…198
　　　　　子どもの権利条約と児童福祉の課題…200
　　2　障害児問題への制度と活動………………………………………………………200
　　　　　障害児への福祉対策…200　障害児問題への活動等…205
　　3　事例：障害児施設での歩行訓練…………………………………………………206

終　章　児童福祉の展望

　　1　社会福祉制度から…………………………………………………………………211
　　　　　社会福祉「改革」と市町村の役割…211　公的責任と子ども家庭福祉…212
　　　　　子ども家庭福祉と包括的サービスへの課題…213
　　2　家庭福祉から………………………………………………………………………215
　　　　　家庭福祉と子どもの福祉の接点…215
　　　　　子ども家庭福祉への関心の高まりとその対策…216
　　　　　家庭福祉からみた子どもの福祉…218
　　3　保育制度から………………………………………………………………………219

　　　　保育制度改革の方向性…219
　　　　総合施設＝認定こども園がもたらすもの…221　保育制度の展望…223
4 障害児福祉から………………………………………………………………224
　　　　児童扶養手当併給禁止措置の見直しを…224　障害児教育の充実を…226
5 地域福祉から…………………………………………………………………228
　　　　孤独化する子どもたち…228　地域福祉で心のデジタル化を予防…229
6 教育・医療制度から…………………………………………………………230
　　　　教育・医療と児童福祉の視点…230
　　　　教育・医療がめざす子どもの自立…231
　　　　子どもの主体的な教育・医療への参加…231
　　　　教育・医療における個性化…233
7 児童福祉の国際的動向から…………………………………………………234
　　　　国際的視点について…234　福祉国家の成立とその揺らぎ…236
　　　　貧困と児童労働，ストリートチルドレン，児童売春，海外移民…238
　　　　途上国における人口問題と先進国における少子化問題…239

索　　引…243

第1章　現代社会と児童問題

1 児童問題の背景としくみ

1　児童問題の背景

　現代社会での子どもは，大人と等しい人格と人権を有するものの，しかし，客観的事実としては社会的・経済的弱者として存在しており，彼らに波及する社会問題に対しては，みずからの意志や行動によって対応することはできず，社会の手厚い支援を必要とする。それゆえに，子どもに影響を及ぼす社会問題の解決は，子どもみずからの手によっては不可能であり，社会の責任として対応されなければならず，それ以上に社会問題の発生を未然に防止し，すべての子どもの安定した生活と健全な発達の確保が推進されなければならない。

　現代社会の特色を子どもとの関係でとらえてみると，豊かな社会での貧困化現象，出生数の減少傾向と老年人口の急激な増加，さらには，都市化・工業化の進行による地域社会の変貌と家庭機能の弱体化などの近年の社会問題は，そのまま子どもの生活に直結し，何らかの影響を与えている。もちろん，これらの他の問題も子どもの生活に直接的・間接的にかかわりをもっているが，ここでは上記した問題を中心に検討しておくこととしよう。

A　「豊かな社会」のなかの貧困

　戦後60年が経過し，国民の生活の中には貧困の影すら感じさせない豊かな社会を謳歌しているかのように見えるが，はたして国民の生活は真に豊かなものになったのであろうか。実感として豊かさを感じている国民がどれほど存在しているであろうか。多くの国民は，みずからの労働力を「商

品」として資本に提供し，その対価としての賃金を得て生活を営む。ところが，資本の側は，技術革新のもとで合理化を推し進め，勤労者の実質賃金を抑制し，さらには，労働力再生産の場である生活場面においても大量生産による大量消費をめざしマスメディアを駆使して国民に消費を強制する。この他にも税金に代表されるような社会的強制費や子育て・教育費などの負担も加わり，国民の支出は増加の一途をたどり，生活の基盤を危うくさせている。

　これが子どもの生活に影響を及ぼすことは，彼らのそれが基本的には保護者の経済力に依存しながら展開する事実を知れば十分にうなずけるであろう。とりわけ，生活保護制度の被保護世帯の子どもや母子世帯の子どもたちは，社会福祉の諸サービスを受けていてもそれが低劣な水準のために現実的には格差社会のなかで経済的弱者として存在しており，彼らの生活と発達は常時脅かされている。貧困が子どもに与える影響については，身体的発達の遅滞や学業成績の不振などとして具体的に顕在化していることを1970年代はじめに篭山京は『低所得層と被保護層』（1970年）で指摘しているが，それは今日でも同じといえよう。

B　出生数の減少

　現在，わが国は超高齢社会に向かって進展している。この反面で，来たるべきこの社会を支える子どもの出生数は年々低下しており，1949年の戦後の第1次ベビーブーム期には，約270万人を数えたものの，1973年の第2次ベビーブームには約209万人，これ以降，減少傾向をたどり，2005年にはついに約106万人にまで落ちこんでいる（図1-1）。こうした出生数の減少の背景として，養育費や教育費の高騰，また，養育の肉体的・心理的負担や住宅問題，晩婚化などが横たわっていることを各種の調査では指摘している。ここに子どもの養育についての経済的問題の重みを読み取ることができる。

　出生数の減少問題は，やがて労働人口の不足，高齢者扶養問題，そして今後の社会保障制度などさまざまな社会問題に連動していく。子どもの生活と発達にも大きな影響を及ぼし，地域や家庭において仲間集団を形成することができず，この結果，社会性を獲得する機会をもつことが少ないままに大人への成長過程を歩むこととなる。最近，遊ばない子どもというこ

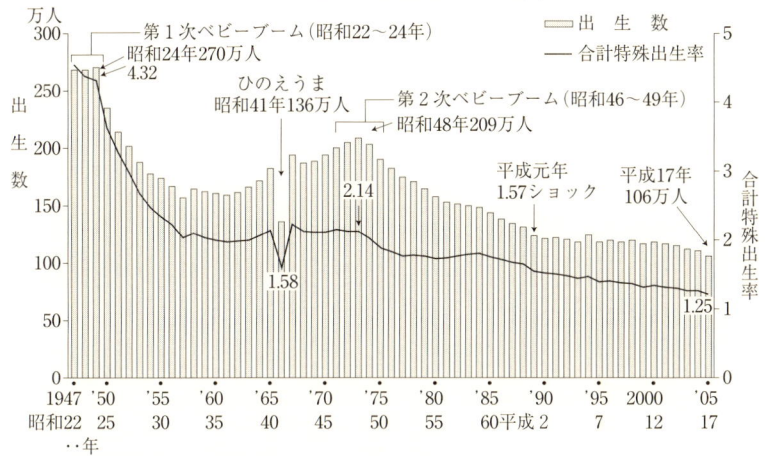

1-1 出生数と合計特殊出生率の推移

資料：厚生労働省「人口動態統計」。平成17年は概数。
出所：厚生統計協会編『国民衛生の動向（2006年）』厚生統計協会，2006年，39ページ。

とが問題として取り上げられるが，事実は，遊べない子どもであり，出生数の減少問題がもたらした現象の一つである。

C 地域社会の変貌

　社会や家庭は，人間の生活にとっては基本的な生活基盤である。もちろん，子どもにとっても例外ではない。近年の都市化傾向は，伝統的な地域社会を解体させ，都市における過密化，一方，農村における過疎化を急激に推し進めた。利潤追求を目的とする「資本の論理」を最優先して展開した都市化・工業化は，地域環境を大きく変貌させ，住民生活に多くの問題をもたらした。それは，公害問題，交通事故問題，住宅問題などは過密化した都市部に多く発生し，過疎化に悩む農漁山村では，若年労働力流失に伴う高齢化の進行，公共施設の統廃合などの問題に代表される。

　地域環境の悪化にともない，子どもの生活と発達のうえにもさまざまな問題を発生させ，交通事故や公害の被害者になったり，あるいはまた，地域格差の拡大により教育や医療の保障が不十分であったりして，一見，恵まれた環境のもとに置かれているかのようにみえる子どもの生活は危機的な状況にあるといえよう。

2 家族のなかの児童問題

A 核家族化

　今日,児童問題は家族問題であるとたびたび指摘される。その理由は,児童問題の発生基盤が家族・家庭にあることによる。しかし,この家族も社会経済状況に規定されながら存在している。したがって,児童問題の基盤としての家族も社会との関係から論じられなければならず,このことを念頭に置きながら児童問題を見る必要がある。ここでも,この視点にたって,児童問題と家族を論じていくが,家族と社会状況の関係については検討する余裕がないので,この視点を前提にしていることだけを断っておく。

　家族の変貌については,核家族化の問題を取り上げなければならないであろう。核家族の増加傾向は,社会の変化に応じて発生したものであり,偶発的な問題ではない。すなわち,社会構造の近代化や都市化がこの家族形態を産み落としたのであり,資本主義経済が進行すればするほどに核家族化も進むといわれている。経済の高度化は,都市部に労働者を集中させ,低賃金や住宅難などの問題により核家族化をおしすすめる。他方,若年労働者を流出した農村部においては,過疎化して老夫婦の核家族を作り上げる。

　核家族化の結果,これが家族機能の面でどのような問題を惹き起こしてきただろうか。第1は,家族の生産機能の喪失である。家族から生産手段がなくなり,ここで生活するためには賃金労働者になり,労働力を資本に提供して賃金を得る以外の方法はなく,生活の場である家庭は消費の場となる。賃金は,慢性的に低く抑えられ,勤労者家庭は,病気,老齢や事故に一度遭遇すると貧困の危機に陥る経済的基盤の弱さを常にもつようになる。

　第2に,家族内で発生する疾病や障害などに対する看護や介護などの機能が低下する。すなわち,問題の質によるであろうが,疾病などが重度化すればするほど家族内での対応は困難となり,社会的なサービスを必要とする事態に追い込まれる。

　第3に,子育て・保育機能の面においても,性別役割分担により夫が外で働き賃金を得,妻は家庭内における家事・育児を担当するという構造は,

女性労働者の増加により崩壊しつつある。この結果，育児・保育の社会化が必要となり，勤労者家庭の保育問題はきわめて深刻化してきている。

　核家族は，現代社会の典型的な家族形態であり，上記したような機能面での問題点を多く内包することにより，これらの家族が家族としての十分な機能を果たすためには，社会制度の充実が前提としてなければならない。

B　子育て費用の増加

　勤労者階層の子どもの生活は，基本的には世帯主の経済力に制約される。世帯主が労働力を企業・会社に提供し，この対価として得る賃金がその世帯の経済力となる。今日では，世帯主の経済力を補助する役割を担って母親の就労が一般化してきており，両親の賃金によって子どもの生活は成り立っている。この勤労者階層の経済的生活において，子育てに要する経費はどのような割合を占めているのであろうか。これまで，子育て費用が家計にとって大きな負担となり，家庭生活を圧迫していることは，一般的にも広く認められている。

　野村證券が行っている『家計と子育て費用調査』（第9回，2005年）によって子育て費用（教育費，医療費，食費，被服費の他，小遣い，子どものための保険など）についてみると，家計支出平均月額26.8万円のうち3割弱の7.5万円が子育て費用に充てられているとしている。また，厚生労働省の『21世紀出生児横断調査』（第1回2001年度，第2回2002年度）では，子どもが6カ月児の時は月額平均4.1万円の子育て費用を要しており，1歳6カ月児の時は月額平均2.8万円と減少しているが，保育所を利用する年齢になると保育料が上乗せされ家計を圧迫する実態を明らかにした。

　さらに子育て費用のうちで教育費（学校教育費，学校給食費，塾や習い事などの学外活動費など）に要する費用についてみると，幼稚園から高等学校まですべて公立を利用した場合は14年間で約511万円，幼稚園と高等学校が私立を利用した場合は720万円，小学校以外すべて私立を利用した場合は959万円と文部科学省は推計している。これに大学進学が加わると4年間で平均807万円となり，教育費が勤労者の家計にとって大きな負担となっていることが理解できる。高学歴社会は家計圧迫の最大の要因となっており，出生数減少の原因の一つが子育て費用，とりわけ，教育費の負担増大がある。

C　子育てと仕事の両立の困難

　今日では，夫婦共働きの家族が増加し，働く母親の数値も高くなっている。しかし，女性労働者が仕事を継続しながら結婚をして出産・子育てを行っていくことは大変困難なことである。すなわち，出産・子育てに直面した女性労働者は，いったん仕事を辞め，専業主婦になることが多く，子育てと仕事の二者択一の決断を迫られることになる。それは，みずからの意思によって行われるというよりも，職場の環境や家庭内における子育ての状況がその選択を迫るものであり，中小企業で働く多くの女性労働者に共通した課題となっている。

　出産・子育てでいったん退職した主婦層は，子育てに比較的手がかからなくなると再度就業する傾向が強く，この段階での女性労働者数は専業主婦数を超える。就職，結婚・出産・子育てなどによる退職，子育て期間後の再就職という女性のこの動向を年齢別労働力率（人口に対する労働力人口の割合）でとらえるとM字型カーブ（就職，離職，再就職）を描いており，近年の特徴として，このM字型は従来と同じであっても晩婚化や晩産化などにより年齢層が全体的に高くなってきている。

　子育てと仕事の両立が困難なために決断を迫られる二者択一の状況は，女性の社会的自立を阻害するばかりではなく，現実問題としての子育て世帯の収入の低下を招き，経済的な負担をいっそう強いものにする。そして，これが現代の少子化問題へ影響を及ぼしていることは疑う余地もない。このために育児休業の取得推進や保育サービスの充実などを通じて子育て環境の整備を社会全体で推進していくことや，また地域や家庭におけるその役割も再検討されなければならなくなっている。

　子育ては，それを担う保護者や家庭だけの責任ではない。将来，安定した社会の構築のためには，合計特殊出生率が2.08で現状維持の数字であり，今日では1.25とそれをはるかに下回っている。この現実の数値こそ，子どもを生み育てることを保護者個人に担わせることがいかに厳しい状況であるかを示している。個人の選択として，社会の対応が不十分なために未婚者，結婚しても子どもをもたない者，あるいは子育ての負担が少なくて済むように最低の数しか子どもをもたない者などが多くなり，出産・子育てが敬遠される傾向を創り出している。したがって，児童福祉法の児童育成の責任（第2条）に規定されるように児童の保護者とともに国・地方公共

団体の責任のもとに子育てをはじめとする児童福祉サービスの充実をなおいっそう積極的に推進しなければ，現状を克服することはできない。

3 児童問題のしくみ

A 児童問題理解の視点

　子どもの生活を取り巻く社会的・経済的環境が厳しい状況にあることは，上記の指摘で理解できるであろう。これらの社会問題を背景として今日の児童問題が発生している事実を科学的に理解することが重要である。これまでの児童福祉研究における児童問題の認識の方法は，社会問題と児童問題との因果関係を分析することにより，この構造を明らかにしてきた。たとえば，児童問題は，その発生基盤である社会問題が現代資本主義社会の「しくみの矛盾の結果」として生じるものであるから，児童問題もまたその結果としてとらえてきた。これまで児童問題の背景について述べた立場もこうした視点からである。

　今日では，上記の児童問題をとらえる視点の方法とは別に，児童福祉ニーズという立場から，現実に子どもの生活上で必要が欠乏する状態を児童問題とする理解の方法もある。

B 児童問題の悪循環

　私たちは，児童問題の厳しさを理解するために発生原因の分析とともに問題の現実態を知ることも重要である。すなわち，社会的原因にもとづいて発生した問題を担った子どもは，児童問題の担い手であるという事実によりさまざまな社会的差別・偏見に直面しながら，問題は次々と拡大・再生産され，悪循環していく。

　この一つの例として児童養護問題を見てみよう。児童養護施設入所の理由は，父または母の行方不明，父母ともに就労，父または母の長期入院などであり，近年では虐待原因も増加している。これらの保護者の労働形態や平均収入などを見てみると，多くの場合不安定な就労で，必然的に低収入であり，児童養護問題が保護者の経済的問題と密接に関係しながら発生していることは，疑いのない事実である。この問題に対応する児童福祉サービスの代表的なものが児童養護施設や乳児院入所であり，里親委託であ

る。

　児童養護施設に入所する子どもの問題の一つが教育保障である。中学卒業生の95%を越える高校進学率を見る今日においても児童養護施設生活児の場合，約80%強に止まっており，この半数ちかくの者が何らかの理由により中途退学をしている。この原因は，施設入所前の家庭崩壊にともなう学習意欲の喪失，これが結果として学力の低下を招き高校進学への意欲をなくしたり，それを継続することを困難にしている。また進学にともなう経済的理由などもあげられる。

　学歴社会に対する批判が多く出される今日においても，学歴がその後の人生に大きく影響することは事実であり，成人後の生活は学歴の高低によって規定されるといってもいい。低学歴しかもちえない施設生活児の将来には，大きな生活問題が待ち構えている。施設を退所し，社会的自立が適応される結果，当然のこととして子どもは，就職して賃金労働者となる。しかし，低学歴ゆえに彼らの就職先は，劣悪な労働条件の零細企業に集中する。これに耐えかねて転職をするも，やはりここでも低学歴が災いして，希望とは裏腹にさらに恵まれない労働条件のもとに吸収される。

　このようにして，保護者の貧困は，児童養護問題という児童問題を発生させ，子どもの低学歴問題へと発展し，さらに，子どもをして低賃金労働者化していき，彼らの生活を苦しめていく。ここに，子どもは，原因としての児童問題の担い手であると同時に，ここから新たに発生する現実問題の担い手として存在していく姿が明らかになる。児童問題の担い手となった子どもの生活形成のプロセスで，問題は再生産されていくのである。児童期に発生する問題の多くは，人間の一生の一時期である児童期のみの一過性のものではなく，その人間の一生涯に形を変えながらさまざまな問題現象を連続的に惹き起こしていく。それゆえに，児童問題の根本的解決は，人生という広い視野からとらえられなければならないし，徹底した対応策でなければならない。

2 子どもの発達と福祉

1 子どもの発達の原理

　人間が母親の胎内に生命を宿した時からの発育を一般的には，胎児期，新生児期，乳児期，幼児期，学齢期，思春期などと区分し，子どもはこれらの過程を経て大人へと成長していく。心身面での発達とは，広義にとらえれば，人間の上昇的・下降的変化過程における心身の形態や構造，さらには機能などの量的・質的変化の過程を指す言葉である。発達を0歳から18歳未満の時期に限りとらえると総体的には上昇変化過程として見ることができ，たとえば，体重や身長などの量的変化においては誕生時に比較すると驚くべき発達を遂げ，成人の体格に近づいていく。また，質的変化においては，さまざまな知識を獲得しながら思考力も豊かになり，精神的発達を遂げる。これらの発達は，個々人によって違った側面をもちながらも一定の方向への道筋をたどって展開するものであり，この多様なかにも共通した発達の原理を見いだすことができる。そのいくつかについて見てみよう。

　第1に，発達は一定の順序に従って起こる【順序性の原理】。すべての子どもは，運動機能の面でいえば，はう→立つ→歩くというように一定の順序にそって発達を遂げる。また，言語の面でも喃語から会話へと発達する。これらの発達は，個々人により，早い遅いの差はあっても必ずこの順序に従って起こってくる。

　第2に，発達には方向が存在する【方向性の原理】。この場合は二つの発達が指摘でき，一つは頭部から足部への発達の方向と，二つは中心部から周辺部への発達の方向である。前者の場合は，乳幼児の体型は頭部が非常に大きく，成長するに従って足部の方への発達が進み，体型のバランスが徐々に整えられ安定感をもってくる。後者は，指でものをつかむという動作を考えてみよう。意識的にものをつかむということは，誕生してすぐにできるものではない。この動作をするまでにはいろいろな機能の発達がなければならず，その発達は，肩→腕→指先へと進み初めて可能になる動

作である。

　第3は，発達は連続的なものである【連続性の原理】。人間の発達は，その人が誕生して死ぬまでの間一生続くものであり，過去の体験は現在の存在に対して連続的に何らかの影響を与えている。

　第4は，発達の個人差である【個人差の原理】。発達は，これまで説明してきたように一定の方向性と連続性をもっているものの，すべての個人が一様な速度で発達するものではない。そこには，個人の固有の速度があり，発達速度の差異が認められる。たとえば，0～2歳児の動作の発達について見ると，3カ月で首がすわる→6カ月で寝返りをうつ→8カ月で元気にはう→12カ月で一人で立ち上がる→1年3カ月でよちよち歩き→2年で転ばないで走るなどというような発達は，あくまでも全体の平均値であり，実際に個々の子どもの発達過程では，この平均よりも早い，遅いの差が出てくる。

　第5は，発達は，個人の遺伝的要因と環境的要因の相互作用による【相互作用性の原理】。人の発達は，遺伝的要因か環境的要因かという論争が多くなされてきたが，今日では，これらが相互に作用しながら発達するものであるという考え方が広く承認されている。遺伝にせよ環境にせよこの世に生まれてくる子どもにとっては，選択の余地はなく与えられるものとして存在している。しかし，人間は，所与のものとしての遺伝や環境に規制されてのみの発達を遂げるものであるかといえばそうではなく，能動的に環境に働きかけ変革していく能力を可能性としてもっている点をとらえねば人間の発達を正確には理解できないであろう。

2　子どもの発達と環境

　上記したような子どもの心身の発達に影響を与えるものとして遺伝と環境がある。前者に対しては，私たち人間がはたしてどれだけ関与できるであろうか。これまでの研究によれば，遺伝の働きに対しては人為的にコントロールすることが困難な領域として考えられている。しかし，後者の環境については，人為的な関与が可能である。これゆえに，子どもの発達についての研究では，環境としての家族，学校，地域社会や広くは文化の問題との関連で発達が論じられることが多い。

環境とは何であろうか。これについては，多種多様な理解の仕方があろうが，ここでは生活環境と文化環境の二つに大別して考えてみよう。生活環境とは，私たちが生活するうえで直接的に利用する社会環境を指し，たとえば，各種の公共機関や施設，上下水道，交通通信機関などさまざまなものがある。これらは，子どもの発達とは無関係の存在とは思えず，日々の生活のなかでこれらを利用し，影響を受けつつ，みずからの人格を確かなものとしていく。

　たとえば，公共機関としての教育についてみれば理解しやすいであろう。子どもの発達にとって教育の重要性は，広く承認されている。これゆえに，子どもへの教育保障は，歴史的にもいち早く主張されてきたところであり，恵まれた良質の教育環境は，子どもの人格の発達にとって不可欠の要因となっている。

　いま一つの環境は，文化環境ともいうべきものである。これは，社会に存在している行動様式や習慣，さらには，これらを支えるそれぞれの思想などを指す。子どもにとってもっとも身近なものは遊びであろう。もともと，遊びは子ども自身がみずから創り出す文化として存在し，これをとおして集団のなかでの協調性，社会性，創造性を自然と習得し，人間関係の基礎を培ってきた。ところが，今日，児童文化の再検討の動向にも見られるように，子どもを取り巻く文化環境の変化にともない，これと子どもの発達との関係を従来のように単純にとらえることが困難になってきた。それは，子どもみずからが創り出す遊び・文化から今日では人工的なそれが多くなり，与えられる文化の発達が近年特に顕著になってきたことを考えれば理解できるであろう。文化環境と子どもの発達を論じる場合，こうした今日的動向を視点に入れて検討することが大切である。

3　子どもの発達と社会福祉

　子どもの発達が内部的な成熟と，人間（大人）・社会との関係の相互作用によって促されるものであり，遺伝的要因については人為的関与が困難であるのに比して，環境的要因へのそれが可能であるとすれば，大人・社会の責任として子どもの発達のために最善の条件を整備する必要が生じ，このことによって，子どもの全面的な発達を保障していかねばならない。

ところが，この社会においては，子どもの発達を阻害する状況があまりにも多く，個々の子ども，とりわけ，勤労者階層に属する子どもの発達が十分に保障されているとはいいがたい。この実態についてはすでに述べてきたので，ここでは省略する。子どもの発達を考える場合，子どもの存在を総合的な観点から理解することが重要である。子どもの発達を阻害するさまざまな問題，すなわち教育問題，医療・保健問題，文化問題，地域環境問題，年少者労働問題など多くの問題が存在している。真の子どもの発達は，これらの諸問題が解決されなければ確保できないといっても過言ではない。

　社会福祉の一分野としての児童福祉は，子どもの権利としての生活と発達を阻害する問題に対応する社会的対応の一形態である。それは，後に詳述するように，とりわけ，勤労者階層の子どもに向けて行われる生活問題を中心とする課題に対して，権利保障の観点より，人間の名に価する生活保障をめざして行われる。発達は，環境的要因の一つとしての生活保障を除外しては考えられず，発達保障のための基本的意義をもっている。

　しかし，かりに，社会福祉（児童福祉）が万全なものであったとしても，これのみでは子どもの全面的な発達は確保できず，他の子どもを取り巻く直接的・間接的諸問題の緩和・解決をめざす社会的対応が必要となる。ここに，それぞれの対応策が独自の機能を果たしつつ，必要な場合は，協働しながら問題の解決にあたり，発達を促すことが重要となる。こうした，社会の側からの働きかけによって子どもの発達が促進されることは，子どもが，歴史的・社会的な制約をうけながら存在していることにほかならず，当然，その時代時代によっての取り組みにより子どもの発達も相違することを示すものである。

　子どもは，大人・社会からの庇護をうけながらの存在であり，そのもとでの発達であるとみなされるかもしれないが，しかし，今日では，子どもは主体的存在であり，権利の主体者であると同時に生活の主体者として存在している。このことは，子どもに関する社会的諸対応がなされる時，子ども→社会的弱者・社会的未成熟者→大人・社会側への従属としての視点ではなく，子どもの主体性を最大限に尊重した態度が要求される。

3 児童福祉の意義

1 児童福祉の概念

　児童福祉とは何か，という問いに対して端的に応えるものが児童福祉の概念である。これまで，多くの研究者によって，この概念の検討がなされてきたが，今日においても一定したものはなく，それぞれの立場や視点によって内容は違ってくる。それは，たとえば子どもの生活を家庭のレベルでとらえるのか，または社会のレベルでとらえるのか，さらには心理面・生理面でとらえるのかなどによって大きく異なってくる。ここで筆者の考える児童福祉の概念を紹介しておくが，今後，検討を加えられなければならない点も含んでいるので現時点での試案であることを断っておく。

　児童福祉とは，現代社会の矛盾の結果と，この結果の悪循環によって，勤労者階層に所属する子どもの成長発達過程において，特に生活場面に生起する権利侵害問題，具体的には児童貧困問題，児童養護問題，児童虐待問題，保育問題，非行問題，障害児問題，さらには地域児童問題など（これらを児童福祉問題という）に対して，現代社会の維持発展と児童の健全な成長発達と生活安定とを実現することを目的として，公的責任においてなされる児童福祉問題への緩和・解決と予防のための福祉サービスと，民間の諸活動・運動の総称である。

2 児童福祉の目的

　児童福祉と呼ばれる諸施策・活動は，何をめざして行われるのかという問いに対する解答を出す作業が，目的を明らかにすることである。児童福祉は，社会福祉の一分野である。そこで，社会福祉の目的についてみると孝橋正一は「直接的・現象的には，対象の担っている社会的障害・社会的不調整・社会的必要の不充足状態を緩和・解決するよう救済・保護・福祉増進等の措置を講ずることにある。しかし，基本的・本質的には，そのことによって，近代社会的な民主的社会秩序と資本主義制度の維持存続と平

和で順当な発展を期待するところにある」と考えている。児童福祉も社会福祉の一環をなすものであり、したがって、この目的から自由であるはずがなく、この視点にたって目的を設定しなければならない。

児童福祉は、現実的には、勤労者階層に属する子どもの生活問題を中心に、具体的には児童養護問題、児童虐待問題、保育問題、非行問題、障害児の生活問題などに代表される諸問題に対応しながら、その問題の緩和・解決と予防をめざして展開される。さらには、これが、単に「問題の緩和・解決と予防」のみの表面的な目的達成に止まるものではなく、その奥には、もっと大きな究極的な目的が設定されている。すなわち、子どもは、「将来の労働力の担い手」として、この社会において存在しており、社会の順当な発展を期すためには、労働力の育成は重要な課題となる。政策主体の意図は、将来の労働力を確保するために社会福祉諸サービスを子どもに対して準備する。社会福祉のなかでも児童福祉は、この労働力育成という性格を強く有している。こうして、社会の維持存続と発展をはかる。

したがって、この目的に適わないと政策主体からとらえられた障害児、とりわけ重度の障害児に対する社会福祉サービスは大幅に立ち遅れた。社会の維持存続と発展のために将来の労働力育成という目的のもとになされる児童福祉は、将来への期待度の低いものに対しては消極的である。しかし、将来の期待度が高い子どもといえども、政策主体は無制限のサービスを提供するものではなく、多くの部分については勤労者の負担とし、現代社会の利潤追求至上主義の経済原理にもとづき、原理を超えるような負担は決してなさないし、そればかりか、常に公的福祉サービスの縮小を意図して現実は展開している。したがって、公的な児童福祉のサービスには一定の限界があると考えられる。

こうした労働力育成を目的とする政策主体のなす児童福祉制度のあり方に対して、子どもはすべて等しく共通の基本的人権をもつものであり、「生命」の重さには障害があろうとなかろうと変わりはなく、また、将来の労働力を担いうる、えないとにかかわりなく子どもに等しく社会福祉を保障させ、子どもの健全な成長発達を獲得しようとする立場からの国民大衆の社会福祉運動は、公的福祉への批判勢力として社会福祉・児童福祉の現実的限界に挑み、この充実を強く要求していった。この視点は、公的な社会福祉観に対峙するものであり、運動の高揚は、政府をして国民への一

定の譲歩をなさしめた。

　しかし，政策主体の児童福祉の目的と国民大衆のそれとの間の格差を国民大衆の児童福祉活動・運動は修正してきたものの，今日においてさえも国民の要求はすべて満たされているとは言いがたい。今後も国民の活動・運動を積極的に推し進めることが重要となる。

3　児童福祉の対象と担い手

　児童福祉の諸施策や活動は，何に対して（対象）なされるのかということを明瞭にしておくことが重要である。なぜなら，対象が明らかにされておらなければ，児童福祉の固有の領域（範囲）が設定されず，子どもに関するすべての活動が児童福祉になったり，逆に，何をしても児童福祉ではないことになってしまう。児童福祉の対象者ということで考えれば，それは「すべての児童」であろうが，しかし，ここで注意を要することは，この社会において児童問題＝児童の権利侵害問題の担い手またはその可能性をもつ存在は，すべての児童ではなく国民一般の大多数を占める国民大衆（＝勤労者階層）の子弟であるという事実認識がなければならない。ここでの子どもは，直接的・間接的な社会の影響を受けながら成長発達過程において，さまざまな社会問題に直面し，健全に成長することが阻害される。したがって，児童福祉は，その対象を人に焦点を当てて考えるならば，社会問題の担い手になる存在としての勤労者階層に属する子どもであるといえよう。

　次に，この子どものどのような問題群に児童福祉は対応するのであろうか。換言すれば，対象を問題に視点を据えて検討することである。社会の矛盾の結果として子どもの成長発達過程に生じる児童問題は，さまざまな様相をもって現れ，子どもの生活と健全な成長発達を阻害していく。児童問題には，貧困問題，年少労働問題，教育問題，医療・保健問題，地域文化問題，生活問題など多種多様である。これらの問題には各種の対応策が設定されており，児童福祉がすべての問題に対応するのではない。やや，抽象的な表現になるであろうが，上記した問題群のなかの子どもの生存を脅かす生活問題を中心として社会的な対応をなすのが児童福祉である。しかし，生活問題への対応のみに終始するかといえばそうではなく，必要な

場合は，他の施策への補完的関係や協働関係を持ちながら児童問題に対応することもある。

このように見てくると，児童福祉の対象は，勤労者階層に属する児童の生存を脅かす生活問題を中心とする問題群に求めることができよう。

つづいて，児童福祉の担い手（主体）について述べよう。この問題は，児童福祉の推進・増進を行うのは誰かということを明らかにすることである。社会福祉の担い手と同様に児童福祉も公私の協働によって推進される。日本国憲法第25条では，社会福祉増進の公的責任を規定しており，児童福祉法においても第2条で「保護者」，「国及び地方公共団体」と規定し，公的責任を明示している。子どもの保護者とともに国・地方公共団体は児童福祉に対して責任をもつことが公的に表明されたことは大きな意義を有している。

児童福祉の責任主体としての保護者と国・地方公共団体との位置関係については，論議の多いところであるが，保護者の養育責任を公的責任に優先させて，これができない場合に事後処理的に公的サービスを行うという関係ではなしに，保護者に責任があるからこそ，これが十分に果たせるように必要な条件を積極的に援助する公的役割が重要になり，保護者と国・地方公共団体との関係は，このようなものと解した方が妥当ではないかと考えられており[2]，この関係における公私協働としての責任である。

4 児童福祉の方法

ここで使用する方法とは，問題解決のために担い手（主体）がその目的達成のために対象に働きかける手段を指すものである。児童福祉の方法として考えられるものを便宜的に区別をしてみると，①金銭給付か現物給付かという給付による方法，②施設サービスか在宅サービスかという援助されるサービスの形態による方法，③ケースワーク，グループワーク，コミュニティワークなどの援助技術の分類による方法などに大別できる。もちろん，これらが方法ごとに独立して問題に個別的に対応するものではなく，それぞれが関係をもちながら問題解決が図られていくのである。

社会福祉（児童福祉）は，「実践的」でなければならないといわれる。このために問題を緩和・解決することは，その命題となる。この場合，どの

ような手段を用いて問題の緩和・解決に迫るのかということが重要である。上記の方法の便宜的区分に従ってみるならば，①や②は社会福祉制度的援助方法，③は専門技術的援助方法ということができる。ここに，方法をめぐっての「制度か技術か」という問題に直面する。社会福祉の方法は，これらを二者択一的にとらえるのではなく，両方が社会福祉の本質に従って正しく関係づけられてこそ初めて有効に働くものである。

　ケースワークをはじめとする専門技術は，これのみによっては社会福祉問題の解決に対しては有効に働かず，技術はあくまでも社会福祉の目的を効果的に達成するための手段であることと制度的援助方法のもとでのみその役割を果たすことができるという両者の関係を理解しておくことが大切である。

● 注
(1) 孝橋正一他監修『新版社会福祉事業辞典』ミネルヴァ書房，1977年，4ページ。
(2) 佐藤進他編『児童福祉法50講』有斐閣，1976年，16ページ。

● 引用参考文献
① 篭山京『低所得層と被保護層』ミネルヴァ書房，1970年。
② 中鉢正美編『家族周期と児童養育費』至誠堂，1970年。
③ 一番ケ瀬康子編『児童福祉論』有斐閣，1974年。
④ 古川孝順他編『児童福祉の成立と展開』川島書店，1975年。
⑤ 吉沢英子『児童福祉概説』光生館，1976年。
⑥ 井垣章二『児童福祉──現代社会と児童問題（第2版）』ミネルヴァ書房，1985年。
⑦ 孝橋正一他編『現代の家庭福祉』ミネルヴァ書房，1989年。
⑧ 一番ケ瀬康子・古川孝順編『現代家族と社会福祉』（講座社会福祉7）有斐閣，1986年。
⑨ 古川孝順『児童福祉改革──その方向と課題』誠信書房，1991年。
⑩ 庄司洋子他編『家族・児童福祉』有斐閣，1998年。
⑪ 林博幸・安井喜行編『社会福祉の基礎理論』ミネルヴァ書房，2002年。
⑫ 厚生省編『厚生白書』，厚生労働省編『厚生労働白書』各年版。

〔菊池　正治〕

第2章 児童福祉の歩み

1 欧米の児童福祉の歩み

1 児童の権利思想の誕生とその背景

　児童の権利思想の誕生の経緯を歴史的に振り返ってみたい。西欧におけるカトリック・キリスト教の伝統においては、子どもの精神には利己主義、不従順等悪魔的な精神が宿っていると思われていた。よって子どもは大人たちの手によって厳しくしつけられ、陶冶されなければならない存在と考えられていた。こうした伝統に批判的であったジョン・ロック（1632-1704）は、クロムウェル（1599-1658）の清教徒革命に期待したが、その独裁政治には失望した。そこでロックは宗教的寛容さの必要を主張し、子どもの精神を「白紙」ととらえ、家父長制を支えていた伝統的児童観を修正しようとしていく。ロックは主著『統治論』の中で、父権の子への支配権の絶対性を根拠に、国王の臣民への絶対的支配権を正当化する従来の家父長的国家観を退けた。つまり、父権の子への親権は、子が成人に達すればおのずと消滅する一時的な性格のものであるとした。これに対し、国家権力を「社会契約」によって以下のように説明する。個々人の自由と権利は、いわば潜在的な自由と権利としてあって、社会的混乱状態や犯罪によって脅かされる可能性がある。そこで、自由な市民は協約ないし契約を結び（架空の想定ではあるが）、権力（司法権を中心とする）を国家に付託することを通じて個々人の自由と権利を実態的なものへと変える、と。

　ホッブズ（1588-1679）やジョン・ロックの思想の影響を受けたルソー（1712-1778）は、1762年『社会契約論』と『エミール』を著した。ルソーは、前著で自由な市民による契約国家観を鮮明にし、自由な市民はいかに養成されるべきかの教育論として『エミール』を著した。ここでルソーは、

「子ども時代を愛しなさい」「子ども時代の愛すべき本能を育みなさい」と児童期固有のニーズに注目している。それは「むちを控える者はその子を憎むものである。子を愛するものはつとめてこれを懲らしめる」（聖書の「箴言」にある言葉）という伝統的なキリスト教的児童観の否定であった。

また，この著書でルソーが母親は子どもを育てるべきだと主張していることに注目しておきたい。パリの母親たちは，乳児を田舎の乳母に預け，数年後に引き取るのが通例であった。また，望まれぬ不義の子どもは，教会の子どもとして修道院が捨子盆をもって受け入れていた。乳幼児死亡率がきわめて高かったこともあり，母親は子どもを慈しみ育てるものという近代的家族観はいまだこの時代では成立していなかった。

ジョン・ロックやルソーは近代化の流れにおいて，伝統的な児童観を否定し，児童の権利を理念として世に示した。しかし，現実には貧困の問題があり，児童の権利の問題の前提に大人の生存権保障の問題，言い換えるなら貧困に対する公的救済の課題があった。そこで，以下英国の救貧制度の歴史を説明したい。さらに，19世紀末における民間による先駆的な児童救済活動の展開と児童保護法制の成立，20世紀に至っての近代家族の価値観の社会的定着，それを前提に専門的児童福祉サービスが成立していく経緯，言い換えるなら一部の識者によって主張された児童の権利の思想がしだいに社会的に承認されていく経緯を説明していきたい。

2　英国における児童福祉の歩み

A　エリザベス救貧法から工場法へ

公的な救済の開始とは，西欧においては，教会や修道院から離れた世俗的な救済の開始を意味する。それは16世紀頃の都市の自治行政として起こってくる。英国においてもロンドンでまず自治行政としての公的救済が開始され，1601年エリザベス救貧法として全国規模化する。英国の公的救済の特徴は，治安判事を中心に教区が行政単位となって展開したことである。教区内の土地・財産所有者は教区税ないし救貧税を負担することを通じて，教区内の貧民に対しその生存を保障する義務を担った。当時，乳児は乳母の下に預けられ養育されることが多く，3歳前後で自宅にいったん引き取られるが，7歳前後になれば再び他家へ長期間（7年前後）徒弟奉公に出

され，そこから独立していくことが通例であった。こうした徒弟奉公制度を前提として公的救済における貧困児童への処遇は，乳幼児については救貧院で大人と区別することなく混合収容され，4，5歳になれば教区徒弟として徒弟奉公に長期間出される，というものであった。

　近代化ないし資本主義化の進展は新たな近代的貧困を創出させていく。公的救済は拡大し，そのために公的救済費用の抑制策が講じられていくが，1789年のフランス革命の英国への波及を恐れた支配層は公的救済を拡大させる方針へと転換した。それが1795年スピーナムランド法（賃金補給制度）成立の政治的背景であったといえよう。賃金補給制度とは，家族の人員に応じて必要なパンの量に相当する最低賃金を算定し，実際に支払われる低賃金との差額を補うしくみである。賃労働化していた農民は，たとえ努力して働かなくとも最低賃金が保障されることになった。このことは公的救済を弛緩させ，貧困をいっそう拡大させることになった。

　この時期の産業革命は貴族（地主）と農民との間に中産階級という新たな階級を政治的に台頭させた。中産階級に浸透したのは個人主義的で自助の精神を強調するプロテスタント・キリスト教であり，市場に対する国家の不干渉を説く（古典的）自由主義思想であった。中産階級にとって公的救済行政は混乱し，不道徳を奨励しているように思われた。また，ベンサム（1748-1832）等の功利主義者から見れば，公的救済の実状は全国的な統一基準を欠いた不合理なものであった。ここから，1834年改正救貧法が成立する。公的救済水準の全国的統一化を図るため救貧法中央委員会が設置されたが，それは治安判事を中心に自治行政として展開されてきた救済行政を大きく改革しようとする試みであった。それは，ベンサムの弟子チャドウィック（1800-1890）等によって担われた一連の功利主義的社会改革の一環でもあった。ここで強調された公的救済の原理が「劣等処遇の原則」である。公的救済を受けるものの生活水準は，働いて賃金を得て生活している労働世帯の生活水準よりもさらに劣ったものでなければならない。こうした劣等処遇原則とは，一般住民のための行政区とは別に設置された特別の行政区が窮民を扱うことを意味した。公的救済を受けることは市民資格の喪失を条件としてのみ可能となった。こうした改革は，国家は自由な市場に介入すべきではない，市場における自由競争を通じた賃金の上昇こそが貧困を解決させるという（古典的）自由主義の価値観の反映でもあった。

公的救済行政の改革に先だつ社会改革として工場法の成立があった。それは1802年「教区徒弟の健康と徳性を保護するための法律」に遡る。教区徒弟制度を通じて，南部の貧困農民の子弟が北部の工場地帯に送りこまれる事態が産業革命を通じて生じていた。伝統的徒弟制度は解体し，過酷な児童労働とそれによる健康破壊が一般化しつつあった。零細な企業は安価な労働力として児童労働に依存し，貧困家庭は児童労働に家計補助的役割を期待した。こうした事態を放置することは，貧困児童から教育を受ける機会を奪い，また児童の健康を破壊し，将来の労働力を損なうことを意味した。そこで産業効率の観点からも児童労働を保護する工場法の制定が要請された。その後，幾度かの法改正を通じて工場法はしだいに実効的なものとなっていった。1870年の初等教育法＝義務教育制度の成立は，貧困家庭の児童の労働からの解放を意味するのであり，工場法の延長上に位置するものであったといえよう。（この点，近代日本の場合，学制の公布は1872年と早かったが，児童労働の一般化に対し工場法の成立は1911年，実施は1916年と遅れた。明治末期，名目上の就学率の上昇にもかかわらず，卒業者は少なく，義務教育制度が実態化していくのはずっと後のことであった。）

　ここにおいて，ルソーが理念的に説いた児童の教育への権利がようやく制度化されたように見える。しかし，それはこの時期の国家主義の台頭，国力のいっそうの増進が国策として重視された結果でもあった。

B　19世紀末の児童救済活動と児童保護法制の成立

　19世紀の末，慈善事業は，経済不況と都市貧民問題が深刻化しながら公的救済が抑制されるという文脈において活性化してくる。この時期の慈善事業には，貧困を個人的責任と見なす個人主義的傾向が顕著であった。1869年慈善組織協会が成立する。「救済に値する貧民」には慈善組織協会が，「救済に値しない貧民」には劣等処遇原則による公的救済行政が対応することになった。

　児童保護との関係でよく知られているのは以下のものである。ジョージ・ミュラー（1805-1898）によるブリストル孤児院（1836年），ウイリアム・ブース（1829-1912）による救世軍（1877年），ドクター・バーナード（1845-1905）によるバーナード・ホーム（1870年）である。これらの児童救済活動家たちは，宗教的な慈善事業として，個人主義的な価値観から貧孤児を

救済していった。この時期，貧困調査が実施されるなど，貧困の社会的要因（世帯主の低賃金，失業，病気等）が明らかにされ，従来の貧困観（貧困は例外的な事態であり，個人の怠惰・不道徳の結果であるという見方）がしだいに修正され，社会保険等貧困への新たな社会的対応策が社会改良として展開されていくようになる。しかし，ほとんどの慈善事業は，こうした社会改良運動とは一線を画した。しかしながら，その児童救済活動は先駆的かつ実際的なものであり，混合収容主義に立ってきた公的救貧法体制下の画一的な児童処遇の水準を超えるものであった。

　これらの児童救済活動は，近代日本の慈善事業にも大きな刺激を与えている。たとえばミュラーは，1887年前後来日しており，それは石井十次による岡山孤児院の創設の直接的契機となった。ブースによる『最暗黒の英国とその出路』（1890年）は，山室軍平，石井十次等に大きな影響を与えた。バーナードは，小舎制（コテッジ・システム）をもって女子ホーム（1876年）を開設し，さらに10歳以下の乳幼児を里親に委託し，巡回指導する体制を構築したが，こうした実践方法は，明治40年前後の岡山孤児院事業に採用されている。

　ただし，この時期の児童救済活動は，要保護児童を家族から引き離し，職業教育を施し，海外殖民等によって自立させるという救済方法に特徴があった。その場合，現在のように家族を支援し，自宅外保護を可能な限り避けるという視点は不在であった。近代家族の価値観は中産階級ではすでに形成されていたが，都市スラムの親たちは子どもを放任し，教育に無関心であったから，児童保護実践において家族支援の視点を欠いたことはこの段階においてやむをえないことではあった。

　なお，19世紀後半は，児童保護立法が整備されていく時期でもあった。非行少年のための法律としてすでに1854年感化法，1857年授産学校法がある。1884年にはロンドンに児童虐待防止協会が発足，それは1889年に全英児童虐待防止協会へ発展すると同時に，同年，児童虐待防止並びに保護法が成立している。さらに，それまでの児童保護立法を統合したものとして1908年児童法が成立している。児童虐待防止並びに保護法は，戦前日本の児童虐待防止法の成立（1933年）を刺激した。

C 近代家族の価値観の定着と自治体による専門的児童福祉サービスの確立

20世紀に入ると乳幼児死亡率は低下し，近代的家族観が社会的に定着してくる。スウェーデン人であるエレン・ケイ（1849-1926）は1900年『児童の世紀』を著すが，ケイが主張したのは家庭教育の重要性であった。ところで，英国における公的救済行政は1929年の法改正によってカウンティ・カウンセル＝地方議会の下，公的扶助委員会による公的扶助へと変化する。一般市民と窮民とを区別する劣等処遇原則はここにおいて事実上克服された。児童保護サービスにおいては地方自治体の教育部や保健部が，里親委託や家庭支援のプログラムを展開していくようになる。

第2次世界大戦中，ロンドンはドイツ軍の空襲を受けることになった。このとき，都市部の子どもたちが田舎に里親委託されたり乳幼児保護院に保護された。これを契機として乳幼児期における突然の母子分離は子どもの情緒的発達に深刻な影響を与えることがしだいに理解されるようになっていった。それは児童福祉の課題が一部の貧困家庭の要保護児童問題としてではなく，ひろく児童の情緒的発達の保障の問題として注目されるようになったことを意味した。1951年に発表されたボウルビィ報告は，このときの経験を踏まえたものであり，その後の児童保護サービスのあり方に大きな影響を与えることになった。ボウルビィ報告は乳幼児期の親子分離は可能な限り避けられるべきこと，やむをえない親子分離においては特定の人物との愛着形成が図られるよう里親委託や養子縁組が望ましいことを主張した。この時期制定された1948年児童法は，やむをえない自宅外保護においては里親委託を優先すべきことを明記した。ここにおいて，里親委託に統一的な責任を負う新たな部局として自治体児童部が設置され，そこに配置されたソーシャルワーカーはもっぱら里親委託の役割を担うことになった。また，既存施設については可能な限り小規模化が図られていくことになった。

救貧法体制は，1948年の国家扶助法の制定によって最終的に終止符が打たれた。1834年の改正救貧法以後，公的救済は市民権の喪失を条件とするものであったが，ここにおいてようやく生存権は市民権の一部に包摂されることになった。それは福祉国家の成立を意味する。ここで社会福祉サービスのあり方に目を向けると，1948年児童法を通じて自治体児童部が設置

され，専門的な児童ソーシャルワークが発展していった。それに対し，高齢者福祉サービスや障害者福祉サービスは1948年国家扶助法に規定されており，自治体社会部が対応していたが専門化は遅れていた。1968年シーボーム報告は家族とコミュニティのニーズに社会福祉サービスを焦点化させること，そのための行政機構の改革を提案した。この報告を受け1971年成立した地方当局社会サービス法によって，従来の自治体社会部，児童部，保健部は社会サービス部に統合され，児童福祉サービスはパーソナル・ソーシャル・サービスに統合されることになった。

1970年代以降，児童福祉問題の焦点は非行問題から児童虐待問題へとシフトしていき，法改正が繰り返され現在に至っている。児童虐待の取り組みとしては関係機関による連携が強調され，1990年代以降の日本の児童虐待問題への取り組みに大きな影響を与えることになった。

3　米国における児童福祉の歩み

A　少年裁判所制度とチャイルド・ガイダンス・クリニック

アメリカにおける産業化にともなう社会変動は，急速な都市の膨張のなかでホームレスや少年犯罪の問題を深刻化させていった。こうした事態に対応すべく19世紀後半，英国と同様民間人の手による児童救済活動が展開されてくる。その代表的なものが1854年ニューヨーク児童援護協会である。

ところで，アメリカにおいては7歳頃に刑事責任が課せられ，7歳の子どもの盗みも大人と同じ刑事裁判所制度（公開制，陪審員制度を採用）で裁かれていた。よって人道主義的な児童救済活動家たちの関心は，大人の「犯罪」と子どもの「非行」とを区別し，刑事裁判所制度から少年裁判所制度を分離独立させることに向けられていった。こうしてジェーン・アダムス（1860-1935）らが中心となり，シカゴにおいて1899年最初の少年裁判所が開設され，以後全米各州に普及していくことになった。少年裁判所の精神は国親思想（パレンス・パトリエ）と呼ばれる。疑わしきは罰せずとの観点から犯罪事実の有無を適正手続きを通じて慎重に確認していく刑事裁判所制度とは違って，児童の要保護性に注目し，少年保護の観点から，非公開とし，陪審員制度は採らず，裁判官が少年とその保護者に対し親代わりの裁量権を発揮することになった。

1910年代になるとフロイト理論の影響があり，非行問題への治療的アプローチが試みられるようになっていく。ここから1920年代，チャイルド・ガイダンス・クリニック運動が展開されていくことになる。この頃，専門職としてのソーシャルワーカーが養成されはじめるが，その活躍の舞台の一つとなったのがこのチャイルド・ガイダンス・クリニックであり，1930年代には英国に伝わり，戦後日本の児童相談所のモデルともなった。

B　ホワイトハウス児童会議から母子扶助制度へ

　連邦制度を採るアメリカにおいて，全米レベルの児童福祉のあり方は10年に一度大統領が関係者を招集して開催されるホワイトハウス児童会議で審議されてきた。第1回ホワイトハウス会議が開かれたのは1909年である。その報告書は「家庭生活は文明のもたらした最も貴重にして卓越した産物」と謳い，従来の公的救済（院内救済）における母子分離を否定した。近代家族の価値観，母性尊重の価値観が社会的に定着してきたことを意味しよう。1911年，アダムス等の尽力により母子扶助制度が成立する。これはアメリカにおける公的院外救済の開始を意味した。1935年の連邦社会保障法制定において母子扶助制度は ADC（Aid to Dependent Children）として定着する。本制度は，1962年公民権運動高揚のなかで AFDC（Aid to Family with Dependent Children）に改正された。経済的給付とソーシャルワークを連動させ，自立を支援することで増大する扶助費を抑制しようとした改正であった。さらに1996年には就労支援費制度的な性格へと大きく変容した。こうした法改正の動向は，現在の日本の児童扶養手当法の改正に間接的な影響を与えているといえよう。

C　パーマネンシー・プランニング

　1980年養子援助・児童福祉法が制定された。そこで強調された児童福祉サービスの原理がパーマネンシー・プランニングである。従来，要保護児童に対し実親家庭に代わる里親家庭や施設への保護（ケア）を提供することが児童福祉の目的のように考えられてきた。しかし，それは目的と手段の混同であったという。児童福祉サービスの本来の目的は，要保護児童にパーマネント＝恒久的な家庭環境を保障することであり，里親委託や施設への保護はそのための手段として活用されるべきものととらえられること

になった。以下は，この法律が示す児童処遇の優先順位である。
① 子どもを家庭に置いたままサービスを提供して，家族としての生活を維持する。
② 施設や里親家庭に預けられている子どもを実親のもとに戻す。
③ 実親のもとにとどまれない子ども，あるいは実親のもとへ帰れない子どもには，養子縁組によって，あるいは法律上の後見人を裁判所が指名することによって，恒久の家庭を用意する。
④ 実親のもとに置くこともできず，養親や里親も見つからない子どもに対しては，しっかりとした計画のもと，長期を前提とした措置をとる。

　こうした処遇原理が強調された背景にあったのは，児童がケア下に置かれることが2年以上にわたる場合，家族の再統合が困難になるという経験であった。そこで，ケア＝親子分離の直後の期間において親ないし家族への支援を集中して提供することを通じて家族の再統合が可能な限りめざされるべきと考えられるようになった。こうした考え方は，現在の日本の児童養護をめぐる政策に影響を与えているといえよう。

4　児童の権利の国際的表明

　冒頭において指摘したように，児童固有のニーズを承認しようとする児童の権利思想の誕生はルソー等に遡る。しかし近代化ないし資本主義化は，新たな貧困問題を生み，その最大の犠牲者が児童であった。そこに児童救済活動家たちによる先駆的な児童保護実践が展開され，児童保護立法が制定されていくが，それは19世紀末の国家主義的な時代性と切り離して考えることはできない。その後のさらなる国家主義ないし帝国主義の台頭は，二度にわたる世界大戦をもたらすことになった。人類（大人たち）は子どもたちに対し最悪の環境を提供したことになる。こうして，国家主義の台頭と戦争の悲劇への反省を契機として，児童の権利が国際的に表明されるに至る。その現在に至る推移は以下の通りである。

> 1922年　イギリス児童救済基金団体は「世界児童憲章」を制定
> 1924年　国際連盟総会は「ジュネーブ児童権利宣言」を採択
> (1930年　アメリカ、第3回ホワイトハウス児童会議において「児童権利憲章」制定)
> 1948年　国際連合総会は「世界人権宣言」を採択
> (1951年　日本、「児童憲章」を制定)
> 1959年　国際連合総会は「児童権利宣言」を採択
> 1979年　国際児童年。この年、国際連合において児童権利宣言の条約化のための作業委員会が設置される。
> 1989年　国際連合総会は「児童の権利に関する条約」を採択
> (1994年　日本政府は同条約を批准・発効)

　1924年の「ジュネーブ児童権利宣言」や1959年の「児童権利宣言」においては、児童を教育保護の対象ととらえる保護的児童観が支配的であった。これに対し、1989年の「児童の権利に関する条約」は、従来の保護的児童観に加えて、意見表明権（第12条）等、児童を権利の行使主体ととらえ、児童にかかわる意思決定への参加権を規定したところに特徴がある。

〔細井　勇〕

2　日本の児童福祉の歩み

1　家族制度と生活困窮

　わが国の社会福祉（児童福祉）の歴史を検討する時のキーワードの一つは、家族制度と村落共同体であり、これとの関係を正確に位置づけして問題を整理することが重要である。このことは、欧米の社会福祉（児童福祉）の歴史と比較検討する場合においても大切な視点となる。ここでは、この課題を念頭に置きながら、近代以降の児童福祉の展開を考えてみよう。
　わが国の戦前の家族制度は、複合家族からなる親族制度として存在し、家の財産を相続する戸主の家父長権の支配のもとで家族員はこれに従属するとともに個々の権利は制約をうけていた。しかし、家督を相続する戸主は、同居する家族員や親族員の生活困窮に対しては保護が義務づけられて

おり，たとえ困窮が社会的原因にもとづくものであっても家族のなかで処理されるのが当然のことと考えられた。この思想は，問題に直面しても外部の保護・救済を要求しないかわりに，他に対してもそれを行わないという消極的・閉鎖的な考え方を生じさせ，生活困窮の救済は，長く家族内に閉じ込められてきた。

したがって，このような体制下においては，生活困窮などはあまり表面化することはなく，たとえ顕在化しても，村落共同体での隣保相扶で対応されてきた。戦前のわが国の社会事業（児童保護）は，この家族制度・村落共同体に基本的に依拠しつつ展開してきており，政策主体は，これを巧みに利用しながら公的救済責任の回避をはかってきた。

2　近代社会形成期の児童救済事業

A　明治新政府の児童救済

明治新政府の成立によりわが国の近代社会は出発したが，この時期の政治課題は「富国強兵・殖産興業」のスローガンに代表されるように天皇制を中核とする軍国主義化と資本主義化を推進することに大きな目標を据えた。ところが，社会には，封建時代から引き継いだ多くの生活困窮問題が存在しており，これを無視することはできず，対外的にはポーズとして，同時に対内的には国民統合策として，最低限度の対策を講じなければならなかった。児童救済については，1871（明治4）年の「棄児養育米給与方」や1873（明治6）年の「三子出産ノ貧困者へ養育料給与方」などを制定して対応した。しかし，これによって救済された貧窮児の数は非常に少なかった。

1874（明治7）年，わが国の戦前の代表的救貧制度である「恤救規則」が公布された。この規則は，貧窮者の救済の責任を「人民相互ノ情誼」＝隣保相扶に求め，公的救済の対象として「無告ノ窮民」＝頼るべき人のいない貧民のみを救済するという厳しい制限主義にたつものであった。救済の第一責任は，あくまでも私的な家族・村落共同体（血縁・地縁関係）であり，その性格は封建的な救済観念をそのまま継承していた。この規則において，13歳以下の貧窮児童も一応公的救済の対象になってはいたが，厳格な制限主義のもとで救済されることは，ほとんど不可能に近かった。

明治10年代には，自由民権運動の高揚を背景として，一時期，わが国においても一部の人びとにより，封建的家制度に従属させられた子どものそれからの解放を主張する近代的子ども観の展開を見たものの，わが国の近代国家が封建的諸制度を温存しながらの「近代化」推進であったために，この思想は受け入れないままに消滅していった。1898（明治31）年には，民法（親族編・相続編）の制定により封建的な家制度が近代においても制度として継承されることとなり，この制度は天皇制国家の末端組織として重視された。ここでは，戸主のもとに従属する家族員である女性や子どもは言うに及ばず次男・三男もすべて戸主に服するものであり，戸主のみが家族を代表し，家名と家産は戸主の嫡長男に単独相続されることとなった。

B　産業革命期の児童保護

　わが国の産業革命は，日清，日露両戦争間に展開しているが，この時期は，本格的な資本主義の発展期であると同時に労使関係を基軸とした社会問題が発生した時でもある。

　産業革命を根底から支えたのが資本側から安価な労働力として積極的に利用された年少労働者と女子労働者であった。年少労働者は，特に，ガラス工場や繊維工場関係に多く，10歳から14歳の者が多く働かされていた。当時，「子供捨てよか，硝子屋へやろか，硝子屋子供の捨てどころ」と歌われたように，貧困児童がこうした産業部門で酷使されていった。このような子どもは，身体面においても知能的な面においても発達途上であり，社会的な手厚い保護が必要な時期である。にもかかわらず，酷使された結果，身体的発達は害され，教育を受ける機会は与えられなかった。

　こうした子どものなかには，浮浪児となり社会秩序を乱すおそれのある者として社会の眼にうつることも少なくなかった。この事情に対応して制定されたのが1900（明治33）年の「感化法」である。この法は，非行児童を犯罪予備軍とみなし，彼らを感化院という施設に隔離収容して社会不安を防止しようとする治安的性格が強かった。しかし，他面においては，家族制度のもとで親に絶対的な従属を強いられた子どもに関して，地方長官や感化院長による親権の制限を規定していることは，注目すべき規定である。

　保護・救済という視点をまったくもたなかった公的対応に対して，貧困

児童に積極的に対応していったのが民間の慈善事業であった。明治初期には，三田救育所，東京養育院，日田養育館，浦上養育院，神戸女子教育院など多くの児童関係の救済施設の設立を見ることができる。産業革命期には，キリスト教的な信仰にもとづいて，保護・救済の対象となる子どもの人格を尊重する実践を先駆的な慈善事業家が着手し，児童保護の新しい展開を切り拓いた。それは，貧困児童の自主自立を目的にすえた石井十次によって設立された岡山孤児院（1887年），障害児の教育と福祉の統合的実践を志向した石井亮一の東京孤女学院（1891年，1906年に滝乃川学園と改称），非行児童の保護教育を行った留岡幸助の家庭学校（1899年）などである。これらの人物と施設はわが国を代表するものである。

　家族制度や村落共同体のなかに閉じ込められていた児童問題が資本主義社会の発展にともなう矛盾の結果，ようやく，社会の表面に噴出したものの，これに対しての公的な対応は立ち遅れ，民間の慈善事業がこれを代替するかたちで発展していったのがこの期の特徴であった。

C　日露戦後の感化救済事業

　日露戦争後，大きく動揺する国家体制の再編成が急速に進められる。それは，思想的には戊申詔書発布（1908年）にみられる国民生活への天皇制イデオロギーの注入による再統合であり，いま一つは，この期に全面的展開を見せる地方支配の再編成＝地方自治と家族制度の再強化を意図する地方改良運動である。こうした動向は，天皇制を中核にすえた家族国家主義のもとに再度国民を統合することによって国民意識の変化や財政危機に対応し，帝国主義国家の強化を図るとともに，同時に表面化してきた社会問題を再度共同体や家族制度のなかに閉じ込め，相互扶助による自己処理をもくろんだところに狙いが存していた。

　1908（明治41）年，内務省地方局長通牒「国費救助ノ濫救矯正方ノ件」では「恤救規則」の隣保相扶の観念を再度徹底強化することによって国費救済の制限を行い，他方において公的救済を肩代わりさせる民間慈善事業の育成のためにわずかな助成金を交付することとした。また，慈善事業の一層の効果を目的に，行政主導型による組織として中央慈善協会（1908年）を設立した。こうして，本来，自主性のもとに自由な発想にもとづき展開するはずの民間慈善事業が国家の支配下に編入され，統制と管理を受けて

2-1 明治期の救済事業施設推移

事業＼設立年	明治11年以前	明治11〜20年	明治21〜30年	明治31〜35年	明治36〜40年	明治41〜44年	大正元年〜同7年	計
感化事業	—	2	1	3	5	37	6	54
育児事業	4	9	10	35	38	9	11	116
保育事業	—	—	1	3	8	6	46	64
養老事業	3	1	2	7	5	—	3	21
施薬事業	2	12	7	10	9	19	20	79
窮民事業	7	14	10	9	1	15	6	62
授産事業	—	1	3	3	8	4	4	23
職業事業	—	—	—	1	2	11	13	27
宿泊保護	—	—	—	2	—	7	16	25
小住宅供給	—	—	—	3	—	—	1	4
婦人救済	—	1	—	—	—	—	5	8
盲啞教育	1	2	6	5	19	22	17	72
貧児教育	1	—	6	5	17	11	24	66
子守教育	—	—	3	4	2	—	3	12
その他特殊教育	—	—	1	—	3	5	2	11
軍人遺族救護	—	—	—	—	—	—	—	—
その他	2	1	12	13	13	23	34	98

出所：生江孝之『社会事業綱要』巖松堂書店，1923年，34ページ所収，一部修正・省略。

いくことになる。近代社会形成期の児童関係施設の設置状況については，生江孝之の表を参考までに掲げておこう（表2-1）。

3　近代社会展開期の児童保護事業

A　大正デモクラシーと児童保護事業

　大正期の児童問題について，その研究者である高田慎吾は『児童問題研究』（1928年）で次のように指摘している。

> 従来，児童の扶養は，家庭に於て，親が当然の義務として之を負担し，其の扶養者なき，又は扶養し能はざる者の極めて少数に対してのみ，国家若くは社会が保護の方法を講じたのであった。然るに近時，社会状態の変遷は，親が自ら児童を扶養することを，経済上非常に困難ならしめ，所謂子福者の悲哀を見る者が段々増加するようになった。斯くて児童問題は，今までのように孤児，棄児等一部特殊の境遇に在る者に限らず，一般家庭児童に就て考慮されねばならぬ情勢となった。

すなわち，これまで主として家族制度のなかで，そしてごく一部が公的な救済によって対応されていた児童問題が，この時期に拡大し，もはや，家族制度に依拠し公的対応を回避する立場では明らかに限界が出てきたことを指摘している。こうした考え方は，現実的な児童問題の拡大現象とともに大正期の社会思想の変化に起因するところが大である。すなわち，それは，資本主義の矛盾の拡大のもとでの社会問題の頻発と吉野作造や福田徳三などに代表される大正リベラリズムの保持者に見られるデモクラシー思想，そしてわが国最初の人権宣言と称される「水平社宣言」（1922年）などが明瞭に示すように，古い特殊日本的な思想の閉鎖性を打ち破っていった。近代的思想の発展を背景としながら保護・救済の面でも隣保相扶を基本思想とする体制に対して，社会の責任を強く要求する考え方が徐々にではあるが醸成されてきた。

　児童保護においては，しばしば「児童の権利」という側面からの論議がなされており注目に値する。この期の社会事業研究者として第一線にあった生江孝之は古典的名著『社会事業綱要』（1923年）で，児童保護の必要性を，①本能性の要求，②人類の理想，③国家社会の基礎を鞏固にするため，④家庭の至宝として，⑤親の義務として，⑥児童の権利として主張した。児童の権利については，児童は生まれながらにして父母，国家，社会に要求すべき権利があるとして，ⓐ立派に生んでもらう権利，ⓑ立派に養育してもらう権利，ⓒ立派に教育してもらう権利の三つを上げている。

　これらの動向を背景として展開した具体的な児童保護事業について見てみよう。表2-2は，1924（大正13）年現在の児童保護施設の公私別一覧表である。施設総数のうえでは民間のものが多く，明治期と同様に民間主流型であるものの，公立の施設が約3分の1を占めている点は注目しなければならない。この理由として，非行児や貧困児童などの問題が，もはや家族や共同体内での対応を越える範囲で発生したのに対して，何らかの公的対応が必要となったことを示すものである。それに，一般児童に対する施設である児童相談，保育所，児童遊園などにおいても公設事業として取り組んでいる点は，児童保護事業が救貧のみならず防貧としての視点をも導入しようとする動向を示しているとも言える。

　だが，先の生江の視点にあった「児童の権利」という考え方は，公的な施策には反映されず，国家の恩恵としての保護の域を脱していない。この

2-2　児童保護事業施設公私別　　（1924（大正13）年）

事業名	公営	私営	不明	合計
児 童 相 談	22	51	2	75
不 良 児 保 護 施 設	39	34	2	75
特 殊 教 育 施 設	19	76	5	100
貧 児 教 育 施 設	24	43	2	69
育 児 院	2	101	4	107
母性並幼児保護施設	58	42	0	100
保 育 所	49	143	11	203
児 童 遊 園	22	7	1	30
そ の 他	9	31	8	48
合 計	244	531	35	810

出所：『日本社会事業年鑑』（大正14年版）より作成。

ことは，当時の社会事業全体にも共通するものであり，たしかに，関係法律も多く公布されたものの，保護の受給を要保護者の権利として保障したものはなかった。

B　第2次世界大戦下の児童愛護事業

　日本資本主義は，昭和期に入り金融恐慌，世界恐慌に直面し危機的状況を呈した。都市には失業者があふれ，農村部では度重なる自然災害と都市失業者の帰村が加わり，困窮化に拍車をかける結果となり，親子心中，子殺し，女子の身売りなどが頻発した。

　この状況下で，政府は「恤救規則」に代わる救貧立法として「救護法」を1929（昭和4）年に公布し，翌年より実施することとした。ところが，国家財政緊迫を理由として1932（昭和7）年まで実施は延期されてしまった。この法によって13歳以下の貧困児童は救護対象になり，被救護者のなかでも人員数も救護費用も毎年トップであった。このことが貧困児童に手厚い保護をなしたことを意味するものではなく，同法が労働能力者を救護対象から除外した制限主義に立脚したものであったから，結果として貧困児童の救護数と費用が多くなったのである。

　もちろん，これのみで児童問題の緩和・解決が完全なものになったとは言えない。当時の国民の貧窮化は，貧困児童問題だけではなく，非行問題，欠食問題，人身売買問題，母子問題など広範囲に及んでおり，救護者の保護だけではいかんともしがたいものであった。これらに対して政府のとっ

た方策は，1932（昭和7）年の「学校給食臨時施設方法」で欠食児童に対応し，翌1933（昭和8）年に非行児童への対応策として「少年教護法」，また同年「児童虐待防止法」，そして1937（昭和12）年に「母子保護法」を実施して対応していった。

　これらの対応策は，昭和恐慌下での農民生活の疲弊を契機として成立したものであり，日本資本主義を根底から支えてきた農村共同体そしてその末端組織であった家は，昭和恐慌の前に崩壊の危機に直面しており，自助努力による問題解決能力も非常に低下していた。

　国内の経済的危機打開の方向は，ファシズム・軍国主義の台頭により大陸侵略へと大きく傾斜していった。政府は，1938（昭和13）年に「国家総動員法」を制定して戦時体制を国民に強いた。同年，戦争遂行のために厚生省を設置し，戦時厚生行政の充実に力を注いだ。この行政のなかでもっとも重視されたのが児童保護であるといっても過言ではない。

　この期の児童保護思想については厚生省の初代児童課長である伊藤清が『児童保護事業』（1939年）のなかで次のように指摘している。

> 児童保護は，事後の保護より事前の予防へと発展し，事前の予防という見地を更に進めて母性保護へと展開していった。しかるに，今日の児童保護は，これ以上に発展しなければならず，その内容は限定された「問題の子供」を対象とするばかりではなく，一般児童をも包括するものであり，彼らの保健や体力の向上，教養や精神衛生の保持などを内容とする。これは児童保護ではなく Child Welfare（児童福祉）であると説明する。そして，この責務を国家社会に求めた。

　児童保護を積極的なものとして理解した伊藤の指摘は注目に値する。しかし，こうした思想が戦時体制のもとで登場してきたことは歴史の皮肉であった。すなわち，積極的な児童保護思想は，戦争を推進するための「人的資源」確保の一方策として誕生してきたものであり，子どもを主体的にとらえたものではなかった。戦時下の児童保護事業は，児童愛護事業と一般的に称された。

　人的資源の涵養という視点からとらえられた児童愛護事業の分野でもっとも重視されたのが母子保健サービスである。将来の優秀な兵力を確保するための基礎となる母子保健サービスについて政府は並々ならぬ力を注い

だ。それはまず1937（昭和12）年の「保健所法」にはじまり，翌年厚生省設置，1940（昭和15）年「国民体力法」，「国民優生法」，1942（昭和17）年「妊産婦手帳規則」など相次いで関係の制度が公布・実施された。1941（昭和16）年「人口政策確立要綱」が閣議で決定され，これにもとづき同年に厚生省人口局が設置された。同局に母子課が設けられ，ここでは，①妊産婦および乳幼児の保健指導に関する事項，②保育施設に関する事項，③結婚および出産の奨励に関する事項，④国民優生法の施行その他民族優生に関する事項，⑤その他主管に属しない母性および乳児の保健指導に関する事項などを掌ることとした。

母子保健サービスのこうした充実とともに，政府指導のもと多種多様な児童愛護事業が展開された。この一例として，児童愛護運動を掲げることができる。これは1927（昭和2）年に開始され，当初は乳幼児死亡率の低下を目標にすえたものであったが，戦時下のこの期においては人的資源の培養育成のための国民に対する児童愛護精神の高揚を徹底させるための運動に変質していった。

保育所についてみると，その目的として従前に付与された家庭経済の安定や乳幼児の保護という性格は，この期において，①軍事援護的役割，②生産力拡充に関する役割，③人的資源増強の役割などの視点からとらえられ，戦争完遂のための一翼を担わされた。そして，特に出兵家庭の子弟を優先的に預かり保育する銃後託児所なるものまで誕生した。家族制度のもとで長く子どもの養育は，戸主の義務として位置づけされ，児童問題の対応もこの制度のなかで解決を期待し，公的責任を積極的に果たそうとしなかった政府は，人的資源の観点からこの期においては，児童養育の公共化を押し進めていった。この意味するところは，将来の兵力を確保するためには子どもの家庭の養育力のみによっては不可能あり，国家がこれに介入することによって戦時目的を達成しようと意図したのであった。ここには，子どもの保護・救済が戦争のために手段化したのである。

4　戦後社会の児童福祉事業

A　戦後混乱期の児童福祉事業の形成

第2次世界大戦は，わが国の敗戦という結果に終わり，焦土と化した国

土において日本国民は敗戦の混乱と極度の生活困窮のなかから民主国日本の再建のために立ち上がっていった。だが，これへのイニシアティブは，占領軍が持ち，この指導のもとで推し進められた。日本の民主化は，まず，半封建的な諸制度と軍国主義的な体制の解体から着手され，政治，経済，社会，文化などの各領域において展開された。1946（昭和21）年11月に公布された日本国憲法は，戦前の絶対主義的天皇制の近代化と軍国主義的諸制度の解体を明示し，民主国家日本の姿を国民の前に示した。社会福祉の分野においては，いちはやく1945年に「生活困窮者緊急生活援護要綱」を発し，まさにその名が示すように緊急的な措置ではあったが無差別に生活困窮者に対する保護・救済を実施することを決定した。翌46年には，占領軍の「覚書」にしたがって保護の国家責任，保護の無差別平等，そして国民の最低生活保障を原理とする内容の「(旧)生活保護法」を公布した。

　戦争の最大の犠牲者は子どもであった。この期の児童問題は，戦災孤児，疎開児童，戦争浮浪児などであり，これに対する保護政策は「戦災孤児等保護対策要綱」（1945年）にはじまり翌々年の「児童福祉法」の制定へと続く。従来の政策であれば，これらの子どもの保護は，それぞれの家族の責任としてとらえられるところであったが，戦争によって家族も致命的打撃を受け瀕死の状態にあり，家族に代わって社会的な保護が緊急に要請された。これらの児童福祉の推進も占領軍の指導によってなされたものであり，その功績には大なるものがあった。

　児童福祉法の成立過程を簡単に見ておくと，1946年政府は戦後の児童問題の解決のために中央社会事業委員会に「児童保護事業の強化徹底策」について諮問を行った。同時に児童保護法要綱案を提出した。同委員会では，児童保護の国家責任の明確化や保護対象として全児童にまで拡大することなどを骨子とした「児童福祉法要綱案」を厚生大臣に答申した。政府は，中央社会事業委員会の答申を受けて，これに数度の改定を加えたうえで1947（昭和22）年の第1回国会に児童福祉法案として上程し，一部修正を加えられ，同年可決され，同年12月に公布されている。

　「児童福祉法」は，子どもの権利承認と児童養育に対する公的責任を明らかにした点においては，戦前の児童保護事業と比較すれば画期的なものであったが，しかし，こうした法の理念は制度の実施段階において十分に機能せず，さらには，国民にも新しい子ども観が理解されず，児童福祉は

遅々として進まなかった。

　1951（昭和26）年政府は，「児童憲章」を公布し，「われらは，日本国憲法の精神にしたがい，児童に対する正しい観念を確立し，すべての児童の幸福をはかる」として児童福祉思想の定着を企図した。そして，5月5日を「こどもの日」として国民的行事の日と定めた。だが，児童福祉の発展を阻害したのは，国民の側の思想的未熟性にあったのではなく，政府の取り組みそれ自体に問題があった。それは，「児童憲章」にも端的に表明されたように子どもの権利という視点から児童福祉をとらえることを行わず，憲章も大人の約束事としての域をでるものではなく，それへの消極性を暴露する結果となった。

B　経済成長期の児童福祉事業

　日本経済は，1960（昭和35）年頃より戦後復興から高度経済成長へと発展する。この体制を支えるべく勤労者家族が大幅に増加していったのがこの期からである。この家族は，生産的機能を弱くし，消費的機能のみを持った存在であり，消費的機能そのものもだんだんと家事的産業の発展により社会化されていく傾向を強くしていった。これと時を同じくして，婦人労働者の数も増加し，家庭内での育児・保育機能も社会的に対応せざるをえなくなった。そればかりか，経済成長の裏側には，その歪みともいうべき社会問題が頻発し，公害問題，交通事故問題，住宅問題，過疎過密問題などにより児童の生命と生活は危機的状況を呈していた。

　高度経済成長下での児童福祉の動向についてみると，1961（昭和36）年に「児童扶養手当法」が公布され，母子福祉対策の一環として，父と生計を同じくしない子どもについて手当を支給することによって子どもの健やかな成長と福祉を保障しようとした。1964（昭和39）年には，厚生省児童局が児童家庭局と改称された。何を狙いとして改称されたのであろう。それは，経済変動の激しさによって，家庭での養護・保育機能が著しく減退してきたことに対して，国民はこれへの公的な責任追及の声を高くしていった。保育所づくり運動は，これを代表するものである。しかし，政府の姿勢は決して積極的なものとはいいがたく，むしろ，逆に，現実の家族状況を無視して，家庭養育・家庭保育の必要性を強調して，国民の要求に応えようとはしなかった。こうした状況のもとでの機関名称の変更であるこ

とを考えると，頻発する児童問題の解決を家庭に期待するものにほかならず，これによって公的責任の回避を意図したものであった。

「児童憲章」制定20周年に当たる1971（昭和46）年には，社会保障・児童福祉のうえで重要な制度が誕生した。それは，「児童を養育している者に児童手当を支給することにより，家庭における生活の安定に寄与するとともに，次代の社会をになう児童の健全な育成及び資質の向上に資することを目的」とする児童手当制度の成立である。世界的には家族手当と称されるこの制度は，義務教育制度終了前の子どもに対して無差別平等に手当が支給され，勤労者家族の所得保障の一環としての位置を占めるものであり，遅ればせながら，やっと，わが国においても誕生した。しかし，わが国の制度は，原則的にはすべての子どもを対象としているものの，実際には，保護者の所得や子ども数の制限を設けており，その内容を国際的なレベルと比較すると十分なものとは言えなかった。この制度は，以上の点から，その出発としての意義はもったものの，今後改善されるべき点を多く含んでいた。

C　低経済成長期の児童福祉事業

経済成長のもとでの社会福祉・児童福祉は，一定の前進をみたことは否定できないであろう。だが，これ以上に国民を取り巻く生活状況には厳しいものがあり，生活実感としての「豊かさ」を持つことはできず，制度の充実を国民の多くが切望した。ところが，オイルショックに直面したわが国の経済は，これ以降，低経済成長へと転換し，国の社会福祉制度は，大きく見直されることとなった。それは，緊縮の方向で検討され，経済成長期の社会福祉を「バラマキ福祉」ときめつけ，縮小のための改革が国民の反対を押し切って次々と断行された。「受益者負担」や「高福祉高負担」が盛んに論じられたのがこの時期である。財政の窮迫化を理由として社会福祉予算は抑制され，国民への責任転嫁が図られていった。こうしたなかでこれまで頻繁に使用されてきた「福祉国家」という用語も，ほとんど姿を消してしまい，社会福祉にとっては，まさに冬の時代を実感させた。

政府は，国民が高負担をしないならば低経済のもとでは低福祉もしかたないものとして，福祉縮小を実行していった。これを推進していった理念が，政府自民党の提唱した「日本型福祉社会」構想であった。この内容は，

国民の自助努力，家庭・地域社会における福祉機能の重視，企業福祉の導入などを主柱として，公的福祉はこれらを補完するものとして位置付けられ，国家責任を家族や地域社会に転嫁するものであった。この「日本型福祉社会」構想の実現のために政府は，高度経済成長下の社会福祉を次々と見直していった。

児童福祉の分野においても上記の動向が適応され，まず最初の烽火は児童手当制度の改革から始められた。制度の内容自体が発足当初より不十分であったにもかかわらず，これをさらに低下させる改革が行われ，家庭の児童養育の負担が増大していった。また，保育所については，「日本型福祉社会」構想の主柱である家庭機能の重視にしたがって家庭保育が強調され，特に，乳児保育については家庭の責任が強く主張された。ところで，政府が期待する勤労者階層の家族機能は，これに応えうる力量を持っていたのであろうか。

この期においても核家族化の傾向は進行し，生活の社会化，とりわけ，公的責任による社会福祉の充実は，家庭生活の安定にとって必要不可欠の条件として国民の期待は日に日に高まっていった。したがって，家族機能としては，公的なサービスなしでは児童養育は困難な状況を呈しており，政府の期待とは裏腹な事態に直面していた。

D　社会福祉基礎構造改革と児童福祉制度改革

政府の社会福祉（児童福祉）制度改革は，その後も止まることなく多くの批判に耳をかすことなく強権性をもって進められ，戦後社会福祉が築き上げた成果を空洞化させる具体的な取り組みを展開した。「社会福祉の基礎構造改革について（主要な論点）」(1997年，社会福祉事業の在り方に関する検討会）や「社会福祉基礎構造改革について（中間まとめ）」(1998年，中央社会福祉審議会・社会福祉構造改革分科会）などの報告は，生活における自己責任の強調や国民全体で支えあう社会連帯の必要性を基調とする改革の方向を示し，社会福祉における公的責任を国民の責任に転嫁する内容となっている。

この路線上での改革は，社会福祉事業法の改正と，これの前後に断行された児童福祉と高齢者福祉の分野で先行的に実施された。社会福祉事業法の改正は，2000（平成12）年6月に実現しており，改正の内容は，①利用

者の立場に立った社会福祉制度の確立，②サービスの質の向上，③社会福祉事業の充実・活性化，④地域福祉の推進などにあることが政策側から主張され，法律の名称が社会福祉法と変えられた。しかし，この改正のねらいは，戦後社会福祉の発展を支えてきた措置制度を解体して契約制度の導入を図るものであり，加えて民間事業者の福祉への参入を容易にして福祉サービスの商品化と市場化を推し進めるものであった。この動向は，明瞭に社会福祉における公的責任を回避させるための装置であり，社会福祉サービスの市場化・商品化を促進することとなった。

　2000（平成12）年4月から実施された介護保険制度は，介護サービスを保険システムによって運営することとして，その財源確保を40歳以上の国民に介護保険料として負担させることによって社会福祉における無拠出の原則を崩し，さらに民間の事業者を供給者として認めることによって介護サービスの市場化を促進させた。

　児童福祉分野の改革は，1997（平成9）年の児童福祉法の改正によって，保育所の入所が措置から利用者による選択に変更され，措置制度の解体への途が開始された。同時に母子寮が母子生活支援施設に，養護施設が児童養護施設に，教護院が児童自立支援施設にそれぞれ名称が変更され，各施設において自立の支援が強調された。これ以降，基礎構造改革の路線に沿って毎年のごとく児童福祉法の改正が行われ，措置制度から利用・支援費制度への移行を加速化させた。2000年改正では，児童居宅介護等事業や児童デイサービス事業が支援費へ，母子生活支援施設と助産施設が利用選択方式に変更されている。

　2001（平成13）年には保育士が名称独占に，2003年には市町村における子育て支援事業の実施の新設，2004年には児童虐待防止対策の充実・強化や小児慢性特定疾患対策の確立などを加えた。

　近年の児童福祉法改正は，児童をめぐる生活環境の変化とそこに生起する児童問題への対応としての在宅児童や虐待児童への支援強化の側面と，社会福祉基礎構造改革路線に沿った児童福祉制度の抜本的改革の二つの側面をもって展開している。これらの動向が示すものは，戦後60年を経た今日の児童福祉の状況が，社会的にも政治的にも大きく変化し，これへの有効的対応をめざすものである点においては一定の評価をなすことができるものの，他方，児童福祉における責任を児童の保護者・家庭や地方公共団

体に委ねようとする姿勢の強化は，国家責任を曖昧化し，その後退に連動する問題を内包している。

　すなわち，児童福祉問題が複雑化・多様化，そして頻発化する今日的状況下では，児童の保護者への精神的・経済的な過度の負担は，問題の混迷化を招くばかりでなく，問題の存在を家庭に潜在化させることになる。また，地方公共団体への責任委譲は，地域間格差を生じさせる結果となっており，児童福祉サービスにおける不平等問題が新たに発生している。今一度，「改革」の内実を点検する必要に迫られており，「改革」によってもたらされた諸問題を解決することが，これからの児童福祉の発展につながっていくであろう。　　　　　　　　　　　　　　　　　　　〔菊池　正治〕

●引用参考文献────
① A.M.プラット，藤本哲也・河合清子訳『児童救済運動──少年裁判所の起源』中央大学出版部，1989年。
② B.ホルマン，津崎哲雄・山川宏和訳『社会的共同親と養護児童──イギリス・マンチェスターの児童福祉実践』明石書店，2001年。
③ 古川孝順『子どもの権利──イギリス・アメリカ・日本の児童政策史から』有斐閣，1982年。
④ J.ボウルビィ，黒田実郎訳『乳幼児の精神衛生』岩崎学術出版社，1967年。
⑤ J.ヘイウッド，内田守訳『イギリス児童福祉発達史』ミネルヴァ書房，1971年。
⑥ J.シャザル，清水慶子・霧生和夫訳『児童の権利』白水社，1971年。
⑦ L.ストーン，北本正章訳『家族・性・結婚の社会史──1500年～1800年のイギリス』勁草書房，1991年。
⑧ P.アリエス，杉山光信・杉山恵美子訳『〈子供〉の誕生』みすず書房，1980年。
⑨ M.ブルース，秋田成就訳『福祉国家の歩み』法政大学出版局，1984年。
⑩ 小松隆二『イギリスの児童福祉』慶應義塾大学出版会，1989年。
⑪ 桑原洋子『英国児童福祉制度史研究』法律文化社，1989年。
⑫ 一番ケ瀬康子『アメリカ社会福祉発達史』光生館，1963年。
⑬ J.ゴールドステイン他，中沢たえ子訳『子の福祉を超えて』岩崎学術出版社，1990年。
⑭ 野澤正子『児童養護論』ミネルヴァ書房，1991年。
⑮ C.ディケンズ，小池滋訳『オリヴァー・トゥイスト（上）（下）』ちくま文庫，1990年。
⑯ 池田敬正『日本社会福祉史』法律文化社，1986年。
⑰ 桑原洋子編『日本社会福祉法制史年表』永田文昌堂，1988年。
⑱ 吉田久一『現代社会事業史研究』勁草書房，1979年。
⑲ 田代国次郎・菊池正治編著『日本社会福祉人物史（上）（下）』相川書房，1987～1989年。
⑳ 浦辺史他編『保育の歴史』青木書店，1981年。

㉑　大原社会問題研究所編，高田慎吾著『児童問題研究』同人社書店，1928年。
㉒　古川孝順『児童福祉改革——その方向と課題』誠信書房，1991年。
㉓　庄司洋子他編『家族・児童福祉』有斐閣，1998年。
㉔　菊池正治他編『日本社会福祉の歴史　付・史料』ミネルヴァ書房，2003年。
㉕　室田保夫編著『人物でよむ近代日本社会福祉のあゆみ』ミネルヴァ書房，2006年。

第3章 児童福祉の法律と実施体制

1 児童福祉法と関係立法

1 児童福祉法

　敗戦から立ち直るため，生まれてくる子どもたちに日本の未来を託した「児童福祉法」が1947（昭和22）年12月12日法律第164号として成立した。
　「児童福祉法は，それまでの児童政策を一貫して支配してきた要保護児童の保護のみを問題とする思想に終止符をうち，それを超えて次代の社会の担い手たる児童一般の健全育成，福祉の積極的増進を基本精神とする児童についての根本的総合的法律である」（児童福祉法の趣旨，目的）として成立した。
　そして次のように具体的に条文化された。

> 第1条〔児童福祉の理念〕　すべて国民は，児童が心身ともに健やかに生まれ，且つ，育成されるよう努めなければならない。
> ②　すべて児童は，ひとしくその生活を保障され，愛護されなければならない。
> 第2条〔児童育成の責任〕　国及び地方公共団体は，児童の保護者とともに，児童を心身ともに健やかに育成する責任を負う。
> 第3条〔原理の尊重〕　前二条に規定するところは，児童の福祉を保障するための原理であり，この原理は，すべて児童に関する法令の施行にあたって，常に尊重されなければならない。

　つまり，児童の健全育成と，国家（地方自治体）責任の原則が明文化された。
　なお，児童福祉法による児童の定義は満18歳に満たない者をいい，児童

3-1 児童福祉法が定める必要な費用の負担割合

経費の項目		支弁権者	経費負担割合（根拠条文）				備考
			国	都道府県	市町村	指定都市	
児童福祉審議会	都道府県設置	都道府県		10/10（法50）			地方交付税
	市町村設置	市町村			10/10（法51）	10/10（法51）	地方交付税
児童福祉司および児童委員		都道府県（指定都市）		10/10（法50）		10/10（法50）	地方交付税
児童相談所（設備費を除く）		都道府県（指定都市）		10/10（法50）		10/10（法50）	地方交付税
療育の給付		都道府県（指定都市）	1/2（法53）	1/2（法50）		1/2（法50）	
児童福祉施設・里親の措置費			表3-5に表示				
国立児童福祉施設入所者の措置費		国	10/10（法49の2）				
一時保護		都道府県（指定都市）	1/2（法53）	1/2（法50）		1/2（法50）	
児童相談所の設備費		都道府県（指定都市）		10/10（法50）		10/10（法50）	地方交付税
児童福祉施設の設備費	都道府県立	都道府県		10/10（法50）			地方交付税
	市町村立	市町村			10/10（法51）	10/10（法50）	地方交付税
児童福祉施設の職員の養成施設	都道府県立	都道府県		10/10（法50）			地方交付税
	市町村立	市町村			10/10（法51）	10/10（法50）	地方交付税
私立児童福祉施設の設備費		都道府県（指定都市）	1/2（法56の2）	1/4（法56の2）		1/4（法56の2）	本項の費用は補助金で，補助の割合は補助の最高限度を示す。

出所：児童福祉法規研究会監修『児童福祉六法（平成19年版）』中央法規出版，30-31ページ（一部掲載）。

を次のように分けている（同法第4条1項）。
① 乳児 満1歳に満たない者
② 幼児 満1歳から，小学校就学の始期に達するまでの者
③ 少年 小学校就学の始期から，満18歳に達するまでの者
児童福祉法の概要を要約すると次のとおりである。
① 児童福祉の原理（同法第1条〜第3条）

② 対象（同法第4条）
③ 実施機関　児童福祉審議会，児童相談所，市町村，保健所
児童福祉審議会は，児童，妊産婦及び知的障害者の福祉に関する事項を調査審議する機関であり，都道府県及び市町村に置かれる機関
④ 福祉の保障　療育の給付，要保護児童の保護措置
⑤ 児童福祉施設への入所　児童福祉施設は，14種類である。
助産施設，乳児院，母子生活支援施設，保育所，児童厚生施設，児童養護施設，知的障害児施設，知的障害児通園施設，盲ろうあ児施設，肢体不自由児施設，重症心身障害児施設，情緒障害児短期治療施設，児童自立支援施設及び児童家庭支援センター
⑥ 費用　児童福祉行政の遂行に必要な費用の公費負担割合（国及び自治体）が定められている。表3-1は，各施策の負担割合の状況である。
⑦ 大都市の特例　都道府県が事務処理することとされている児童福祉事務等を，政令指定都市及び中核市が処理する。

2　その他の関係立法

次に，児童福祉法に関する立法について述べてみよう。児童福祉の理念（児童福祉法第1条）と児童育成の責任（同法第2条）は，「すべて児童に関する法令の施行にあたって，常に尊重されなければならない」（同法第3条）と規定されている。その児童に関する法令とは次のとおりである。

①社会福祉法　　　　　　②民生委員法
③生活保護法　　　　　　④身体障害者福祉法
⑤覚せい剤取締法　　　　⑥地域保健法
⑦予防接種法　　　　　　⑧母体保護法
⑨教育基本法　　　　　　⑩学校教育法
⑪社会教育法　　　　　　⑫労働基準法
⑬職業安定法　　　　　　⑭少年法
⑮少年院法　　　　　　　⑯犯罪者予防更生法
⑰未成年者飲酒禁止法　　⑱民法
⑲刑法　　　　　　　　　⑳売春防止法
㉑家事審判法　　　　　　㉒母子及び寡婦福祉法

3-2 年齢別児童家庭福祉施策

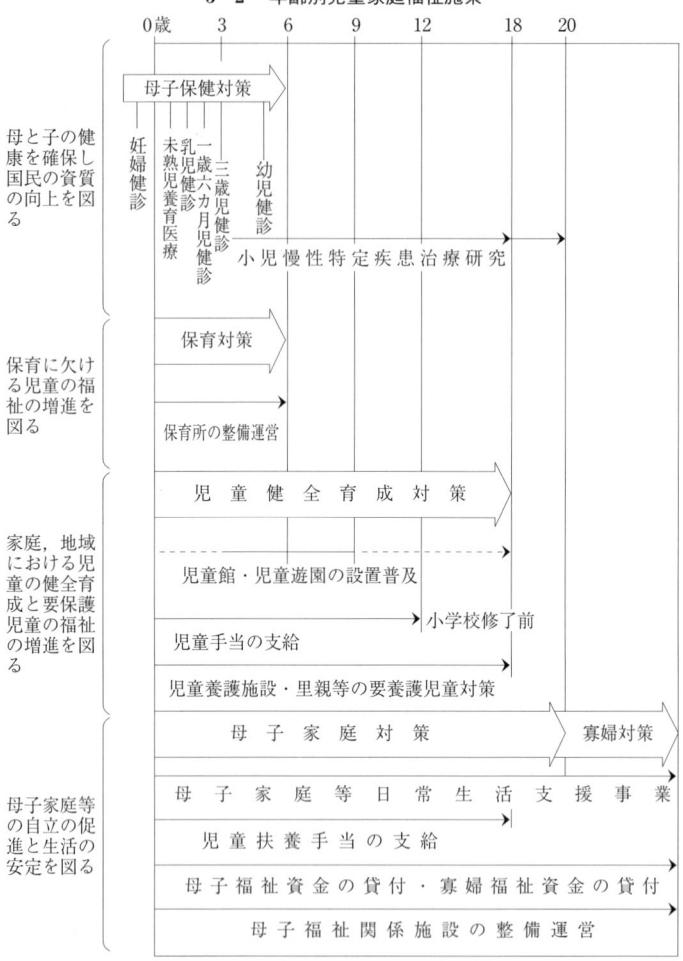

| | 0歳 | 3 | 6 | 9 | 12 | 18 | 20 |

母と子の健康を確保し国民の資質の向上を図る
- 母子保健対策
- 妊婦健診
- 未熟児養育医療
- 乳児健診
- 一歳六カ月児健診
- 三歳児健診
- 幼児健診
- 小児慢性特定疾患治療研究

保育に欠ける児童の福祉の増進を図る
- 保育対策
- 保育所の整備運営

家庭，地域における児童の健全育成と要保護児童の福祉の増進を図る
- 児童健全育成対策
- 児童館・児童遊園の設置普及
- 小学校修了前
- 児童手当の支給
- 児童養護施設・里親等の要養護児童対策

母子家庭等の自立の促進と生活の安定を図る
- 母子家庭対策
- 寡婦対策
- 母子家庭等日常生活支援事業
- 児童扶養手当の支給
- 母子福祉資金の貸付・寡婦福祉資金の貸付
- 母子福祉関係施設の整備運営

出所：厚生統計協会編『国民の福祉の動向（2006年）』厚生統計協会，71ページ。

㉓児童手当法　　　　　　　　　　　　㉔児童扶養手当法
㉕特別児童扶養手当等の支給に関する法律　㉖母子保健法
㉗児童虐待の防止等に関する法律　　　　㉘障害者自立支援法

図3-2は年齢別の厚生労働省サイドの児童福祉関係立法（施策）である。なお，「児童福祉六法」といわれる法律は以下のものである（公布年）。
①児童福祉法（昭和22年）　　　　②児童扶養手当法（昭和36年）

③特別児童扶養手当等の支給に関する法律（昭和39年）
④母子及び寡婦福祉法（昭和39年）
⑤母子保健法（昭和40年）　　　　　⑥児童手当法（昭和46年）

2　児童福祉の行財政

　敗戦から立ち直るため，生まれてくる子どもたちに日本の未来を託した児童福祉法は，前述の「児童福祉六法」とともに発展してきた。その後，1990（平成2）年社会福祉関係八法の改正で，児童居宅介護等支援事業が実施された。1994（平成6）年には少子化対策として，エンゼルプランが策定された。1997（平成9）年には保育制度が改正され，保育所入所が保護者の選択制となった。2000（平成12）年には，児童虐待の防止等に関する法律（以下，児童虐待防止法）が成立した。2003（平成15）年には少子化社会対策基本法が成立，児童福祉法という個別法を統括する基本法が制定され，国・地方公共団体・企業等が少子化問題に取り組む責任が明示された。2004（平成16）年にはこれまでの新エンゼルプランが，子ども・子育て応援プラン（平成21年度まで）として策定された。2005（平成17）年には，障害者自立支援法が制定され，障害児施設や障害児の居宅サービスは同法に包括された。
　以下，①児童福祉審議会，②医療保障と所得保障，③措置制度，④障害者自立支援法の関係にしぼって概説する。

1　児童福祉審議会

　児童福祉法や行財政の指針を審議する機関として児童福祉法第8条に児童福祉審議会の設置権限が明文化されている。同審議会は児童福祉法に規定する児童の健全育成や要保護児童等はもちろんのこと，児童および知的障害者の福祉を図るため，芸能，出版物，玩具，遊戯等を推薦し，またはそれらを製作し，もしくは販売するもの等に対し必要な勧告をすることできる。
　設置状況は国の審議会は社会保障審議会である。都道府県・指定都市に

は児童福祉審議会が義務設置となっている（ただし地方社会福祉審議会で児童福祉に関する審議をさせる場合はこの限りではない）。市町村は児童福祉審議会任意設置である。組織としては，児童福祉審議会委員は20人以内で構成される。

2　医療保障と所得保障

次に児童福祉行財政関係の医療保障と所得保障を挙げてみよう。
(1) 医療（費）の保障　母子保健の章参照。
(2) 所得保障
① 児童手当（児童手当法）　小学校第3学年修了前の児童を監護している世帯に支給される制度。金額は第1子，第2子が月額5,000円，第3子以降が10,000円である。手続機関は市町村である（2005年4月現在。241ページ注(3)を参照）。
② 児童扶養手当（児童扶養手当法）　経済的支えである父親と生計を同じくしていない児童（たとえば父母が離婚）が育成されている世帯に手当が支給される。2005年4月分以降児童1人当たり月額41,880円，2人の場合46,880円である。手続機関は市町村である。
③ 特別児童扶養手当（特別児童扶養手当等の支給に関する法律）　精神または身体に障害を有する児童を養育している者に支給する制度。2005年4月分以降障害児1人月額1級で50,900円，2級で33,900円である。手続機関は市町村である。

3　措置費制度

これまでの児童福祉法は，措置制度（行政が施設入所等を決定）が中心であった。1984（昭和59）年度までは保育所や児童養護施設の経費は措置費（児童福祉施設入所児の処遇や職員の人件費等）とよばれ，従来，国の負担は10分の8であった。1985（昭和60）年度は10分の7となり，1989（平成元）年度から10分の5となった。保育所の運営費は，2004（平成16）年度から公立保育所分は一般財源化された（原則地方交付税交付金で補塡）。具体的に児童入所施設と保育所（1997年度から措置費から運営費に改定）の措置費等の国庫

負担額は表3-3のとおりで，2005（平成17）年度で，児童入所施設が約713億円，保育所運営費が2,796億円である。一方地方自治体の場合表3-4のように民生費の児童福祉費に包括的に計上され，2003（平成15）年度決算額で，純総額約3兆円である。

3-3 措置費（保育所運営費）国庫負担金予算額の推移　(単位：千円)

年　度　別	児童入所施設分	保育所分	計
平成13年度	61,435,220	391,544,888	452,980,108
平成14年度	62,954,171	407,139,639	470,093,810
平成15年度	66,136,598	422,035,055	488,171,653
平成16年度	70,764,122	266,521,160	337,285,282
平成17年度	71,260,995	279,591,193	350,852,188

注：各年度とも当初予算額である。
出所：厚生労働省『平成17年度版児童保護措置手帳』日本児童福祉協会，25ページ。

3-4 民生費（平成15年度）　(単位：100万円)

区　分	都道府県		市町村		純計額	
社会福祉費	893,676	22.5	3,252,676	27.3	3,778,564	26.0
老人福祉費	1,760,855	44.4	2,549,765	21.4	3,779,856	26.0
児童福祉費	958,032	24.2	3,828,728	32.1	4,369,930	30.1
生活保護費	349,688	8.8	2,295,663	19.2	2,604,322	17.9
災害救助費	4,418	0.1	3,724	0.0	7,520	0.1
合　計	3,966,668	100.0	11,930,556	100.0	14,540,192	100.0

出所：総務省『地方財政白書（平成17年度）』資料53ページ。

表3-5は措置費（保育所運営費）の国・都道府県（指定都市・中核市含む）・市町村の負担割合である。国は2分の1の負担，都道府県4分の1，市町村4分の1が原則である。

4　児童福祉と障害者自立支援法

2005（平成17）年「障害者自立支援法」が成立した。それに伴い児童福祉法に規定する以下の施設は措置制度から契約方式に改正され，2006（平成18）年10月から施行された（3年後を目途に施設体系の再編成等について検討される予定）。障害児の保護者は，都道府県に支給申請を行い，支給決定を受けた後，利用する施設と契約を締結する。利用者の負担はサービスにかかる費用の1割（原則）負担，食費・高熱水費は実費負担となる。ただ

3-5 措置費（保育所運営費）の負担区分表

施設種別	実施主体の区分	児童等入所先施設の区分	支弁	徴収	負担区分 市町村	負担区分 都道府県指定都市中核市	負担区分 国
保育所	市町村	私立施設	市町村	市町村の長	1/4	1/4	1/2
		市町村立	市町村	市町村の長	16年度より一般財源化		
		都道府県立施設	都道府県	都道府県の長		16年度より一般財源化	
母子生活支援施設 助産施設	市・福祉事務所を設置する町村	市町村立・私立施設	市町村	市町村の長	1/4	1/4	1/2
		都道府県立施設	都道府県	都道府県の長		1/2	1/2
	都道府県指定都市中核市	都道府県立・市町村立・私立施設	都道府県指定都市中核市	都道府県・指定都市・中核市の長		1/2	1/2
その他の児童福祉施設・里親	都道府県及び指定都市	都道府県立・市町村立・私立施設	都道府県指定都市	都道府県・指定都市の長		1/2	1/2

注：実施主体の措置によって国立の児童福祉施設に入所させた場合は，国がその入所後に要する費用の全額を負担し，かつ，徴収を行うが，費用の負担能力の認定は都道府県知事が行う。なお，指定都市及び中核市が都道府県立の母子生活支援施設への母子保護の実施，助産施設への助産の実施をとった場合においても，当該指定都市及び中核市は措置費等の1/2を，都道府県立の保育所への保育の実施を行った場合においては，保育所運営費のすべてを負担することとなる。
出所：日本児童福祉協会『平成17年度版　児童保護措置費・保育所運営費手帳』2005年，25ページ。

し，食費や福祉サービスには補足給付があるため，利用者の自己負担額は減額されるケースがある。なお，重度の場合18歳に達した後でも延長利用は可能である。2006年10月から契約方式の障害児施設は以下のとおりである。

① 知的障害児施設，知的障害児通園施設
② 盲ろうあ児施設，肢体不自由児施設
③ 重症心身障害児施設

　一方，在宅福祉サービスの場合，児童居宅介護等事業・児童デイサービス事業・児童短期入所事業も障害者自立支援法の適用となった。身体に障害のある児童に対して，障害の除去または軽減し生活能力を得るための必要な医療をする，育成医療も2006（平成18）年4月から自立支援医療制度に改定された。自己負担額が1割（原則）になった。ただし，世帯の所得水準に応じて上限を設定した。たとえば，一定所得以下（市町村民税非課税

で本人の年収入が80万円より多い場合）の場合「低所得2」となり，月額負担上限額は5,000円である。

3 児童福祉の実施機関・施設

児童福祉実施機関の代表的機関は，児童相談所，福祉事務所および保健所である。

1 児童相談所

児童福祉機関の中心的役割を担っており，都道府県（政令指定都市）は義務設置となっている。業務は次のとおりである。
① 児童に関する問題につき相談に応じる。
② 必要な調査並びに医学的，心理学的，教育学的，社会学的及び精神保健上の判定を行う。
③ 児童，保護者につき，前述の調査又は判定により指導する。
④ 児童の一時保護を行う。
⑤ 要保護児童を里親に委託し又は施設に入所させる。
⑥ 3歳児精密健康診査，1歳6カ月児精密健康診査及び事後指導を行う。
⑦ 各市町村の区域を超えた広域的な見地から，実情を把握する。

児童福祉法の改正で（2005年4月施行），児童相談の一義的窓口は市町村が担うことになった。その関係は図3-6のとおりである。

図3-6から，児童相談所の相談の流れが理解できる。相談があると調査が開始される。そして診断，判定が行われる。ケース検討会議で検討され，処遇会議で，施設入所，里親委託等が決定される（新児童相談所運営指針の業務遂行上の配慮事項に「児童，保護者等に対する処遇を行うに当たっては，その意見を十分聴くよう配慮する」と明記されている）。

表3-7は，児童相談所における相談件数の状況である（2004年度）。相談内容内訳では，障害の相談が157,326件で44.6％となっている。次に養護相談が75,669件で21.5％，育成相談が65,681件で18.6％となっている。

3-6　市町村・児童相談所における相談援助活動系統図

（図省略：子ども・家庭、都道府県福祉事務所、市町村、児童相談所、一般住民・民間団体・児童委員・保育所・幼稚園・児童家庭支援センター・児童福祉施設・里親・保健所・学校・警察・市町村保健センター(注)・医療機関・司法機関・他の関係機関等、要保護児童対策地域協議会（調整機関）ケース検討会議（情報交換、支援内容の協議等）などの関係を示す系統図）

主な流れ：
- 子ども・家庭 →（相談・通告）→ 都道府県福祉事務所／市町村／児童相談所
- 市町村：相談、調査、診断、ケース検討会議、援助（助言指導、継続指導、他機関の紹介、子育て支援コーディネート）
- 児童相談所：相談、調査、診断、判定、一時保護、受理会議、判定会議、援助方針会議、援助（助言指導、継続指導、他機関の紹介、訓戒、誓約措置、児童福祉司指導）
- （措置）（措置中指導）・児童委員指導・児童家庭支援センター指導・里親委託・児童福祉施設入所・指定医療機関委託・児童自立生活援助措置・福祉事務所送致・その他の措置
- 家庭裁判所への家事審判の申立て・家庭裁判所送致

注：市町村保健センターについては、市町村の児童家庭相談の窓口として、一般住民等からの通告等を受け、相談援助業務を実施する場合も想定される。
出所：中央法規編集『社会保障の手引（2006年）』中央法規出版、211ページ。

3-7　児童相談所における相談受付件数　（2004（平成16）年度）

相談総数	養護	非行	障害	育成	保健・その他
352,614	75,669	18,362	157,326	65,681	35,576
100.0%	21.5%	5.2%	44.6%	18.6%	10.1%

注：養護相談のうち児童虐待相談は34,652件である。
資料：厚生統計協会編『国民の福祉の動向（2006年）』厚生統計協会、243ページ。

　養護相談のうちで児童虐待の相談が34,652件である。近年増加をたどっている。相談の総数は352,614件で、最近10年間、毎年30万件を上まわっている。

　一方処理別件数では、面接による助言指導（1回）が239,173件で最も多く全体の68.0%である。継続指導（2回）が42,195件で12.0%を占める。児童福祉施設への入所・通所は、22,868件で6.5%である。

2 市町村（児童家庭相談機関）

市町村は，児童福祉法の施行に関し，次の業務を行う。
① 児童及び妊産婦の福祉に関し，必要な実情の把握に努めること。
② 児童及び妊産婦の福祉に関し，必要な情報の提供を行うこと。
③ 児童及び妊産婦の福祉に関し，家庭その他からの相談に応じ，必要な調査及び指導を行うこと並びにこれらに付随する業務を行うこと。
④ 児童又はその保護者を知的障害者福祉司又は社会福祉主事に指導させること。
⑤ 児童相談所における判定又は施設入所等の措置を要すると認める者を児童相談所に送致すること。

3 保健所

保健所の業務は次のとおりである。
① 児童の保健について，正しい衛生知識の普及を図ること。
② 児童の健康相談に応じ，又は健康診査を行い，必要に応じ，保健指導を行うこと。
③ 身体に障害のある児童及び疾病により長期にわたり療養を必要とする児童の療育について，指導を行うこと。
④ 児童福祉施設に対し，栄養の改善その他衛生に関し，必要な助言を与えること。
⑤ 自立支援医療の実施。

4 児童福祉施設

施設は法上14種類であるが，さらに分けると20種類となる。施設の目的および種別は表3-8のとおりである。

表3-9は，児童福祉施設の状況である。施設数で33,406カ所，定員約211万人，在所者約216万人，従事者約48万人である。なかでも保育所が施設数で67％，定員で95％を超え，従事者数で80％を超している。また児童

3-8 児童福祉施設の種別と目的

施設の種類	1種2種	入所通所	設置主体	目的，対象	手続窓口
助産施設 (児童福祉法36条)	第2種	入所	都道府県 市町村　届出 社会福祉法人｝認可 その他の者	保健上必要があるにもかかわらず，経済的理由により，入院助産を受けることができない妊産婦を入所させて，助産を受けさせる	福祉事務所
乳児院 (児童福祉法37条)	第1種	〃	〃	乳児(保健上，安定した生活環境の確保その他の理由により特に必要のある場合には，幼児を含む。)を入院させて，これを養育し，あわせて退院した者について相談その他の援助を行う	児童相談所
児童養護施設 (児童福祉法41条)	〃	〃	〃	保護者のない児童(乳児を除く。ただし，安定した生活環境の確保その他の理由により特に必要のある場合には，乳児を含む。)，虐待されている児童その他環境上養護を要する児童を入所させて，これを養護し，あわせて退所した者に対する相談その他の自立のための援助を行う	〃
知的障害児施設 (児童福祉法42条)	〃	〃	国，都道府県 市町村　届出 社会福祉法人｝認可 その他の者	知的障害のある児童を入所させて，これを保護するとともに，独立自活に必要な知識技能を与える	施設 (契約)
自閉症児施設 (児童福祉法42条)	〃	〃	都道府県 市町村　届出 社会福祉法人｝認可 その他の者	自閉症を主たる病状とする児童を入所させ保護するとともに必要な治療，訓練等を行う	児童相談所
知的障害児通園施設 (児童福祉法43条)	〃	通所	〃	知的障害のある児童を日々保護者の下から通わせて，これを保護するとともに，独立自活に必要な知識技能を与える	〃

施設の種類	1種2種	入所通所	設置主体	目的，対象	手続窓口
盲児施設 （児童福祉法43条の2）	第1種	入所	都道府県 市町村　届出 社会福祉法人｝認可 その他の者	盲児（強度の弱視児を含む。）を入所させて，これを保護するとともに，独立自活に必要な指導又は援助を行う	児童相談所
ろうあ児施設 （児童福祉法43条の2）	〃	〃	〃	ろうあ児（強度の難聴児を含む。）を入所させて，これを保護するとともに，独立自活に必要な指導又は援助を行う	〃
難聴幼児通園施設 （児童福祉法43条の2）	〃	通所	〃	強度の難聴の幼児を保護者の下から通わせて指導訓練を行う	〃
肢体不自由児施設 （児童福祉法43条の3）	〃	入所 通所	〃	肢体不自由のある児童を治療するとともに，独立自活に必要な知識技能を与える	〃
肢体不自児療護施設 （児童福祉法43条の3）	〃	入所	〃	病院に入院することを要しない肢体不自由のある児童であって，家庭における養育が困難なものを入所させ，治養及び訓練を行う	〃
肢体不自由児通園施設 （児童福祉法43条の3）	〃	通所	〃	通園によっても療育効果が得られる児童に対し，必要な療育を行い，もってこれらの児童の福祉の増進を図る	施設 （契約）
重症心身障害児施設 （児童福祉法43条の4）	〃	入所	〃	重度の知的障害及び重度の肢体不自由が重複している児童を入所させて，これを保護するとともに，治療及び日常生活の指導を行う	〃
情緒障害児短期治療施設 （児童福祉法43条の5）	〃	入所 通所	〃	軽度の情緒障害を有する児童を，短期間，入所させ，又は保護者の下から通わせて，その情緒障害を治し，あわせて退所した者について相談その他の援助を行う	〃

第3章　児童福祉の法律と実施体制

施設の種類	1種2種	入所通所	設置主体	目的，対象	手続窓口
児童自立支援施設 （児童福祉法44条）	第1種	入所	国，都道府県 市町村　｝届出 社会福祉法人 その他の者　｝認可	不良行為をなし，又はなすおそれのある児童及び家庭環境その他の環境上の理由により生活指導等を要する児童を入所させ，又は保護者の下から通わせて，個々の児童の状況に応じて必要な指導を行い，その自立を支援し，あわせて退所した者について相談その他の援助を行う	施設 （契約）
母子生活支援施設 （児童福祉法38条）	〃	〃	都道府県 市町村　｝届出 社会福祉法人 その他の者　｝認可	配偶者のない女子又はこれに準ずる事情にある女子及びその者の監護すべき児童を入所させて，これらの者を保護するとともに，これらの者の自立の促進のためにその生活を支援し，あわせて退所した者について相談その他の援助を行う	福祉事務所
児童家庭支援センター （児童福祉法44条の2）	第2種	利用	地方公共団体 社会福祉法人 民法法人	地域の児童の福祉に関する各般の問題につき，児童，母子家庭その他の家庭，地域住民その他からの相談に応じ，必要な助言を行う	施設
保育所 （児童福祉法39条）	〃	通所	都道府県 市町村　｝届出 社会福祉法人 その他の者　｝認可	日日保護者の委託を受けて，保育に欠けるその乳児又は幼児を保育する。特に必要があるときは，日日保護者の委託を受けて，保育に欠けるその他の児童を保育することができる。	市町村 （福祉事務所）
児童館 （児童福祉法40条）	〃	利用	都道府県 市町村 社会福祉法人 民法法人	児童に健全な遊びを与えて，その健康を増進し，情操を豊かにする	施設
児童遊園 （児童福祉法40条）	〃	〃	〃	〃	〃

出所：中央法規編集『社会保障の手引』中央法規出版，2006年，291-292ページ，331-334ページ（一部加筆）。

3-9 児童福祉施設の状況　　　　　（2004年10月1日現在）

	施設数	定員	在所者数	従事者数
児童福祉施設	33,406	2,115,717	2,164,040	478,684
助産施設	460	5,185	—	—
乳児院	117	3,672	2,938	3,511
母子生活支援施設	285	5,622	11,608	1,906
保育所	22,404	2,029,201	2,090,374	404,912
児童養護施設	556	33,485	30,597	13,853
知的障害児施設	258	12,401	10,346	7,461
自閉症児施設	7	334	240	521
知的障害児通園施設	252	9,220	8,829	4,534
盲児施設	11	301	138	146
ろうあ児施設	14	440	203	217
難聴幼児通園施設	25	849	748	301
肢体不自由児施設	63	5,522	3,236	4,927
肢体不自由児通園施設	98	3,755	3,047	1,546
肢体不自由児療護施設	6	320	236	201
重症心身障害児施設	108	10,637	10,326	14,087
情緒障害児短期治療施設	25	1,209	910	649
児童自立支援施設	58	4,371	1,872	1,749
児童家庭支援センター	49	—	—	133
小型児童館	2,881	—	—	8,998
児童センター	1,663	—	—	7,186
大型児童館A型	18	—	—	344
大型児童館B型	4	—	—	56
大型児童館C型	1	—	—	134
その他の児童館	126	—	—	364
児童遊園	3,827	—	—	953

出所：厚生労働省『社会福祉施設等調査報告』。

の健全育成の施設として，児童館が脚光を浴びている。従来の放課後児童クラブが放課後児童健全育成事業として児童福祉法上（第6条の2，第21条の10）に位置づけられたこともあり，1994（平成6）年に3,800カ所に対して約45,000カ所になっている。

一方，児童遊園については，国の補助制度がないことも起因するが，都市計画法の幼児公園や，児童公園が増設され，児童福祉法上の児童遊園は減少傾向にある。

入所施設では，盲ろうあ児施設が，養護学校寄宿舎の設置や在宅福祉の充実等で入所児は大幅な減少である。

4 児童福祉法の課題と展望

　児童福祉法の課題と展望を3点に絞って記したい。
　(1)　子どもの権利侵害への対応が不十分
　児童福祉法から独立して，児童の権利保障の虐待防止法が制定された。しかし，虐待による子どもの受難が年々拡大している。2000(平成12)年から2004(平成16)年末までに210人の子どもが虐待死している。また児童相談所に寄せられた虐待相談は3万4千件を超え，1990(平成2)年度に比べて30倍以上に膨れ上がった（2006年11月11日朝日新聞）。2005(平成17)年に市町村に児童福祉のワンストップ（相談・通告）の役割が指定されたが，専門職不足のため，その機能が十分に発揮されていない。受け入れ先の児童養護施設も不足している。
　(2)　次世代育成の視点が不十分
　児童福祉法は，第2条で児童育成の国家等の責任を明記しながら包括的対策の基本法が制定されていなかった（障害者福祉の分野では障害者基本法が，高齢者福祉の分野では高齢社会対策基本法が制定されていた）。ようやく少子化対策の視点から2003（平成15）年に少子化社会対策基本法が制定されたが，次世代育成のための社会の合意形成が不十分で，少子化がすすんでいる。仕事と家庭の両立支援も不十分で保育所等も不足している。
　(3)　格差社会とIT社会が子どもの想像力を摘む
　児童福祉法では児童の健全育成が掲げられている。しかし，携帯電話やパソコンの普及で，便利さの裏腹に，プロセスが省略され，ワンタッチによる結果がすべてとなっている。その結果子どもの想像力や創造力が低下している。しかも家計経済格差や情報格差が，不登校やいじめ・情緒困難な子どもたちを創り出している。
　では，どう工夫すれば，以上の3点が解決の展望がみえてくるか。
　まず一つは，今以上に市町村に社会福祉士や精神保健福祉士等専門職を配置することである。児童の健全育成は将来の社会を支える国民すべての基本責務である。そのためには，各市町村に家庭児童福祉のワンストップの対応が必要である。現在介護保険法で，地域包括支援センターが高齢者

のそれの役割を担っているが,将来はその地域包括支援センターを社会福祉法で位置づけ,そのセンターで子ども・家庭の相談にも応じることを検討すべきである。

　二つ目は,児童福祉法の理念は,次世代の育成にあることの再確認である。人それぞれの価値観や生き方は異なる。しかし,次世代を育成するために,仕事と子育ての両立が可能なように,企業も本気で次世代育成支援対策推進法を実施する必要がある。企業での実施モデルを多く情報開示し,各人の選択に委ねることが望ましい。

　三つ目は,児童の健全育成のために心のデジタル化の予防である。IT社会の特徴は0か1かの二分法で児童の心までもデジタル化している。乳幼児の時期から,戸外内での集団遊びや喧嘩の体験を重視する。同時に学校教育との連携で,生活していくうえでの権利や責任のルールを育むため,事柄のプロセスを重んじる福祉教育を充実する。また,格差社会を是正するためにも児童期から高齢期に向かってのキャリアパスのシステム化を確立する。

●引用参考文献―――
① 三浦文夫編著『社会福祉通論』第一法規出版,1990年。
② 中央法規編集『社会保障の手引(2006年)』中央法規出版,2006年。
③ 児童福祉法規研究会監修『児童福祉六法(各年版)』中央法規出版。
④ ミネルヴァ書房編集部編『社会福祉小六法(各年版)』ミネルヴァ書房。
⑤ 厚生統計協会編『国民の福祉の動向(各年版)』厚生統計協会。
⑥ 日本児童福祉協会『平成17年度版児童保護措置費・保育所運営費手帳』2005年。

〔柿本　誠〕

第4章 児童福祉の専門職員

1 児童福祉専門職と専門性

1 児童福祉の動向と児童福祉専門職に求められるもの

　現代社会における子どもの生活は危機的な状況のなかにある。少子化の進行，高度情報化，女性の社会進出，高学歴化等の急速な社会変動にともない，子どもや家庭に具体的，個別的に現れてくる児童福祉問題は深刻な様相を呈している。たとえば，家庭内では親の生活条件の劣悪さや家族関係のひずみが緊張や葛藤をはらむものとなり，児童虐待，家庭内暴力，ドメスティック・バイオレンスを顕在化させている。能力主義や競争原理に支配された教育現場では，いじめ，不登校，校内暴力，学級崩壊，非行，自殺等の問題が増加し，子どもが安心できる居場所としての機能が失われつつある。子どもの公共的生活空間であり成長発達の潤滑油として機能してきた地域社会も，生活文化の伝承や養育機能を弱体化させ，コミュニティ機能の崩壊が危惧されている。

　このような実態は，児童福祉ニーズの多様化，複雑化，重層化を生み出し，高度な専門的理論と技術をもってしなければそれに対応することができない状況となり，児童福祉実践をより専門化していくことが要請されるようになってきた。また，児童福祉問題の拡大・深化に対応するために，児童福祉施策はその対象領域の普遍化へ向けて，従来の家庭代替機能を中心とした「児童福祉」から，子どものウェルビーイングを基本理念に，子どもの生活の基盤である家庭や地域社会も視野に入れた予防的で総合的な視点をもつ「子ども家庭福祉」への転換が図られている。この児童福祉実践の専門化と児童福祉施策の普遍化という児童福祉の二つの方向は，児童福祉専門職のあり方に大きな影響を与えることになった。

その一つの動きが，児童福祉施設におけるサービスのあり方の見直しである。児童福祉施設においては，従来のように子どもを入所させて保護するだけではなく，新たな機能や役割が求められるようになった。2003年の社会保障審議会児童部会の「社会的養護のあり方に関する専門委員会」の報告書では，児童福祉施設の方向性を，①各施設の本体施設を治療機能等を有する基幹施設と位置づけ専門職員を配置する，②里親や児童相談所などの関係機関との幅広い連携を図りつつケア形態の小規模化を進める，③家庭復帰や家族再統合に向けて家族への支援や家族関係を調整する等としている。児童福祉施設は，今後，地域福祉の拠点として，専門的支援，在宅支援，一時保護などの諸機能の充実・強化が図られていくといえる。また，同部会の「児童虐待の防止等に関する専門委員会」は，児童虐待防止の取り組みの課題として，①虐待の発生予防のための一般家庭の子育て支援や虐待リスクのある家庭を支えるサービス等の強化，②虐待の早期発見・早期対応のための関係機関による地域のネットワークの推進，③児童相談所・児童福祉施設職員や里親の専門性や資質の向上等をあげている。そして，2004年の「子ども・子育て応援プラン」では，少子化対策として，多様なニーズに対応する保育サービスの整備，子育ての孤立化や不安の解消を図るための相談・支援体制の充実等，すべての子育て家庭を支援する施策を進めるとしている。

　このような児童福祉の動向から，今日，児童福祉専門職には，従来の専門的知識・技術に加えて，あらたな専門職としての要件が求められている。第1には，多様な児童福祉ニーズや生活問題の構造やそれらの規定要因を分析し，解明しうる能力，第2には，児童福祉施設機能の拡大・多様化にともない職務内容が多様化するため，幅広い専門的知識・技術の習得とその応用力，第3には，被虐待児やPTSD等の心のケアに対応できるより専門性の高い個別的ケア能力，第4には，家族の再統合に向けて，子どもの施設入所前から退所後のケアに至る総合的な家族関係調整等を行うファミリー・ソーシャルワーク能力，第5には，子どもや家庭のニーズに適切に対応してサービス計画を策定し提供するケースマネジメント能力，第6には，地域の関係機関やボランティア，NPO等と連携しソーシャル・サポート・ネットワークを形成するコーディネート能力等である。また，近年は，子どもの権利擁護が児童福祉の重要な課題となっていることから，

児童福祉専門職は「権利の主体としての子ども」という視点から子どもの最善の利益とは何かを考え，子どもの権利を擁護しウェルビーイングを保障していかなければならない。児童福祉専門職には，児童福祉ニーズの変化に的確に対応していくために，常にみずからの専門性を問い続け，自己研鑽し自己変革をしていくことが求められている。

2　児童福祉専門職の専門性

　一般に専門性は，価値，専門的知識，専門的技術という三つの構成要素から成り立ち，その総体としてとらえることができる。それぞれの内容をみてみると，まず価値とは，望ましいと期待されるような行動の基準であり，児童福祉の価値は，人権尊重，自立支援，QOL の向上等をキーワードとしている。具体的には児童福祉法や児童憲章に表されている児童福祉の基本的理念であり，児童権利宣言や子どもの権利条約に規定されている子どもの権利保障である。次に専門的知識とは，児童福祉サービスや関連する社会的サービスに関する知識，子どもや家庭が抱えている問題を理解するための知識，子どもを援助するために必要な技術に関する知識等である。そして専門的技術とは，どのような職種にも必要な援助関係を形成するための対人援助技術や，保育，介護等の直接子どもにかかわるケアワークの技術，ケースワーク，グループワーク，コミュニティワーク等のソーシャルワークの技術である。専門性を特徴づけるこれらの技術にはそれに根拠を与える理論があり，それによって提供されるサービスには科学的合理性が与えられることになる。

　これらの三つの構成要素の関係においては，専門的知識や専門的技術を統合するものとして価値が位置づけられる。そのように価値が重要なのは，子どもや家庭を援助する過程で行われているさまざまな判断が援助者の価値観にもとづいており，それがサービスのあり方に少なからず影響を与えているからである。児童福祉の現場では，実践力に直結する専門的技術に重きを置く傾向は避けられないが，専門的技術が先行してしまうと子どもの存在そのものが忘れられ，実現すべき目標が見失われることになる。どのようにすぐれた知識や技術をもっていても，子どもを人格をもつ存在として尊重するという態度がなければ，提供される援助は援助する側の押し

つけや自己満足で終わってしまうのである。したがって，専門的知識や専門的技術の指針や基準となって実践を意味づけ，方向づけるものとして価値が重要となる。

　この価値は三つの基本的前提から生じている。第1には，「人間の尊重」であり，これはその人が何をするかにかかわらず，ただ人間であるという理由だけで価値をもつというもので，ここから他の価値がひきだされる，中心的な道徳的価値である。第2には，「人間の社会性」であり，人間はそれぞれに独自性をもつが，その独自性を貫徹するのに他者に依存する存在であるということをさしている。第3には，「変化の可能性」であり，人間の変化，成長および向上の可能性に対する信念である。これらの基本的前提は，児童福祉専門職に不可欠な価値であり，人間の理性的判断や選択において重要なものである。つまり，どのように重い障害のある子どもであっても，かけがえのない一人の人間として尊重し，発達の可能性を信じて自立を支援していくことが児童福祉専門職の基本的な態度なのである。

　ところで，児童福祉専門職が専門職であるためには，価値，専門的知識，専門的技術を有しているだけではなく，社会的承認が得られるような専門職としての諸条件を充足させる必要がある。専門職論については主にアメリカで1960年代以降多くの議論が展開されている。ミラーソン，グリーンウッド，フレックスナー等の専門職概念について共通する基本的要件を整理すると次のようになろう。それは，①体系的な理論と技術（科学的な知識・理論，実践のための固有の方法や技術が体系化されている），②体系的な養成教育（専門職養成機関における教育に限らず，資格取得後も専門性を高めていくための研修が体系化されている），③社会的承認（専門職の意義が社会的に認められ，一定の地位や収入が得られ，学歴や資格試験によってそれが保証される），④組織化（個々の専門職が専門職団体として組織化されている），⑤倫理綱領（専門職としての倫理の基準がある）である。

　倫理は，専門職がその職務を遂行するにあたり，人間として行動の規範とすべき価値観を明確にしたものであり，専門職団体が社会に果たすべき役割と専門性の維持・向上のための行動規範を示したものが倫理綱領である。全国保育士会等は2003年に全国保育士会倫理綱領を策定した。この綱領には，子どもの最善の利益の尊重を理念として，保護者との協力関係のもとに子どもの発達を保障する保育実践に努め，専門職としての責務を果

たす等が掲げられている。実際の援助場面では，専門職のパターナリズムと子どもの自己決定の尊重が対立する時，倫理的ジレンマに陥ることがあるが，倫理綱領の遵守を心がけていくことが大切である。

2 児童福祉専門職の職務と資格

❶ 児童福祉行政機関の専門職の職務と資格

　一般に，児童福祉の仕事に携わる人びとを一括して児童福祉従事者と呼んでいる。児童福祉従事者は，およそ専門職と非専門職に分けられ，専門職は主に児童福祉行政機関や児童福祉施設で働いている。

　児童福祉行政機関には，児童相談所，福祉事務所，保健所・市町村保健センターがあり，これらの機関にはその機能に応じてさまざまな専門職が配置されている。そのなかでも児童福祉行政の中核的なものが児童相談所である。児童相談所には児童福祉司や児童心理司が配置され，一時保護所には児童指導員や保育士が配置されている。児童福祉司は家庭や地域の関係機関から子どもの保護，福祉に関する相談に応じ，調査，診断し，専門的技術に基づいて必要な指導を行うことを職務としている。任用資格は「事務吏員又は技術吏員」とされ，その要件は児童福祉法第13条に，①厚生労働大臣の指定する児童福祉司若しくは児童福祉施設の職員を養成する学校その他の施設を卒業し，又は厚生労働大臣の指定する講習会の課程を修了した者，②学校教育法に基づく大学又は旧大学令に基づく大学において，心理学，教育学若しくは社会学を専修する学科又はこれらに相当する課程を修めて卒業した者であって，厚生労働省令で定める施設において1年以上児童その他の者の福祉に関する相談に応じ，助言，指導その他の援助を行う業務に従事したもの，③医師，社会福祉士，④社会福祉主事として，2年以上児童福祉事業に従事した者，⑤前各号に掲げる者と同等以上の能力を有すると認められる者であって，厚生労働省令で定めるもの，と規定されている。

　児童心理司は，子どもや親からの相談に応じ，診断面接，心理検査，観察等によって心理診断を行い，カウンセリングや心理療法等を行うことを

職務としており，精神保健分野を専門とする医師や心理学を専修した者が任用される。また，一時保護所の児童指導員や保育士は，一時保護に入所している子どもの生活全般にわたるケアを行い，行動観察を通じて，子どもに対する処遇方針を決定するプロセスにも参加することを職務としている。

　福祉事務所における児童福祉関係の業務は，児童福祉法第25条の8に福祉事務所長の採るべき措置として，①里親委託や施設入所等の措置を要すると認める者並びに医学的，心理学的，教育学的，社会学的及び精神保健上の判定を要すると認める者を児童相談所に送致する，②児童又はその保護者を知的障害者福祉司又は社会福祉主事に指導させる，③保育の実施等が適当であると認める者を都道府県又は市町村の長に報告・通知する等が規定されている。これらの業務および母子及び寡婦福祉法に規定された業務は，社会福祉主事を任用資格とした家庭児童福祉主事が行っている。また，福祉事務所には家庭児童相談室が設置されており，家庭児童福祉主事のほか家庭相談員，母子自立支援員が非常勤職員として配置されている。これらの職員は，家庭や地域の関係機関からの相談に応じるとともに，児童相談所，学校，医療機関等の子どもの福祉にかかわる関係機関との連携や協力のもとに児童福祉に関する職務を担っている。家庭相談員の資格要件は「家庭児童相談室の設置運営について」に定められており，①児童福祉，社会福祉，児童学，心理学，教育学，社会学を専修する課程を卒業した者，②医師，③社会福祉主事として，2年以上児童福祉事業に従事した者が任用要件となっている。また，母子自立支援員は，福祉事務所が行う母子及び寡婦福祉に関する相談のうち，専門的知識を必要とする相談に協力する非常勤職員とされているが，社会福祉法第19条に規定される社会福祉主事資格や児童福祉法第13条に規定される児童福祉司資格を有する場合は常勤とすることができる。福祉事務所は児童相談所とは異なり，幅の広い総合的な相談に応じることができる立場にあり，いわゆる多問題家庭への支援を行う場合，関係機関とのネットワーキングのもとケースマネジメントの機能を果たすことが求められている。

　保健所・市町村保健センターは，地域保健法によって設置された公衆衛生行政機関であるが，児童福祉関連業務も行っている。児童福祉法第12条の6には，その業務として，①児童の保健について，正しい衛生知識の普

及を図る，②児童の健康相談に応じ，又は健康診査を行い，必要に応じ，保健指導を行う，③身体に障害のある児童及び疾病により長期にわたり療養を必要とする児童の療育指導を行う，④児童福祉施設に対し，栄養の改善その他衛生に関し，必要な助言を与える等が定められている。これらの業務のうち，市町村保健センターは母子保健に関する基本的なサービスを行い，保健所は障害や疾病のある子どもの療育指導等や市町村間の調整を行っており，その業務に携る専門職として，医師，保健師，助産師，臨床心理士，栄養士等が配置されている。保健所・市町村保健センターは，障害や虐待の予防，早期発見，早期対応等において最初にかかわる機関となる場合が多く，ニーズをもつ子どもや家庭と児童福祉行政機関をつなぐ役割をもっている。

　これらの児童福祉行政機関は，相互に連携しながら多面的に対応していくことが求められている。子どもや家庭が担う問題の背景には社会的要因も考えられることから，生活保護，児童扶養手当，特別児童扶養手当，乳幼児福祉医療等の申請にかかわる機関が，家庭のリスク要因を把握し，早期に適切な支援につないでいくことが重要である。

2　児童福祉施設の専門職の職務

　児童福祉施設で働く児童福祉専門職の職種は多岐にわたっている。それらを児童福祉施設最低基準にもとづき整理したものが表4-1であるが，これらには児童福祉固有の職種ではないものも含まれている。児童福祉施設の職種のなかで児童福祉実践の中心的役割を果たしているのが，保育士，児童指導員，母子指導員，児童自立支援専門員，児童生活支援員，児童の遊びを指導する者等である。その職務内容は，基本的部分において共通性や類似性をもっている。すなわち，子どもの日常的な生活場面において個別的・集団的に自立に向けた支援を行うことにある。もちろん厳密にはそれぞれの職種によって職務内容は異なり，同一職種においてさえも勤務する施設の違いによって異なる職務内容をもつものがある。

　児童福祉施設の職員のなかで最も数が多いのが保育士である。1998年の児童福祉法施行令の改正により「保母」という名称が男女共通の名称として「保育士」に改められ，2001年の児童福祉法改正では，国家資格として

法定化された。これにより保育士は，保育士でない者が保育士を称することを禁止する名称独占となり，信用失墜行為の禁止や秘密保持義務が課せられることになった。児童福祉法第18条の4には，保育士とは「登録を受け，保育士の名称を用いて，専門的知識及び技術をもって，児童の保育及び児童の保護者に対する保育に関する指導を行うことを業とする者」と規定されている。保育士は，保育所において乳幼児期の発達段階に応じた集団保育や地域における子育て支援の役割を果たす一方，児童福祉施設では18歳までの子どもに対し生活指導，学習指導，障害児の療育などの役割を果たすことも含まれており，児童福祉施設の種別によって保育士の職務内容は異なっている。

　児童指導員は，乳児院，助産施設，保育所を除いた児童福祉施設に配置されており，児童福祉施設の代表的な職種である。その職務においては，入所している子どもの生活指導や学習指導等のケアワーカーとしての役割だけではなく，家庭や関係機関との連絡調整を行うソーシャルワーカーとしての役割も果たしている。

　母子指導員は，母子生活支援施設において，死別・離別による生活困難を抱える母子に対して日常生活における生活指導，母親の就労支援，子育て支援，子どもへの保育・学習指導を行い，自立を支援することを職務としている。近年はドメスティック・バイオレンスの被害者への支援も重要な課題となってきている。

　児童自立支援施設では，児童自立支援専門員が入所している子どもの自立支援を担当し，児童生活支援員が日常生活場面でのケアワークを行うが，子どもの問題の特性から矯正教育や社会適応に向けての訓練という内容が含まれるため，児童指導員や保育士とは異なる資格が設定されている。

　児童の遊びを指導する者は，児童厚生施設（児童館・児童遊園）において，子どもの健全育成を目的として，子どもの自主性，社会性，創造性を高めるような遊びを指導するとともに，母親クラブや子ども会などと連携を図りながらコミュニティワーカーとしての役割も担っている。

　家庭支援専門相談員（ファミリー・ソーシャルワーカー）は，2004年に乳児院，児童養護施設，情緒障害児短期治療施設，児童自立支援施設等の児童福祉施設に配置されることになった新しい職種である。その職務は，①保護者等への早期家庭復帰のための相談・養育指導，②退所後の児童に対

4-1　児童福祉施設の主な職種

施設種別		職　種
助産施設	第1種助産施設	医療法に規定する職員
	第2種助産施設	医療法に規定する職員，専任又は嘱託の助産師
乳児院		小児科診療に相当の経験を有する医師又は嘱託医，看護師，保育士，児童指導員，家庭支援専門相談員，栄養士，調理員
母子生活支援施設		母子指導員，嘱託医，心理療法を担当する職員，少年を指導する職員，調理員，保育所に準ずる設備を設ける場合には保育士
保育所		保育士，嘱託医，調理員
児童厚生施設 （児童館・児童遊園）		児童の遊びを指導する者
児童養護施設		児童指導員，嘱託医，保育士，栄養士，調理員，心理療法を担当する職員，家庭支援専門相談員，職業指導を行う場合には職業指導員
知的障害児施設		精神科の診療に相当の経験を有する嘱託医，児童指導員，保育士，栄養士，調理員
	第1種自閉症児施設	医療法に規定する病院として必要な職員，児童指導員，保育士
	第2種自閉症児施設	精神科の診療に相当の経験を有する嘱託医，医師，看護師，児童指導員，保育士
知的障害児通園施設		精神科の診療に相当の経験を有する嘱託医，児童指導員，保育士
盲ろうあ児施設		児童指導員，嘱託医，保育士，栄養士，調理員
肢体不自由児施設		医療法に規定する病院として必要な職員（医師は肢体の機能の不自由な者の療育に関して相当の経験を有する者），児童指導員，保育士，理学療法士又は作業療法士，職業指導を行う場合には職業指導員
	肢体不自由児通園施設	医療法に規定する診療所として必要な職員，児童指導員，保育士，看護師，理学療法士又は作業療法士
	肢体不自由児療護施設	嘱託医，児童指導員，保育士，看護師，栄養士，調理員
重症心身障害児施設		医療法に規定する病院として必要な職員，児童指導員，保育士，心理指導を担当する職員，理学療法士又は作業療法士
情緒障害児短期治療施設		医師，心理療法を担当する職員，児童指導員，保育士，看護師，家庭支援専門相談員，栄養士，調理員
児童自立支援施設		児童自立支援専門員，児童生活支援員，嘱託医，精神科の診療に相当の経験を有する医師又は嘱託医，栄養士，調理員，職業指導を行う場合には職業指導員，家庭支援専門相談員
児童家庭支援センター		相談・支援を担当する職員，心理療法等を担当する職員

する継続した生活相談，③里親委託促進のための相談・養育指導，④養育里親における養子縁組推進のための相談・養育指導，⑤地域の子育て家庭に対する育児不安解消のための相談・支援，⑥要保護児童の状況の把握や情報交換を行うための協議会への参画，⑦施設職員への助言・指導及び処遇会議への出席，⑧児童相談所等関係機関との連絡・調整等である。

これら以外にも児童福祉施設には，関連分野のさまざまな専門職が配置されている。障害児施設には，病院や診療所としての機能も併せもつ施設があり，その場合には医師，看護師が治療や看護を，理学療法士や作業療法士がリハビリテーションの機能を担っており，臨床心理士等の心理専門職が心理相談や治療を行うことも増えている。児童養護施設では被虐待児童の増加による対応の困難さから専門的ケアの必要性が認識されるようになり，1999年から心理療法を担当する職員が配置されるようになった。
　さらに，児童福祉施設には施設長，事務員，用務員など施設の経営，運営，管理を担う職種があり，それぞれの職種が相互に連携し，子どもや家庭が抱える問題の解決を図りながら子どもの生活を支援している。児童福祉施設がさまざまな職種によって力動的に運営されていく時，施設の機能はより拡大したものとなる。今後，施設の機能の多様化に対応するためには，職員間の連携をいっそう図り，施設全体の組織力を高めていくことが必要である。

3　児童福祉施設の専門職の資格と課題

　児童福祉施設の専門職の資格は，社会福祉士のように資格法に規定されているもの，保育士のように児童福祉法に国家資格として規定されているもの，児童福祉施設最低基準や通知によって任用資格が定められているもの等さまざまである。児童福祉施設の主な専門職について，その資格がどのように規定されているのかを整理したものが表4-2である。
　児童福祉専門職の養成は，それぞれの資格要件に応じて，専門学校，短大，大学や指定施設で行われている。児童福祉司の養成は，厚生労働大臣の指定を受けた国立秩父学園などの3校があり，児童自立支援専門員の養成は国立武蔵野学院で行われている。これらの養成機関においては，専門職養成に必要なカリキュラムの一定の整備が図られているが，教育内容の水準において関連分野の専門職と比較すると固有性や体系性等の専門職に不可欠な諸条件の充足がやや不十分である。今後は専門職教育水準のいっそうの高度化を図るとともに，卒後教育やリカレント教育のシステムを充実させていくことが課題となる。
　児童福祉専門職の任用資格は，基礎教育レベルの知識や技術を習得して

4-2 児童福祉施設専門職の資格要件

職　　種	任　用　資　格
保育士 （児童福祉法第18条の6）	①厚生労働大臣の指定する保育士を養成する学校その他の施設（指定保育士養成施設）を卒業した者 ②保育士試験に合格した者
児童指導員 （児童福祉施設最低基準第43条）	①地方厚生局長等の指定する児童福祉施設の職員を養成する学校その他の養成施設を卒業した者 ②学校教育法の規定による大学の学部で，心理学，教育学若しくは社会学を専修する学科又はこれらに相当する課程を修めて卒業した者 ③学校教育法の規定による大学の学部で，心理学，教育学又は社会学に関する科目の単位を優秀な成績で修得したことにより，（中略）大学院への入学を認められた者 ④学校教育法の規定による大学院において，心理学，教育学若しくは社会学を専攻する研究科又はこれらに相当する課程を修めて卒業した者 ⑤外国の大学において，心理学，教育学若しくは社会学を専修する学科又はこれらに相当する課程を修めて卒業した者 ⑥学校教育法の規定による高等学校若しくは中等教育学校を卒業した者，（中略）大学への入学を認められた者若しくは通常の課程による12年の学校教育を修了した者（中略）又は文部科学大臣がこれと同等以上の資格を有すると認定した者であって，2年以上児童福祉事業に従事したもの ⑦学校教育法の規定により，小学校，中学校，高等学校又は中等教育学校の教諭となる資格を有する者であって，厚生労働大臣又は都道府県知事が適当と認めたもの ⑧3年以上児童福祉事業に従事した者であって，厚生労働大臣又は都道府県知事が適当と認めたもの
母子指導員 （児童福祉施設最低基準第28条）	①地方厚生局長又は地方厚生支局長の指定する児童福祉施設の職員を養成する学校その他の養成施設を卒業した者 ②保育士の資格を有する者 ③社会福祉士の資格を有する者 ④学校教育法の規定による高等学校若しくは中等教育学校を卒業した者，（中略）大学への入学を認められた者若しくは通常の課程による12年の学校教育を修了した者（中略）又は文部科学大臣がこれと同等以上の資格を有すると認定した者であって，2年以上児童福祉事業に従事したもの
児童自立支援専門員 （児童福祉施設最低基準第82条）	①地方厚生局長等の指定する児童自立支援専門員を養成する学校その他の養成施設を卒業した者 ②学校教育法の規定による大学の学部で，心理学，教育学若しくは社会学を専修する学科若しくはこれらに相当する課程を修めて卒業した者又は（中略）大学の学部で，心理学，教育学若しくは社会学に関する科目の単位を優秀な成績で修得したことにより，（中略）大学院への入学を認められた者であって，1年以上児童自立支援事業に従事したもの ③学校教育法の規定による大学院において，心理学，教育学若しくは社会学を専攻する研究科又はこれらに相当する課程を修めて卒業した者であって，1年以上児童自立支援事業に従事したもの

職　　種	任　用　資　格
	④外国の大学において，心理学，教育学若しくは社会学を専修する学科又はこれらに相当する課程を修めて卒業した者であって，1年以上児童自立支援事業に従事したもの ⑤学校教育法の規定による高等学校若しくは中等教育学校を卒業した者，（中略）大学への入学を認められた者若しくは通常の課程による12年の学校教育を修了した者（中略）又は文部科学大臣がこれと同等以上の資格を有すると認定した者であって，3年以上児童自立支援事業に従事したもの ⑥学校教育法の規定により，小学校，中学校，高等学校又は中等教育学校の教諭となる資格を有する者であって，1年以上児童自立支援事業に従事したもの ⑦児童自立支援事業に関し，特別の学識経験を有する者であって，厚生労働大臣又は都道府県知事が適当と認めたもの
児童生活支援員 （児童福祉施設最低基準第83条）	①保育士の資格を有する者 ②3年以上児童自立支援事業に従事した者であって，厚生労働大臣又は都道府県知事が適当と認めたもの
児童の遊びを指導する者 （児童福祉施設最低基準第38条）	①地方厚生局長等の指定する児童福祉施設の職員を養成する学校その他の養成施設を卒業した者 ②保育士の資格を有する者 ③学校教育法の規定による高等学校若しくは中等教育学校を卒業した者，（中略）大学への入学を認められた者若しくは通常の課程による12年の学校教育を修了した者（中略）又は文部科学大臣がこれと同等以上の資格を有すると認定した者であって，2年以上児童福祉事業に従事したもの ④学校教育法の規定により，小学校，中学校，高等学校，中等教育学校又は幼稚園の教諭となる資格を有する者 ⑤次のいずれかに該当する者であって，児童厚生施設の設置者（中略）が適当と認めたもの 　イ．学校教育法の規定による大学において，心理学，教育学，社会学，芸術学若しくは体育学を専修する学科又はこれらに相当する課程を修めて卒業した者 　ロ．学校教育法の規定による大学において，心理学，教育学，社会学，芸術学若しくは体育学を専修する学科又はこれらに相当する課程において優秀な成績で単位を修得したことにより，（中略）大学院への入学が認められた者 　ハ．学校教育法の規定による大学院において，心理学，教育学，社会学，芸術学若しくは体育学を専攻する研究科又はこれらに相当する課程を修めて卒業した者 　ニ．外国の大学において，心理学，教育学，社会学，芸術学若しくは体育学を専修する学科又はこれらに相当する課程を修めて卒業した者

いることを要件としているが，資格がそのまま専門性の承認につながるとはいいがたい。専門性は，養成教育，任用，研修・研究という一連のつながりにおいてとらえなければ実質的な意味をもたないからである。専門職養成の課題は，教育，実践，研修・研究の有機的連携を確立させることにあり，その中心になるのは専門職の日常的実践の蓄積である。その蓄積された日常的実践を検証し，理論化し，科学化していく作業を進めていくために，研修・研究の機会が保障されていかなければならないのはいうまでもない。研修においては，専門性の向上に有効な方法としてスーパーヴィジョンがある。これは，専門職が豊富な経験と知識をもつスーパーヴァイザーとともに自分の実践過程を検証していく作業であり，専門職としての自己覚知や自己洞察を深め，新たな視点や方法を得ることにより実践の幅を広げ深めていくことが可能になる。こうした研修には自己研修，職場内研修，職場外研修などさまざまなレベルのものがあるが，それらが体系的，重層的，総合的，継続的に実施されることでより意味のあるものとなる。児童福祉専門職の専門性を高めるためには，養成教育や資格の付与のあり方等を検討し，研修・研究によってたえず資質の向上を図っていくことが大切である。

　さて，このような専門職としての内実を確保していくには，外的条件の整備も重要になる。一般に児童福祉専門職の賃金は低く抑えられ，勤務する施設が公立か私立かによって格差が生じており，女性の勤務年数が短く，同じ職種においてさえ女性が男性より低賃金であるなど，女性労働者への差別という問題も残されている。また，民間施設職員の場合は，労働条件に明確な規定がなく，施設経営者や施設長の恣意によって悪条件を強いられているところもあり，きわめて不安定なものとなっている。近年は非正規雇用の拡大，公立保育所等の民営化，児童福祉施設の最低基準の緩和等により，児童福祉施設をめぐる環境が悪化しつつある。児童福祉施設専門職の専門性の確保のためには，賃金，労働時間，労働環境，職員配置基準等の改善を図っていくことが緊急の課題といえる。

　これまでみてきたように，児童福祉行政機関や児童福祉施設で仕事をしている児童福祉従事者には多様な職種と資格がある。どのような職種にも異なる職種や他の関連分野との連携が求められており，協働して児童福祉サービスの質の向上に努めていかなければならない。また，社会福祉士，

介護福祉士，精神保健福祉士等の国家資格が定着しつつあるなか，社会福祉士が児童福祉司の任用資格にも組み入れられたこと等から，今後，これらの資格が児童福祉の分野でも積極的に取り入れられていき，児童福祉専門職の質的向上がいっそう図られることが期待される。

3 関連分野の専門職との関係

1 児童福祉と関連分野の専門職

　児童福祉問題は，さまざまな問題が複雑に絡み合って起こるものであり，単独の機関だけで対応できるものではない。したがって，保健・医療，教育，司法，労働，住宅などの関連分野の専門職と相互に連携しながら，子どもの生活全般にかかわって適切な支援をしていくことが必要である。ここでは，それらの関連分野のうち保健・医療，教育，司法について専門職との関係をみていくことにしたい。

　妊産婦の時期から乳幼児期にかけての子どもや親の心身の健康管理を維持するためには，保健・医療の分野に配置されている医師，保健師，看護師，助産師，理学療法士，作業療法士，言語聴覚士，栄養士等の専門職との連携が必要である。最近は思春期問題に対応するために児童精神科医や臨床心理士と相互に協力しあい重層的，総合的な支援をしていくことも求められている。保健所・市町村保健センターや医療機関では妊産婦や子どもの健康状態を把握し，疾病の予防や医学的な診断や治療を行うが，そこで子どもの障害が発見されたり，育児やしつけ等についての相談が寄せられたりすることが多い。その場合は，必要に応じて児童福祉行政機関や児童福祉施設等へつないでいる。一方，児童福祉行政機関や児童福祉施設が子どもの生活指導や相談援助を行うなかで，医学的診断や治療を必要とする場合は医療機関に紹介されている。医療機関には，医療ソーシャルワーカーを配置しているところもあり，子どもの医療福祉サービスの利用援助，家族の支援，医療機関の調整等において，医療ソーシャルワーカーとの連携も必要である。

　教育の分野には，幼稚園・学校や教育センター・教育相談所などの教育

機関がある。教育機関では，子どもにかかわるなかで行動上の問題が発見されたり，子どもの福祉を損なうような家庭状況の変化や不適切な親のかかわりが察知されたりすることがある。不登校，いじめ，校内暴力，学級崩壊などの教育問題に関しては，児童福祉行政機関にも相談が寄せられることがあり，福祉サービスの利用や家族関係の調整を視野に入れた援助が求められることもある。したがって，生徒指導担当教諭や養護教諭には，子どもの福祉ニーズを発見し，児童福祉サービスにつないでいく役割が期待されている。また，障害のある子どもの就学については，子どもの選択肢を拡充し，それぞれのニーズに応じた教育環境を整備するうえで教育と福祉の連携が必要である。近年は，小学校および中学校の教員免許取得における介護等体験の義務づけ，「総合的な学習」における福祉体験学習の実施，ボランティア活動の推進等，学校教育と福祉の連携は強化されつつあるといえる。

　司法の分野には，警察，検察庁，少年補導センター，少年院，少年鑑別所，家庭裁判所，保護観察所等の関係機関があり，非行問題に対応していくうえではこれらの機関の専門職との連携が必要である。ここでは，警察，少年院，少年鑑別所，家庭裁判所について専門職との関係をみていくことにしたい。

　警察は棄児，迷子，児童虐待，ドメスティック・バイオレンス，少年補導などの児童福祉に関する業務にかかわっており，非行傾向のある子どもが警察に補導された場合の児童相談所への通告や，虐待が疑われる家庭への立入調査への援助などの連携が行われている。警察官は警察官職務執行法によって定められた手段を用いて，触法少年・虞犯少年，被虐待児の通告や少年補導等を行っている。

　少年院は，保護処分として送致された非行少年を入所させる施設であり，少年の年齢，心身の状況，非行傾向を十分考慮して自立と社会復帰に向けた矯正教育を行っている。また，少年鑑別所は，家庭裁判所の審判の決定の資料とするために非行少年を入所させて，医学，心理学，教育学，社会学等の専門知識にもとづいて少年を鑑別するところであり，一般家庭や学校からの相談にも応じている。少年院や少年鑑別所には法務教官が配置されており，その職務を果たしていくうえで児童福祉専門職と連携していくことが必要である。

家庭裁判所は家事審判法で定める家庭に関する事件の審判及び調整，少年法で定める少年の保護事件の審判を業務としている。具体的には子どもの福祉を守るうえで親権喪失の審判や親の意志に反する児童福祉施設入所措置の承認，14歳以上の犯罪少年や虞犯少年について児童福祉法の規定にもとづく措置や審判による保護処分としての児童自立支援施設への送致等である。家庭裁判所には家庭裁判所調査官が配置されており，少年保護事件の審判及び家事事件の審判・調停に必要な調査等を行ううえで，児童相談所との連携が図られている。司法の分野の業務は子どもや親にとって重大な事柄であるため，関係機関が密接に連携していかなければならない。

2　関連分野とのネットワークの課題

　児童福祉は関連分野との相互関連性をもちながら成り立っており，子どもの福祉を守るためには，児童福祉行政機関をはじめとする関係機関やそこに所属する専門職が連携・協働しながら児童福祉ニーズに対応できるネットワークを構築していくことが求められている。

　ネットワークのあり方には，およそ日常生活圏域，市町村域，広域（複数の市町村）・県域の三つのレベルが考えられるが，どのレベルで連携するかは，援助の対象，内容，方法等の条件によって決まってくる。児童福祉サービスの接近性・即応性を必要とする問題には，日常生活圏域，市町村域レベルのネットワークが望ましい。たとえば，保育所，児童館，子育て支援センター等乳幼児を対象とした育児相談に関することは日常生活圏レベルのネットワークが考えられる。あるいは，市町村保健センター等で行われる発達相談，療育相談等は，住民に身近なところで相談体制を確保し支援を行うことができる市町村域のネットワークが考えられる。市町村域のネットワークの例として，児童虐待防止市町村ネットワーク事業がある。これは，市町村域における保健・医療，福祉，教育，警察，司法等の関係機関が，虐待の予防，早期発見，早期対応を図るために創設されたものである。また，広域・県域レベルのネットワークとしては，市町村が単独で対応することができない児童福祉施設入所等の措置をともなう養護問題，非行問題，不登校等の教育問題等に関するものが考えられる。

　このようなネットワークにおいては，情報や目標を共有化し，それぞれ

の専門職の役割を明確化し，協働して問題解決に取り組むことが重要であり，その取り組みの中核となるキーパーソンあるいはコーディネーターと呼ばれる存在が不可欠である。キーパーソンあるいはコーディネーターの役割は，子どもや家庭が抱える諸問題の総合的な把握，社会資源の活用，関係機関・団体・地域住民の調整等であり，公的サービス，民間団体によるサービス等を相互補完的にマネジメントしていくことにある。このようなマネジメントにおいてはフォーマルなものだけではなく，インフォーマルなものも視野に入れながらきめ細かく支援していくことが必要である。インフォーマルなものとして，地域には，児童委員，自治会，商店街，子ども会，老人クラブ，子育てサークル，セルフヘルプグループ，NPO団体，ボランティア団体等があり，これらと連携していくことが求められている。このようなネットワークにかかわる児童福祉専門職には，子どもの最善の利益を保障するための連携のあり方を具体的に提言していくという社会的に重要な役割が期待されている。

　さて，関連分野とのネットワークの課題について，はじめに保健・医療の分野からみていくことにしたい。すでに述べたように児童福祉は保健・医療の分野と密接な関係をもっており，児童福祉ニーズの早期発見，早期対応という意味において連携はきわめて重要である。しかしながら，現実問題として医療機関で障害が発見されても相談機関，療育機関につながらなかったり，乳幼児期に健康診査を受診しなかったり，受診してもその後の療育指導につながらなかったりする問題等が起こっている。障害のある子どもの療育においては，できるだけ早期に適切な治療や訓練を行い，障害の軽減や生活能力の向上を図り，将来の地域での生活を見据えた支援をしていくことが必要である。子どもの障害を早期発見し，早期療育につなげていくためには，専門職間のネットワークが不可欠であり，地域療育システムをどのように確立し，総合的な支援を機能させていくのかが今後の課題となろう。

　次に，教育の分野のネットワークにおいては，学校の生徒指導や進路指導の担当教諭，養護教諭，スクールカウンセラーとの個別的連携だけではなく，教育委員会や社会教育部門と組織的連携を図ることが課題であり，そこでは校長等の管理職や教育委員会の指導力が期待されている。障害のある子どもの教育については，新たに特別支援学校が地域の特別支援教育

のセンター的機能を果たし，医療，労働，福祉等の関係機関と連携・協力することが構想されているが，その具体化において特別支援教育コーディネーターがどのような役割を果たしていくかが課題である。

司法の分野においては，非行問題に対応していくうえで，関係機関の専門職だけではなく，家族，学校関係者，児童委員，ボランティア，地域住民等との広範な領域のネットワークを構築していくことが課題である。かつて，非行問題は貧困，家庭の欠損等にその原因があると考えられてきたが，今日では両親が揃った中流家庭の子どもに多くなり一般化現象がみられる。非行問題は，子どもの問題として表面化するが，その背景には家庭，学校，地域社会におけるさまざまな問題が複雑に絡み合って生じていることから，非行予防への取り組みは，地域社会が一体となって総合的で地道な活動を継続して展開していくことが重要である。

現代社会における児童福祉問題は，多様に拡大・深化しているため，保健・医療，教育，司法等関連分野の諸機能が統一的，体系的に展開されていかない限り，問題が増幅されていくともいえる。児童福祉の今後の重要な課題は，関連分野の専門職とのネットワークを地域福祉の視点からどのように構築し機能させていくかにある。

● 引用参考文献
① ゾフィア・T・ブトゥリム，川田誉音訳『ソーシャルワークとは何か』川島書店，1986年。
② 古川孝順・庄司洋子・定藤丈弘『社会福祉論』有斐閣，1993年。
③ 田畑洋一編著『現代社会福祉概説』中央法規出版，2004年。
④ 福祉士養成講座編集委員会編『新版社会福祉士養成講座 4 児童福祉論（第3版）』中央法規出版，2005年。
⑤ 西尾祐吾編『児童福祉論』晃洋書房，2005年。
⑥ 望月彰・谷口泰史編『子どもの権利と家庭支援』三学出版，2005年。
⑦ ミネルヴァ書房編集部編『社会福祉小六法（各年版）』ミネルヴァ書房。

〔徳永　幸子〕

第5章 母子保健と福祉

1 母子保健問題とは

　従来母子保健は，児童福祉法のなかで取り扱われてきた。1947年以降次のような施策が制度化されていった。
　①1948年妊産婦・乳幼児の保健指導，母子衛生対策要綱，②1951年身体障害児の療育指導，③1954年育成医療，④1958年未熟児養育医療と保健指導，⑤1961年新生児訪問指導，3歳児健康診査，⑥1964年妊娠中毒症医療援助と保健指導。
　そして1965年8月「母性並びに乳児及び幼児の健康の保持及び増進を図るため，母子保健に関する原理を明らかにするとともに，母性並びに乳児及び幼児に対する保健指導，健康診査，医療その他の措置を講じ，もって国民保健の向上に寄与することを目的」とし，母子保健法が制定された。
　ここに，母子に関する総合的な保健，医療対策が制度化された。その結果，乳児死亡率については，2005年には推計で出生数1,000人に対して2.8で世界の最高水準に達している。
　母子保健の水準指標として六つの水準をみてみよう（表5-1による。人口1,000人，出生または出産1,000に対しての率）。
　出生率は1950年頃から低下しはじめ1993年には人口1,000人に対して9.6人と急落した。出生数は1947年268万人であったのが，2005年ついに106万人と激減した。したがって合計特殊出生率（15歳から49歳にある女子の年齢別特殊出生率の合計で1人の女子がその年次の年齢別出生率で一生の間に生む平均子どもの数）が下りはじめ，戦前の4.7人から1965年2.14人となり，1989年ついに1.57人となり，2005年には1.25人となった。この数字は2.08人を下回ると人口の再生産ができなくなるといわれているものを大きく下回っている。

5-1 人口動態率の推移 (2005年)

出　　生	死　　亡	乳児死亡	死　　産	婚　　姻	離　　婚
1,062,604人	1,084,012人	2,960人	31,830胎	714,261組	261,929組
30秒に1人	29秒に1人	177分34秒に1人	16分31秒に1胎	44秒に1組	1分57秒に1組

年次	出生	死亡	自然増減	乳児死亡	新生児死亡	死産（出産千対）	周産期死亡（出産千対）	婚姻	離婚	合計特殊出生率
	（人口千対）			（出生千対）				（人口千対）		
1930	32.4	18.2	14.2	124.1	49.9	53.4	…	7.9	0.80	4.71
1940	29.4	16.5	12.9	90.0	38.7	46.0	…	9.3	0.68	4.11
1947	34.3	14.6	19.7	76.7	31.4	44.2	…	12.0	1.02	4.54
1950	28.1	10.9	17.2	60.1	27.4	84.9	46.6	8.6	1.01	3.65
1955	19.4	7.8	11.6	39.8	22.3	95.8	43.9	8.0	0.84	2.37
1960	17.2	7.6	9.6	30.7	17.0	100.4	41.4	9.3	0.74	2.00
1965	18.6	7.1	11.4	18.5	11.7	81.4	30.1	9.7	0.79	2.14
1970	18.8	6.9	11.8	13.1	8.7	65.3	21.7	10.0	0.93	2.13
1975	17.1	6.3	10.8	10.0	6.8	50.8	16.0	8.5	1.07	1.91
1980	13.6	6.2	7.3	7.5	4.9	46.8	11.7	6.7	1.22	1.75
1985	11.9	6.3	5.6	5.5	3.4	46.0	8.0	6.1	1.39	1.76
1989	10.2	6.4	3.7	4.6	2.6	42.4	6.0	5.8	1.29	1.57
1990	10.0	6.7	3.3	4.6	2.6	42.3	5.7	5.9	1.28	1.54
1995	9.6	7.4	2.1	4.3	2.2	32.1	7.0	6.4	1.60	1.42
2000	9.5	7.7	1.8	3.2	1.8	31.2	5.8	6.4	2.10	1.36
2003	8.9	8.0	0.9	3.0	1.7	30.5	5.3	5.9	2.25	1.29
2004	8.8	8.2	0.7	2.8	1.5	30.0	5.0	5.7	2.15	1.29
2005	8.4	8.6	△0.2	2.8	1.4	29.1	4.8	5.7	2.08	1.25

資料：厚生労働省「人口動態統計」，2005年は概数。
出所：厚生労働省編『厚生労働白書（各年版）』ぎょうせい。厚生統計協会編『国民衛生の動向（各年版）』厚生統計協会。

　　先進諸国の合計特殊出生率は次のとおりである。
　　① アメリカ　　　2004年　　2.05人
　　② フランス　　　2003年　　1.89人
　　③ スウェーデン　2003年　　1.71人
　　④ イギリス　　　2003年　　1.71人
　　⑤ ドイツ　　　　2003年　　1.34人
　　⑥ イタリア　　　2003年　　1.30人
　　なかでもスウェーデンは，1980年1.68人となって，政府，企業，国民あげての出生数の増大にとりくみ，今日1.71人に上昇したといわれている。
　　日本のこの1.25人はドイツ，イタリアとほぼ横並びである。

第5章　母子保健と福祉

5-2 体のおかしさワースト3（正木健雄）　　　　　　　　　　　（単位：％）

	1990年		1979年	
保育所	1　アレルギー 2　皮膚カサカサ 3　背中ぐにゃ	79.9 76.4 67.7	1　虫　歯 2　背中ぐにゃ 3　すぐ「疲れた」という	24.2 11.3 10.5
小学校	1　アレルギー 2　皮膚カサカサ 3　すぐ「疲れた」という	87.3 72.6 71.6	1　背中ぐにゃ 2　朝からあくび 3　アレルギー	44.0 31.0 26.0
中学校	1　アレルギー 2　すぐ「疲れた」という 3　視力が低い	90.8 83.8 78.1	1　朝礼でバタン 2　背中ぐにゃ 3　朝からあくび	43.0 37.0 31.0
高校	1　アレルギー 2　すぐ「疲れた」という 3　腹痛・頭痛を訴える	83.0 83.8 75.0	1　腰　痛 2　背中ぐにゃ 3　朝礼でバタン	40.0 31.0 31.0

出所：『日本消費者新聞』1990年8月1日。

　もう一つの問題点として，子どもの体に変化がみられてきたことである。
　表5-2は，正木健雄の貴重な調査結果である。この10年の「体のおかしさワースト3」によれば，保育所，小学校，中学校そして高校までのワースト1位は「アレルギー」である。正木は「アレルギー，低体温，疲労が増大している」という。小児科医の真弓定夫は「低体温になるとアレルギーを治す力も失われる。正しい食べ物を正しい方法で摂らなくなり，体を動かすことをしなくなったこと等が原因，結果的にはエネルギーを貯える力が衰えている。アレルギー増大も同じである」と分析している。
　三つ目の問題点として，核家族と若い母親との関係である。
　現代は，晩婚化・晩産化がすすみ，平均初婚年齢が1950年には男子25.9歳，女子23歳だったのが，2004年には男子29.6歳，女子27.8歳となった。結婚観について，以前三高主義（給料が高い・背が高い・学歴が高い）といわれたこともあったが，今日では，内閣府の調査によると，男女とも結婚をする・しないは「どちらでもよい」が半数となっている。
　一方，結婚した場合，核家族志向で「一人の子どもを豪華に育てる」時代といわれている。子ども一人に従来の子ども二人分のお金を投資するのである。また，若い母親のなかには，子育てを嫌ったり，面倒くさがったりする傾向もある。自分の母親や，祖父母，姉，隣近所の母親たちの伝承も核家族のため行われなくなった。

育児が孤立して乳幼児の虐待が近年著しく増加し社会問題となっている。

2 母子保健の制度と活動

　主な母子保健施策は，表5-3のとおり，保健対策と医療対策に大別される。保健対策は，1994年の地域保健法によって（1997年度全面施行），市町村が中心的に担うようになった。一部は医療機関に委託して行われる。虐待・いじめ対策事業や児童虐待防止市町村ネットワーク事業等，今日的課題にも取り組んでいる。

1　妊娠について

　(1)　妊娠届　妊娠が確認されたら市町村へ妊娠届を提出する。妊娠週数の数え方は，分娩予定月＝最終月経のあった月＋9カ月，分娩予定日＝最終月経の始まった日＋7日。
　(2)　母子健康手帳　妊娠届が受理されると，母子健康手帳が交付される。妊娠，出産および育児に関する一貫した健康記録である。
　特別区，保健所を設置する市においては，区長および市長，その他の市町村においては，市町村長を経由して交付する。
　(3)　妊産婦健康診査と妊産婦精密健康診査　妊娠中の定期健診等で異常が判明した場合，問診，内診，外診，検査等の健康診査を公費でまかなう制度。
　(4)　妊娠中毒症　妊娠中の疾病は，妊産婦の死亡の主な原因となるばかりでなく，未熟児や心身障害の発生原因となる。り患している妊産婦に対しては，家庭訪問による訪問指導，入院を要する場合，療養の援護費を支給する制度。
　(5)　母親学級　妊娠，出産，育児等の実際役立つ学習会を行う。初めての妊産婦は，母親学級で出会った母親たちが友達となり，交流が可能な配慮も企画される。
　(6)　妊産婦訪問指導　妊娠中毒症の発生予防と早期発見のため行う制度。対象は，初回妊娠（高年者初産），妊娠中毒症，未熟児出産等。

5-3 主な母子保健施策

(2006（平成18）年4月現在)

区分	思春期	結婚	妊娠	出産	1歳	2歳	3歳
健康診査等				●妊産婦健康診査（35歳以上の超音波検査） / ○新生児聴覚検査（※1） / ●先天性代謝異常，クレチン症検査 / ←●B型肝炎母子感染防止対策	●乳幼児健康診査	●1歳6か月児健康診査	●3歳児健康診査
保健指導等	←○思春期保健相談等事業（思春期クリニック・遺伝相談） / ●母子保健相談指導事業（婚前学級）（新婚学級） / ←○育児等健康支援事業（※2）母子保健地域活動事業 / ・健全母性育成事業 / ・ふれあい食体験事業 / ←○食育等推進事業（※2） / ←○生涯を通じた女性の健康支援事業（※1）（一般健康相談・不妊専門相談センター） / ←○休日相談支援等事業 ・共働き家庭子育て休日相談事業 ・海外在留邦人母子保健情報提供事業		●保健師等による訪問指導等→ / ●妊娠の届出及び母子健康手帳の交付 / （両親学級） （育児学級） / ・母子栄養管理事業 / ・出産前小児保健指導（プレネイタルビジット）事業 / ・出産前後ケア事業→ / ・児童虐待防止市町村ネットワーク / ・虐待・いじめ対策事業		・休日健診・相談等事業→ / ・乳幼児の育成指導事業→ / ・乳幼児健診における育児支援強化事業→		
療養援護等			○特定不妊治療費助成事業（※1） / ●妊娠中毒症等の療養援護→	←未熟児養育医療 / ○小児慢性特定疾患治療研究事業 / ○小児慢性特定疾患児に対する日常生活用具の給付 / ○結核児童に対する療育の給付 / ○療育指導事業（※1） / ○子ども家庭総合研究（厚生労働科学研究費）			
医療対策等				○母子保健医療施設整備事業（小児医療施設・周産期医療施設の整備） / ○総合周産期母子医療センター運営事業（※1） / ○周産期医療ネットワーク（対策費）（運営協議会，システム整備等）（※1） / ○母子保健強化推進特別事業（※1） / ○小児科・産科医療体制整備事業（※1）	○乳幼児健康支援一時預かり事業→		

○国庫補助事業　●一般財源による事業　※1 母子保健医療対策等総合支援事業　※2 次世代育成支援対策交付金による事業。

出所：厚生労働省編『厚生労働白書（平成18年版）』ぎょうせい，2006年，498ページ。

2 赤ちゃんについて

(1) 出生届　生まれた日を含めて14日以内に出生地，本籍地のいずれかの市町村に提出。

(2) 出生通知票　出生通知票を保健所へ提出する。保健所は，それによって，乳幼児健康診査や新生児訪問指導等を連絡。

(3) 先天性代謝異常等検査事業　フェニールケトン尿症等の先天性代謝異常症およびクレチン症を早期に発見して心身障害の発生を予防するため，新生児について血液によるマス・スクリーニング検査を行う。対象疾病は，フェニールケトン尿症，楓糖尿病，ホモシスチン尿症，ガラクトース血症，先天性副腎過形成症，クレチン症。

(4) 新生児訪問指導　生後28日未満の赤ちゃんのいる家庭を対象に，保健師や助産師が直接家庭訪問し，発育，栄養，環境，疾病の予防について保健指導を行う制度。

(5) 乳幼児健康診査　乳幼児の健康増進，疾病の早期発見と適切な指導を目的として，保健所が行う健康診査と医療機関へ委託して行う健康診査がある。

(6) 養育医療　未熟児（体重2,000g以下）といわれる赤ちゃんの養育に必要な医療の給付を行う制度。ただし指定医療機関に限られた受療である。出生時体重が2,000g以下の赤ちゃん，または生活力が弱い赤ちゃん，たとえば体温が34℃以下，生後24時間以上排便のないもの，または黄疸等である。

(7) 自立支援医療の給付　身体に障害のある児童に対し，障害を除去または軽減し生活能力を得るため医療の給付を行う。指定医療機関で受療。

(8) 療育の給付（児童福祉法）　結核にかかっている児童に対し，療育にあわせて学習の援助を行うため，病院に入院させて療育の給付を行う。指定医療機関で受療。

(9) 小児慢性特定疾患治療研究事業　特定疾患について，治療研究に必要な費用を交付する。対象疾病は次のとおり。悪性新生物，慢性腎疾患，慢性呼吸器疾患，慢性心疾患，内分泌疾患，膠原病，糖尿病，先天性代謝異常，血友病等血液疾患・免疫疾患，神経・筋疾患，慢性消化器疾患。

(10) 赤ちゃんを預ける施設　保育に欠ける場合保育所がある。赤ちゃんの養育に困ったら乳児院に預けることもできる。

(11) 経済的な困窮　生活保護世帯や，低所得者世帯には，栄養食品（ミルク）が支給される。

3　その他の母子保健事業

(1) 母子健康センター　保健所や病院等が少ないため自宅分娩が多い市町村に設置されて各種の母子相談に応じている。児童福祉法に規定する助産所と併設している市町村が多い。近年，地域住民に密着した健康相談，健康教育，健康診査等，保健サービスを総合的に行う市町村保健センターも設置されている。

(2) 神経芽細胞腫検査事業　小児ガンの一つである神経芽細胞腫は，早期に発見治療することにより，その多くが治癒することから，乳児について尿によるマス・スクリーニング検査を行う。

(3) B型肝炎母子感染防止事業　B型肝炎の撲滅を図るためB型肝炎ウイルスの保有者である妊婦を発見し，そのうちウイルスを子へ感染させる恐れのある妊婦から生まれた乳児に対してワクチンを投与する。

(4) 1歳6カ月児健康診査事業　幼児初期の身体発育，精神発達面での歩行や，言語等発達の標識が容易に得られる1歳6カ月の時点で，健康診査を行い，発達の障害を早期に発見し，適切な治療を行う（虫歯予防も行う）。

(5) 3歳児健康診査　3歳児は，心身の障害の発見に適した時期であることから，医師，歯科医師および児童心理司等による，総合的な健康診査を実施し，その結果にもとづく指導を行う。診査項目は，身体，栄養，脊柱，胸部，皮膚，眼，耳，鼻，咽頭，四肢運動，精神発達，言語障害等である。

(6) 新生児聴覚検査事業　聴覚障害を早期に発見し，早い段階で適切な措置を講じられるよう，新生児を対象とする。自動聴性脳幹反応検査を行う。

(7) 生涯を通じた女性の健康支援事業　思春期から更年期までの女性に対して健康教育を行う。

(8) 母子保健強化推進特別事業　地域の実情に応じた専門的，広域的な

事業の整備を行う。

たとえば、乳幼児の事故防止、乳幼児死亡、妊産婦死亡の改善事業、思春期保健対策事業、食育に関する事業。

3 事例：母子保健の活動

　前述のとおり妊産婦には母子保健法にもとづき「母子健康手帳」が交付される。
① 分娩第1期（開口期）は、陣痛開始から子宮口が完全に開くまでの時期である。初産婦では平均10時間から12時間たつと子宮が全開するといわれている。
② 分娩第2期（娩出期）は、子宮口が全開してから胎児が生まれるまでの時期である。初産婦では、平均1時間から2時間ぐらいかかるといわれている。
③ 分娩第3期（後産期）は、胎児が娩出されてから胎盤が出るまでの時期である。初産婦では、平均15分から20分ぐらいたつとなかに残っていた胎盤が出てくる。

以上のような出産状況が現代の若者向きにビジュアルで表現されている。
　母子保健活動の第一線は従来保健所であったが、現在では市町村保健センターの保健師が主に担っている。K市の母子保健業務を図5-4でみてみよう。
① 婚前、結婚セミナー
② 妊産婦健康相談
③ 母親学級
④ 家族計画相談
⑤ 1歳6カ月児健康診査
⑥ 3歳児健診
⑦ 経過観察健診
⑧ 育児学級
⑨ すこやかサークル
⑩ 心理相談

5-4 K市の母子保健活動

| 婚前 | 結婚 | 妊娠 | 出産 | 1歳 | 2歳 | 3歳 | 学童 |

婚前
- 若い女性の健康教室
- 結婚セミナー

妊娠
- 妊娠届
- 母子健康手帳の交付
- 妊産婦健康相談
- 申込み制 母親学級
- 子育てグループ等
- 妊婦一般健康診査受診票（2枚）精密HBe抗原検査受診票（母子管理票作成）
- 妊婦健康診査
- ハイリスク

出産
- 出生届
- 新生児訪問（開業助産師）＊2500g以上
- 未熟児訪問（保健師）＊2500g未満
- 先天性代謝異常等検査
- 乳児健康診査受診票
  - 3か月児健診
  - 7か月児健診（医療機関委託）
- 神経芽細胞腫検査
- 所内育児相談
- 所外育児相談（1か月健診）
- 1歳6か月児健診（個人通知）
- 1歳6か月児心理相談
- 心理フォローサークル
  - すこやかサークル
  - なかよしクラブ
  - ごくごくクラブ
  - ちびっこクラブ（西・北）
- 3歳児健診（個人通知）
- 3歳児心理相談
- ハイリスク
- 他機関紹介
- 乳幼児経過観察健診
- 思春期の子供を持つ母親の集い

- 家庭訪問・電話相談
- 妊娠中毒症等の療養援護
- 母子栄養食品支給
- 医療費無料（3歳未満）
- 療育医療
- 育成医療・小児慢性特定疾患対策
- ポリオ・ツ反・BCG
- 三種混合
- 麻疹1
- 日本脳炎・インフルエンザ

出所：K市作成、1996年。

また，保健師が個別に「母乳育児サークル」を結成して（事務局保健所内）「おっぱいだより」を毎月発行して，母親たちが育児体験を語り，保健師がアドバイスしたりしている。たとえば次のとおりである。
　①　1歳3カ月で食べ物を食べる時手づかみで食べる。
　②　2歳3カ月で言葉があまりでない。
　保健師のアドバイスとして，①に対しては，「しばらく様子をみながらスプーン，はしに興味を持つよう手助けしましょう」，②に対しては「言語が遅いということばかりにとらわれないで，子どもの様子をよく観察して，言葉かけをしましょう」等となっている。
　核家族時代，少子時代，晩婚化時代，女性の職場進出の増大等，さまざまな現代社会の変化に対して，母子保健の活動も，時代のニーズにあった，公私の協力が必要な時ではないだろうか。

●注──
(1)　『日本消費者新聞』1990年8月1日。

●引用参考文献──
①　『赤ちゃん（第33年度版）』母子衛生研究会，1996年。
②　中央法規『社会保障の手引』中央法規出版，2006年。
③　NTT『Babu Babu』1990年。
④　緒方明『ミキハウス症候群』宝島社，1993年。
⑤　厚生労働省『厚生労働白書（平成18年版）』2005年。
⑥　内閣府『少子化社会白書（平成17年版）』ぎょうせい，2005年。
⑦　内閣府『国民生活白書（平成18年版）』時事画報社，2006年。

〔柿本　誠〕

第6章 児童健全育成と福祉

1 少子化対策の現状

1 児童健全育成の意義

　子どもは，保護され育成される存在である。本来，児童福祉とは，すべての子どもが健康で明るく，人間らしく生活し，発達することができるように，子どもの最善の利益を考慮し，子ども自身と社会がともに取り組んでいく活動といわれている。わが国の児童福祉法が成立して半世紀が過ぎ，児童を取り巻く環境が大きく変わり，少子化や高齢化の進行，家庭における養育機能の低下により，地域社会において，子育て支援の必要性とその対策が急務になっている。具体的に保育所入所のしくみを見直し，児童自立支援施策や母子家庭支援施策を充実し，子育てをしやすい環境の整備を図るとともに，児童の健全育成と自立支援のための制度の構築などの取り組みが図られている。

　児童の健全育成は，国民全体の努力目標である。第一義的な責任者の保護者とともに，国や地方公共団体が，児童育成の責任をもたねばならない。何よりも日々の生活のなかで，子どもが人間として尊重され，一人ひとりの子どもが豊かな子ども時代を過ごせるように努力していかなければならない。

　『児童健全育成ハンドブック（平成18年度版）』（児童手当制度研究会）によると，児童の健全育成に関して「児童が心身ともに健やかに育成されるべきことは，児童福祉法第1条に定められた児童福祉法の理念であり，子どもの人間としての尊厳および価値の思想により，生活の安定と全人格的な発達の助長を希求するものといえる。それはすべての子どもについて身体的，精神的，社会的に良好な状態が確保され，一人ひとりの個性化が図ら

れ，自己実現が得られることを目指していると考えられる」[(1)]と述べられている。

　児童健全育成は行政用語であり，その内容と方法に関しては，以下の四つの特徴が示されている。

　①　全面的な発達保障：児童の全面的な発達を積極的に保障することが，児童の健全育成の目標である。

　②　健全育成が目的：児童を心身ともに健やかに育成すること，それ自体が，保護者や国等の行為の目標であり，ほかの何者かのための手段ではない。

　③　環境の整備・改善：児童の健全育成を進める方法として，愛情にもとづく人間関係・社会関係の調整を重視する点が指摘される。個人の全人的な成長の発達には，それを取り巻く人間関係，社会関係が愛情，思いやりにもとづくものとしてつくられることが重要である。

　④　遊びによる育成：児童の健全育成を進める方法として，自発的で感動，ゆとり，喜びを伴う行動＝「遊び」が重視されるということが特徴である。

　子どもは，家庭で，保育所で，幼稚園で，地域で，それぞれ支援を受けながら成長している。かつて地域には，親も子どもも育っていく時間や場所があった。親は日常生活のなかで，近隣の先輩たちから子育てを学んだ。子育ての手助けや，子育ての悩みも受容され，落ち着いて子育てができた。子どもたちは地域のなかで，大人とのふれあいや友達同士の遊びを通して，生活の知恵や人間関係のルールを学び，自立への力を育んできた。時代が進んだ今でも，そのための活気ある場と時間は提供する必要がある。[(2)]

　今，家庭や地域での子育て力は弱まっている。学校におけるさまざまな問題も論議されている。家庭ではしつけを主とするかかわりが多く，学校では成績ということを主とする活動が多くなりがちである。改めて今，子どもが自主的・主体的に物事を見つめ，周りの人びととのふれあいを通して自己実現を図ることの意味が問い直されている。児童福祉法の改正を踏まえ，社会福祉基礎構造改革が論議されるなかで，今後「地域のなかで子どもたちが健全に育つ」ための地域の構造づくりが進められ，人が育ち合うための地域の資源（物的，人的）の活用強化や地域組織活動の調整のあり方が探求されていかなければならない。

第6章　児童健全育成と福祉　　89

2 児童健全育成の取り組み

社会の変容に伴い，子どもの健やかな成長に影響を及ぼす恐れが懸念され，2000年以降，児童福祉法は改正が重ねられた。親にとっても子育てへの負担感は増しており，保育所や幼稚園を利用しながらも子育てのストレスを抱き，過保護・過干渉，ひいては子どもへのマルトリートメントへ向かう状況も生じている。地域において子どもが安心して健やかに成長できるような環境を多面的に早急に整備する必要が生じている。

A これまでの取り組み

(a) **健全育成施策** これまで子どもたちをより健全に育成するための種々の施策が展開されてきた。その主なものは，地域における健全育成の拠点である児童厚生施設の設置普及，地域を基盤とした子どもと母親たちの積極的な地域組織活動，放課後児童健全育成事業（就労等により保護者が昼間家庭にいない小学校低学年の子どもに対して，放課後，児童厚生施設等を利用して，適切な遊びや生活の場を与えて，その健全な育成を図る事業），児童クラブの設置・育成，優良な児童文化財の推薦等である。都道府県・市町村の地域事情に応じた児童環境づくり基盤整備事業としては，児童環境づくり推進協議会の設置等（地方シンポジウムの開催等），児童健全育成に資する事業（育児等健康支援事業），放課後児童健全育成事業（放課後児童クラブ），児童厚生施設（児童館・児童センター，児童遊園），地域組織活動（子ども会，母親クラブ，親の会等組織活動），主任児童委員（民生委員・児童委員のうち児童福祉専門担当），児童文化財（出版物，舞台芸術，映像メディア）の推薦等である。[3]

(b) **保育施策** 保護者の就労や病気等の事由により，保育を必要としている子どもたちに対して，保育の実施を図っている。社会状況の変化のなかで，保育時間の延長や乳児保育，一時保育等保育ニーズが多様化しており，これに対応するため特別保育事業として，種々の保育サービスが実施されてきた。

(c) **児童自立支援施策** 家庭養育に恵まれない児童や社会環境・親子関係や対人関係等に起因して情緒障害や非行行動を起こす児童等，社会的保護と自立のための支援を必要とする児童のための施策である。児童相談所によ

る相談・指導，児童福祉施設入所措置や里親委託等をはじめ，児童家庭支援センターや福祉事務所（家庭児童相談室），児童委員等による相談・指導等がある。これらの要保護児童のための児童福祉施設としては，乳児院，児童養護施設，児童自立支援施設，情緒障害児短期治療施設等がある。特に，児童養護施設と児童自立支援施設については，単に保護・養護等を行うのではなく，施設退所後の支援を通じて児童の自立を支援することとされた。

(d) **母子保健対策** 母子保健活動は，広く母性を対象とした母性保健施策と乳幼児に対する保健施策とを一貫した体制のもとに行われてきている。母子保健法，児童福祉法等にもとづき実施されている。その内容は，妊娠の届出と母子健康手帳の交付，市町村の母子保健活動，妊産婦・乳幼児の保健管理対策，未熟児対策，周産期対策，小児慢性特定疾患治療研究事業，養育医療の給付，乳幼児健康支援一時預かり事業，母子健康センターの設置等である。

B 現在の取り組み（図6-1参照）

1989（平成元）年の1.57ショックを契機にスタートした少子化対策は，1994（平成6）年12月策定のエンゼルプランや1999（平成11）年12月策定の新エンゼルプランを踏まえ，2002（平成14）年9月の「少子化対策プラスワン」として，次世代育成支援の取り組みに変化した。具体的に2003（平成15）年9月の少子化対策推進関係閣僚会議で，次世代育成支援に関する当面の取り組み方針が決定され，家庭や地域の子育て力の低下に対応して，次世代を担う子どもを育成する家庭を社会全体で支援することにより，子どもが心身ともに健やかに育つための環境を整備する方針が打ち出された。

(a) **次世代育成支援対策推進法** 1999（平成11）年12月に「少子化対策推進基本方針」が策定され，少子化と子育て支援は国を挙げて取り組むべき重要課題になった。これに関連して，児童の健全育成は，少子化・高齢化の課題と適合した時代の要請に対応し，人材の開発をも見据えられた。[4]

2003（平成15）年3月に，少子化対策推進関連閣僚会議において「次世代育成支援」に関する当面の方針が決定された。その目的と基本的な考え方は，夫婦の出生率の低下という新たな現象と急速な少子化の進行を踏まえ，少子化の流れを変えるため，従来の取り組みに加え，もう一段の対策

6-1　少子化対策の経緯

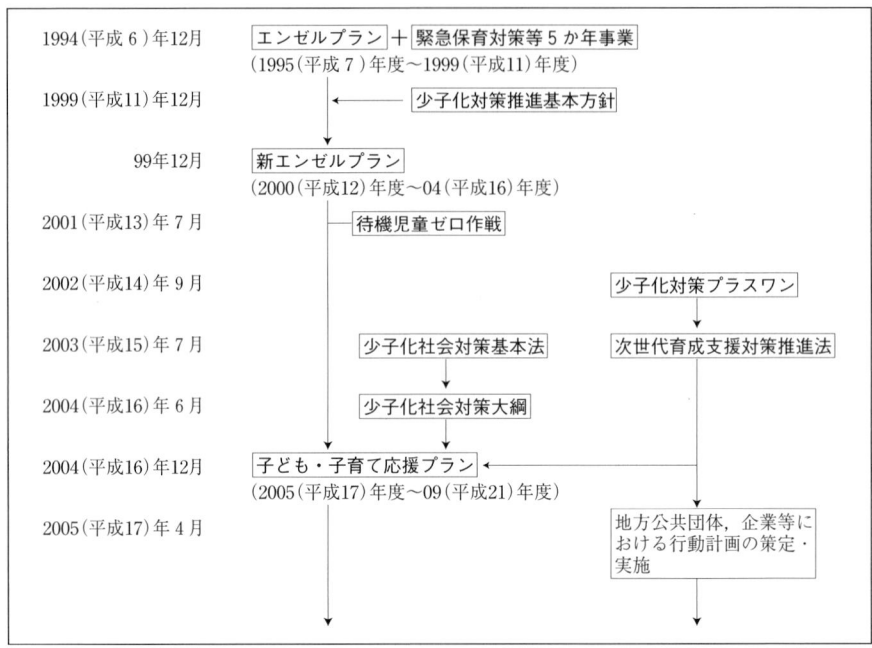

1994（平成6）年12月	エンゼルプラン ＋ 緊急保育対策等5か年事業 （1995（平成7）年度～1999（平成11）年度）
1999（平成11）年12月	← 少子化対策推進基本方針
99年12月	新エンゼルプラン （2000（平成12）年度～04（平成16）年度）
2001（平成13）年7月	待機児童ゼロ作戦
2002（平成14）年9月	少子化対策プラスワン
2003（平成15）年7月	少子化社会対策基本法　次世代育成支援対策推進法
2004（平成16）年6月	少子化社会対策大綱
2004（平成16）年12月	子ども・子育て応援プラン ← （2005（平成17）年度～09（平成21）年度）
2005（平成17）年4月	地方公共団体，企業等における行動計画の策定・実施

出所：内閣府『少子化社会白書（平成17年版）』ぎょうせい，2005年，23ページ．

を推進することである。このため，政府として「次世代育成支援に関する当面の取り組みの方針」を策定，政府・地方公共団体・企業等が一体となって，国の基本政策として次世代育成支援を進め，家族や地域社会における「子育て機能の再生」を実現することを図ることになった。当面の方針として，男性を含めた働き方の見直し，地域における子育て支援，社会保障による次世代支援，子どもの社会性の向上や自立の促進，仕事と子育ての両立支援（待機児童ゼロ作戦）等が策定されている。

　この次世代育成支援対策推進法は，2003（平成15）年7月制定された。内容は「地方公共団体および事業主が，次世代育成支援のための取り組みを推進するために，それぞれの行動計画を策定」することをねらいとしたものである。

(b)　**少子化社会対策基本法**　少子化社会対策基本法は，2003（平成15）年7月制定された。内容は「わが国における急速な少子化の進展が，21世紀の

国民生活に深刻かつ多大な影響をもたらすものであり，少子化の進展に歯止めをかけることが求められているとの認識に立ち，少子化社会において講ぜられる施策の基本理念を明らかにするとともに，少子化に的確に対処するための施策を総合的に推進することを目的としたもの[5]」である。

(c) **少子化社会対策大綱**（図6-2参照）　2004（平成16）年6月に閣議決定された「少子化社会対策大綱」の基本的な施策は，働きながら子どもを育てているすべての人のために，あるいは子育てをしているすべての人や家庭のために，そして次世代をはぐくむ親となるために，「次世代育成支援対策推進法」，「児童福祉法改正法」にもとづく行動計画の策定・実施等により，自治体・企業等における取り組みが推進されている。

　このことにより，地方公共団体および企業における10年間の集中的・計画的な取り組みを推進するために「次世代育成支援対策推進法」が成立した。この法律においては，市町村行動計画，都道府県行動計画，一般事業主行動計画および特定事業主行動計画をそれぞれ策定することとし，主務大臣はこれらの行動計画の策定に関する指針を策定しなければならないとした。

　この対策大綱は，少子化の流れを変えることをポイントに，2004（平成16）年6月閣議決定された。そのねらいは「少子化の急速な進行は，社会・経済の持続的な可能性を揺るがす危機的なものと真摯に受け止め，子どもが健康に育つ社会，子どもを生み，育てることに喜びを感じることのできる社会への転換を喫緊の課題として，少子化の流れを変えるための施策に集中的に取り組むこと」としている。

(d) **子ども・子育て応援プラン**（図6-3参照）　このプランは，前述の「少子化社会対策大綱」の具体的実施計画である。少子化社会対策大綱が掲げた四つの重点課題である，①若者の自立とたくましい子どもの育ち，②仕事と家庭の両立支援と働き方の見直し，③生命の大切さ，家庭の役割等についての理解，④子育ての新たな支え合いと連帯に沿って，2005（平成17）年度から2009（平成21）年度までの5年間に講じる施策内容と目標が具体的に掲示されている。加えて，おおむね10年後を展望して，めざすべき社会の姿が例示されている。

6-2 少子化社会対策大綱の3つの視点と4つの重点課題

3つの視点
Ⅰ　自立への希望と力
Ⅱ　不安と障壁の除去
Ⅲ　子育ての新たな支え合いと連帯—家族のきずなと地域のきずな—

⇩

4つの重点課題
Ⅰ　若者の自立とたくましい子どもの育ち
Ⅱ　仕事と家庭の両立支援と働き方の見直し
Ⅲ　生命の大切さ，家庭の役割等についての理解
Ⅳ　子育ての新たな支え合いと連帯

重点課題に取り組むための28の行動

【若者の自立とたくましい子どもの育ち】
（1）若者の就労支援に取り組む
（2）奨学金の充実を図る
（3）体験を通じ豊かな人間性を育成する
（4）子どもの学びを支援する

【仕事と家庭の両立支援と働き方の見直し】
（5）企業等におけるもう一段の取組を推進する
（6）育児休業制度等についての取組を推進する
（7）男性の子育て参加促進のための父親プログラム等を普及する
（8）労働時間の短縮等仕事と生活の調和のとれた働き方の実現に向けた環境整備を図る
（9）妊娠・出産しても安心して働き続けられる職場環境の整備を進める
（10）再就職等を促進する

【生命の大切さ，家庭の役割等についての理解】
（11）乳幼児とふれあう機会の充実等を図る
（12）生命の大切さ，家庭の役割等についての理解を進める
（13）安心して子どもを生み，育てることができる社会の形成についての理解を進める

【子育ての新たな支え合いと連帯】
（14）就学前の児童の教育・保育を充実する
（15）放課後対策を充実する
（16）地域における子育て支援の拠点等の整備及び様の充実を図る
（17）家庭教育の支援に取り組む
（18）地域住民の力の活用，民間団体の支援，世代間交流を促進する
（19）児童虐待防止対策を推進する
（20）特に支援を必要とする家庭の子育て支援を推進する
（21）行政サービスの一元化を推進する
（22）小児医療体制を充実する
（23）子どもの健康を支援する
（24）妊娠・出産の支援体制，周産期医療体制を充実する
（25）不妊治療への支援等に取り組む
（26）良質な住宅・居住環境の確保を図る
（27）子育てバリアフリーなどを推進する
（28）児童手当の充実を図り，税制の在り方の検討を深める

出所：内閣府『少子化社会白書（平成17年版）』ぎょうせい，2005年，27ページ。

6-3 「子ども・子育て応援プラン」の概要

【4つの重点課題】	【平成21年度までの5年間に講ずる施策と目標(例)】	【目指すべき社会の姿〔概ね10年後を展望〕(例)】
若者の自立とたくましい子どもの育ち	○若年者試用(トライアル)雇用の積極的活用(常用雇用移行率80%を平成18年度までに達成) ○日本学生支援機構奨学金事業の充実(基準を満たす希望者全員の貸与に向け努力) ○学校における体験活動の充実(全国の小・中・高等学校において一定期間のまとまった体験活動の実施)	○若者が意欲を持って就業し経済的にも自立[フリーター約200万人、若年失業者・無業者約100万人それぞれについて低下を示すような状況を目指す] ○教育を受ける意欲と能力のある者が経済的理由で修学を断念することのないようにする ○各種体験活動機会が充実し、多くの子どもが様々な体験を持つことができる
仕事と家庭の両立支援と働き方の見直し	○企業の行動計画の策定・実施の支援と好事例の普及(次世代法認定企業数を計画策定企業の20%以上、ファミリーフレンドリー表彰企業数を累計700企業) ○個々人の生活等に配慮した労働時間の設定改善に向けた労使の自主的取組の推進、長時間にわたる時間外労働の是正(長時間にわたる時間外労働を行っている者を1割以上減少)	○希望する者すべてが安心して育児休業等を取得[育児休業取得率男性10%、女性80%、小学校就学の始期までの勤務時間短縮等の措置の普及率25%] ○男性も家庭でしっかりと子どもに向き合う時間が持てる[育児期の男性の育児等の時間が他の先進国並みに] ○働き方を見直し、多様な人材の効果的な育成活用により、労働生産性が上昇し、育児期にある男女の長時間労働が是正
生命の大切さ、家庭の役割等についての理解	○保育所、児童館、保健センター等において中・高校生が乳幼児とふれあう機会を提供(すべての施設で受入を推進) ○全国の中・高等学校において、子育て理解教育を推進	○多くの若者が子育てに肯定的な(「子どもはかわいい」、「子育てで自分も成長」)イメージを持てる
子育ての新たな支え合いと連帯	○地域の子育て支援の拠点づくり(つどいの広場事業、地域子育て支援センター合わせて全国6,000か所での実施) ○待機児童ゼロ作戦のさらなる展開(待機児童の多い市町村を中心に保育所受入児童数を215万人に拡大) ○児童虐待防止ネットワークの設置(全市町村) ○小児救急医療体制の推進(小児救急医療圏404地区をすべてカバー) ○子育てバリアフリーの推進(建築物、公共交通機関及び公共施設等の段差解消、バリアフリーマップの作成)	○全国どこでも歩いていける場所で気兼ねなく親子で集まって相談や交流ができる(子育て拠点施設がすべての中学校区に1か所以上ある) ○全国どこでも保育サービスが利用できる[待機児童が50人以上いる市町村をなくす] ○児童虐待で子どもが命を落とすことがない社会をつくる[児童虐待死の撲滅を目指す] ○全国どこでも子どもが病気の際に適切に対応できるようになる ○妊産婦や乳幼児連れの人が安心して外出できる[不安なく外出できると感じる人の割合の増加]

出所:内閣府『少子化社会白書(平成17年版)』ぎょうせい、2005年、25ページ。

2 子育て支援策の現状

　子育て支援とは,『社会福祉辞典』によると,「子どもの権利保障活動であるべきとの視点から, 子育ち支援というべきとの意見もある。育児支援ともいう」とある。子育て支援とは,「核家族化, 母親就労の増加, 子育て意識の変化などによる育児困難や育児不安の広がりのもとで, 家庭や母親に対して行われる公私の子育て援助の活動および公的な支援体制」を意味し, 同時に,「子育て援助活動や育児教室, 保健所による母親教室などのほか, 幼稚園, 保育所, 学童保育, 行政機関などによる保育活動や啓発活動, 育児休業制度, 児童手当を含む各種の現金給付などあらゆる子育てのための施策や活動を含む」(この項は垣内国光執筆)とある。

　児童健全育成の領域としては,『児童健全育成ハンドブック』に「①児童が家庭において保護者の温かい愛情と保護の下で養育されるため, 家庭づくりを支援するサービス, ②児童の生活の大半を占める遊びの環境づくりと地域における児童の育成に関する相互協力の活動への援助, ③豊かで楽しい遊びを体験させるための活動の直接的な援助等とある。児童の可能性を伸ばし, 健全な人間形成に資するためには各種の生活条件の整備を図り, 児童およびその家庭に多面的な援助活動を展開する必要がある」[6]と述べられている。

1　家庭における児童健全育成

　次の世代の子どもたちを育成支援する対策の実施に関する基本的な事項は, 父母その他の保護者が子育てについて第一義的な責任を有するという基本的な認識の下で, 家庭その他の場において, 子育ての意義についての理解が深められ, かつ, 子育てにともなう喜びが実感されるように配慮が行われなければならないことである。戦後まもなく, 新生日本の子どもたちのために高い理念のもとに作られた児童福祉法も, 時代に即して大幅に改正が加えられた。

　「子どもは心身ともに健やかに生まれ, 育成されなければならない」と

いう児童健全育成の基本的な理念は21世紀を迎えても変わらないが，新しい時代にふさわしい，質の高い子育て・子育ちづくりをめざしていかなければならない。助ける対象としての子どもや家庭でなく，自立した子どもや家庭がサービスを選択し，契約利用するという考え方が取り入れられている。いまや自立した子どもや家庭は利用者としてのみ存在するのでなく，自立した子どもや家庭がサービスの提供者になる視点が必要とされている。そのためにも，仕事と育児とが両立できるさまざまな取り組みの推進と，仕事と家庭の両立の理解が図られるような多様な活動が求められている。

『厚生労働白書（平成17年版）』によると，以下の施策が示されている。[7]

① 育児休業制度等についての取り組みの推進：労働者の仕事と家庭の両立の負担を軽減するため，育児休業制度，時間外労働の制限の制度，勤務時間短縮等の措置を講じる義務などを規定し，サービス利用の周知徹底を図っている。

② 母子健康管理対策の推進：女性が妊娠中および出産後も安心して健康に働くことができるよう，母性健康管理の措置や母性保護規定について，事業主や女性労働者等に対し，周知徹底を図っている。

③ 育児，介護等のために退職した者に対する再就職支援：育児・介護等のために退職し，将来再就職を希望する者に対し，セミナーの実施，情報提供等の援助等，再就職の取り組みが行えるよう支援を実施している。

少子化対策の事業として登場した次世代育成支援対策事業は，先述するように具体的な数値目標を目安に掲げている。エンゼルプラン等の努力目標ではなく，なかば義務化されたものとして事業活動に夢をはぐくむものである。ただ，今日の児童福祉事業における運営費の一般財源化の流れのなかで，各地方自治体の独自的な取り組みにならざるをえない状況にある。

繰り返しになるが，児童福祉法の理念にあるのは「児童の心身の健やかな成長と発達は国で支える」との基本方針である。日本のすべての子どもに豊かな生きがいある環境を保証していけることを願う。

2　地域における児童の健全育成施策

児童が心身ともに健全に育成されるためには，児童の生活の場である家

庭が健全であることはもとよりのこと，児童の人間関係の場である地域において，遊び場の確保等の児童の育成環境の整備，および地域の人びとの連帯意識の醸成等が必要である。

　1995（平成7）年にスタートした地域子育てセンター事業は，子育て家庭の支援活動の企画，調整，実施を担当する職員を配置し，①子育て家庭等に対する育児不安等についての相談指導，②子育てサークル等への支援ならびに地域の保育ニーズに応じ，③地域の各保育所等の間で連携を図り，④特別保育事業を積極的に実施するなど，地域全体で子育てを支援する基盤を形成することにより育児支援を図ることを目的にした。[8]

　最近の児童を取り巻く社会環境には，人口の都市集中にともなう過密・過疎，公害，住宅，交通事故等さまざまな問題が生じてきており，また，核家族化および婦人労働の増加等によって，家族生活においても種々複雑な問題が生じている。今や，地域における人間関係は希薄化し，子育てする家庭は孤立化する傾向にある。子育て中の親と子が気軽に集い，相談や交流，情報交換できる場を身近に整備していく必要がある。

　子育ての当事者である親自身が主体に，ふれあいの場・集いの場を広げていく「子ども・子育て応援プラン」は，2002（平成14）年度から実施され，2009（平成21）年度までに，地域における子育て支援の拠点を，全国で6,000カ所に整備していく取り組みである。[9] これらの量的整備とあわせて，共に支え合い共に学びあう場の確保という意味で，2004（平成16）年4月には「つどいの広場全国連絡協議会」が設立され，子育てに関するさまざまなセミナーや研修の活動が実施されている。『児童健全育成ハンドブック（平成18年度）』によると，児童健全育成施策の課題を次の4点で指摘している。①子育て支援における児童の健全育成の重要性が指摘され，子どもが健やかに生まれ育つために，あらゆる環境の整備を進める必要がある。積極的な健康の推進，創造的な知力の開発とともに，人間的な諸能力の基礎ともいえる感性，社会性，自己抑制力，対人関係能力等を培いながら，精神的な豊かさを備える人間性の育成が図られなければならない。②幼少児童だけでなく年長児童等，各発達の課題に留意しながら，スポーツ，音楽，ボランティア等有効な活動の体験が図られなければならない。③健全育成事業の主体は市町村中心であったが，今後は国・地方公共団体，企業・地域・家庭等が連携して参加して，健全育成活動を多様に育てていかな

ければならない。④健全育成の方法としては，現在の子どもの感性に合致し，情操を高める多様な遊びの活動を積極的に援助する必要がある。児童の育成は，個人の価値観と深くかかわる分野であり，健全育成には多種多様な施策が準備される必要がある。そのための財政面の裏付けと有用な人材の確保が何よりも重要になる。

3 児童健全育成の課題

　児童の福祉は，児童のよりよい生活を実現するとともに，時代を担い，家庭を担っていく児童に対する社会全体の期待に応えるよう，児童を心身ともに健全に育成することを目的としている。しかしながら，児童を取り巻く生活環境は最近きわめて劣悪化している。児童が心身ともに健全に育成されるためには，児童の生活の場である家庭が健全であることはもとより，児童の人間関係の場である地域において，遊び場の確保などの児童環境の整備および地域の人びとの連帯意識の醸成などが必要である。健全育成が図られるためには，単に行政のみでなく，広く国民階層，地域社会などを挙げて，国全体が，それぞれの役割を担って相互に連携して取り組んでいかねばならない。

　また児童の健全育成施策の課題として，子どもが健やかに生まれ育つための，あらゆる環境の整備推進のみならず，各種各様の人びととのふれあいを通しての精神的豊かさを備える人間の育成が望まれる。幼少だけでなく，年中や思春期児童への対応を含めた，健全育成施策の対象の拡大が図られるべきである。健全育成事業の主体は，国・地方・企業・地域・家庭等がその特徴を活かしながら連携して参画するための施策が必要である。健全育成の方法として，時代の児童の感性に合致し，情操を高める多様な遊びの活動を積極的に援助する必要がある。

3 児童健全育成対策の取り組み

　児童が心身ともに健全に育成されるためには，児童の生活の場である家庭における相談援助が必要である。同時に，児童の人間関係づくりの場で

ある地域における遊び場の確保など児童の育成環境の整備を図りながら，地域の連帯意識の醸成を図ることが必要となる。児童の健全育成は，教育，医療，女性労働などあらゆる分野に関して推進されなくてはならない。

1　従来からの児童健全育成対策

(a)　**児童委員**　児童委員とは，「児童福祉法（第12条）にもとづき，市町村の区域におかれる民間奉仕者である。民生委員法による民生委員がこれに当てられ，任期は3年である。児童委員は，都道府県知事の指揮命令を受け，児童および妊産婦につき，その生活および環境を把握し，その保護，保健その他福祉に関する援助および指導をするとともに，児童福祉司または社会福祉主事の職務に協力する」(11)（主任児童委員については後述参照）。

(b)　**家庭児童相談室**　家庭児童相談室は，家庭における適正な児童養育，その他家庭児童福祉の向上を図り，児童の健全育成を図るため，福祉事務所の家庭児童福祉に関する相談指導業務を充実強化するために，1964（昭和39）年から全国の福祉事務所に設けられたものである。家庭児童相談室には，家庭児童福祉の業務に従事する社会福祉主事と家庭相談員，その他必要に応じて事務職員が置かれ，家庭における児童の育成の技術に関する事項，その他家庭児童の福祉に関する事項について，訪問や相談指導を行っている。相談内容の主なものは，①児童の養育に欠ける問題，②養育についての経済的問題，③不良な地域環境等の環境福祉に関する相談，④児童の知的能力，言語能力の開発に関する相談，⑤保育所，幼稚園，学校等児童の集団生活における生活行動上の問題に関する相談等である。

(c)　**子ども家庭相談事業**　地域の児童の遊びの拠点である児童館（児童センター）に相談の窓口を設け，家庭養育機能の支援を図り，児童の健全育成の推進に資するために行われている事業である。具体的指導に当たっては，関係の相談機関と緊密な連携を図りながら，有効に相談活動を進めていくことがとりわけ重要である。

(d)　**家庭児童対策**　家庭児童の健全な育成を図るために重要である，地域住民の積極的参加による地域活動（子ども会などの児童の集団活動，母親クラブ，親の会などの親による児童の育成活動）を支える対策のことである。

　　①　**子ども会**　小地域に根ざしてすべての児童が健全に育成されること

を目標とする。近隣の児童の遊びの集団が組織化されたもの。その活動は，児童の生活に即して遊びが主体になっており，その他，社会奉仕，文化，レクリエーション等各種の活動が展開されている。

② 親の会　近隣の母親たちが集団として活動するもの。相互の話し合いや研修によって児童養育についての知識や技術を高め，これを家庭や地域社会で実践し，児童の健全な育成を図ろうとするものである。特に，母親による地域活動への参加は，地域における母親の互助，連帯を強め，地域全体で児童を育成する体制を確立するうえで最も効果的である。

(e) 児童の事故防止　児童の不慮の事故等による死亡は，今やわが国の大きな社会問題であり，子どもをもつ家庭の最大の脅威となっている。児童の事故防止については，家庭環境，地域環境の整備とともに保護者に対する意識の啓発，児童に対しての安全教育の徹底，地域住民の連帯による防止・監視体制の強化が必要である。

(f) 児童厚生施設　児童厚生施設は，児童福祉施設の一種である。屋内型の「児童館」と屋外型の「児童遊園」があり，ともに児童に健全な遊び場を与えて，その健康を増進し，情操を豊かにすることを目的とする施設である。

(1) 児童館

児童館は，屋内での活動を主とし，その規模と機能から，以下の型に分けられている。

① 小型児童館　小地域を対象として，児童に健全な遊びを与え，その健康を増進し，情操を豊かにするとともに，母親クラブ，子ども会等の地域組織活動の育成助長を図るなど，児童の健全育成に関する総合的な機能を有するもの。

② 児童センター　小型児童館の機能に加えて，遊びを通して体力の増進を図ることを目的とした特別の指導機能を有するもの。

②－2　大型児童センター　特に，中・高校生等の年長児童の情操を豊かにし，健康を増進するための育成機能を有するもとして設置された。1999（平成11）年度からは，市町村の人口規模にかかわりなく，中・高校生等年長児童の健全育成が推進できるように，年長児童育成機能を付加した児童センターの設置が市町村で可能になった。

③ 大型児童館　広域を対象として児童に健全な遊び場を与え，児童の健康を増進し，または情操を豊かにする等の機能に加えて芸術，体育，科学等の総合的な活動ができるように，劇場，ギャラリー，屋内プール，コンピュータプレイルーム，歴史・科学資料展示室，宿泊研修室，児童遊園等が適宜附設され，多様な児童のニーズに総合的に対応できる体制にあるもの。

④ その他の児童館　公共性および永続性を有するものであって，設備，運営については，小型児童館に準ずることとし，それぞれ対象地域の範囲，特性および対象児童の実態等に相応したもの。

いずれの場合においても，その設備について児童の処遇に支障のない場合には，原則として遊戯室，図書室以外について，ほかの社会福祉施設の設備と共有することができることになっている。

(2) 児童遊園

児童遊園は，児童に健全な遊びを与えて，その健康を増進し，情操を豊かにすることを目的とする児童福祉施設。屋外での活動を主とし，標準的規模が660 m² 以上で広場，ブランコなどの遊具設備および便所，水飲み場を設け，健康の増進，情操教育に加え，事故による障害の防止も図る。

都市公園法にもとづく児童公園と相互に補完的役割を有するものとして，主として幼児および小学校低学年児童を対象にしている。

これらの児童厚生施設には，児童の遊びを指導する職員が置かれ，児童の遊びを指導するとともに，地域社会との連携を図り，地域組織活動の拠点としての機能をもっている。

2　現在の児童健全育成対策

児童福祉審議会，児童相談所，福祉事務所，保健所，児童委員等，従来から児童健全育成対策に関しては，さまざまな関係機関の種々の取り組みが実施されている。

(a) **主任児童委員**　多様な問題を抱える家庭に対して，専門的に相談援助活動を進めるためにできた主任児童委員は2001（平成13）年の児童福祉法改正で法定化され，大幅な増員が図られた[12]（2004年12月現在2万777人）。さらに2004（平成16）年の児童福祉法改正により，主任児童委員の職務規定

が明確化され，児童虐待等緊急を要する事案に関しては，地域担当児童委員と連携をとり，連絡・調整を図りながら，主任児童委員が専門的な知識や経験を生かして，主体的な対応を行うことも必要であることが明確化された。

(b) **児童家庭支援センター**　1998（平成10）年に新たに設立された児童福祉施設。児童相談所が継続的に相談・指導を行うことが困難な地域に，地域住民の身近な機関として，相談を受け，援助を行うことを目的としている。事業の内容は，①地域，家庭からの相談に応じ必要な助言を行う。②児童相談所において，施設入所までは必要としないが，指導の必要性があるとされる児童および家庭に対して，相談所からの指導措置を受託して行う。③支援を迅速かつ的確に行うために，福祉事務所，保健所，学校関係機関との連携調整を行う。児童養護施設等の児童福祉施設等に附置されている（2004年10月現在49か所）。

(c) **児童ふれあい交流促進事業**　児童が親子でふれあい，さまざまな人と出会い，交流することは，児童が自分以外のものへの関心を深め，共感の能力を高め，地域の仲間づくりなど，児童の健全な育成を図るために重要である。2003（平成15）年度から市町村が児童館等の施設を活用し，この事業が実施されている。2006（平成18）年度からは，都道府県領域においても事業推進のための協議会設置が進められている。①年長児童と赤ちゃんの出会い・ふれあい・交流活動，②中・高校生居場所づくり推進事業，③絵本の読み聞かせ事業，④親と子の食事セミナー事業，⑤巡回児童館事業。

(d) **放課後児童健全育成事業（放課後児童クラブ）（表6-4参照）**　1997（平成9）年の児童福祉法の改正により，一定の要件の下で第二種社会福祉事業に位置づけられた。「小学校に就学しているおおむね10歳未満の児童であって，その保護者が労働等により昼間家庭にいないもの」を対象とし，「授業の終了後に児童厚生施設等の施設を利用して適切な遊び及び生活の場を与えて，その健全な育成を図る」ものである。2006（平成18）年度においては，補助対象となる人数制限を撤廃した。2005（平成17）年5月現在全国で1万5,184か所。登録の児童数は65万4,823人。

放課後児童クラブについては，「子ども・子育て応援プラン」によりいっそうの推進を図ることとされ，2005（平成17）年度から単独で設置する場合の放課後児童クラブ室についても補助対象となっている（表6-5参照）。

6-4 放課後児童クラブ数の推移

(1) 緊急保育対策等5か年事業による放課後児童クラブ数の推移

	平成7年度	平成8年度	平成9年度	平成10年度	平成11年度
計画数	5,220か所	6,000	6,900	7,900	9,000
実績	5,612	6,297	6,744	7,335	8,392

(2) 重点的に推進すべき少子化対策の具体的実施計画(新エンゼルプラン)

	平成12年度	平成13年度	平成14年度	平成15年度	平成16年度
計画数	9,500か所	10,000	10,500	11,000	11,500
実績	9,401	9,873	10,606	11,324	12,188

出所:児童手当制度研究会監修『児童健全育成ハンドブック』中央法規出版,2006年。

6-5 放課後児童クラブ実施施設の設置に係る補助事業について

	放課後児童クラブ室(単独設置分)を創設する場合	既存施設を改修して放課後児童クラブ実施施設を設置する場合
事業名	児童厚生施設等施設整備費	保育環境改善等事業費
補助根拠	予算補助	予算補助
実施主体	市町村	市町村
補助率	1/3	1/3
補助基準額(18年度)	12,700千円〔児童館に放課後児童クラブ室を附設する場合は,児童館整備費単価に4,050千円を加算〕	7,000千円〔障害児受入のために改修等を行う場合は,1,000千円を別途補助〕
対象経費	建設費,設備設置費等	改修費,設備設置費等

出所:児童手当制度研究会監修『児童健全育成ハンドブック』中央法規出版,2006年。

(e) **児童環境づくり推進機構事業** 児童を取り巻く環境の変化に対応し,子育て家庭を支援するため1994(平成6)年7月に設立された。都道府県を中心に地域事情に応じた子育て家庭への支援および子どもを取り巻く環境の改善づくりが進められている。

(f) **地域組織活動(母親クラブ)** 前述の親の会と同じく,地域における児童を健全に育成することを目的として,地域育成地域組織活動が展開されている。母親クラブは,地域における児童をもつ母親等の連帯組織であり,2005(平成17)年現在2,990クラブ,16万人が活動している。クラブの任務は,①児童の余暇活動,健康,栄養,社会生活訓練等,生活環境等に関する正しい知識を母親に対して付与すること,②母親相互の親睦を図り,協

力をもって児童の社会性を助長すること，③保育所，母子生活支援施設，児童厚生施設（児童館），児童相談所等の協力団体としてこれらと密接な連携を保ち，児童福祉の増進を図ることにある。

家庭児童の健全育成を図るためには行政機関や施設などの活動とともに，地域住民の積極的な参加による地域組織活動が不可欠である。なお，2002（平成14）年度において，全国母親クラブ連絡協議会は，全国地域活動連絡協議会に名称を変更した。

(g) **児童手当制度** この制度は，児童を養育している者に児童手当を支給し，家庭の生活安定と児童の健全育成，資質の向上を図ることを目的にしている。当初は，第3子以降の義務教育終了前の児童を対象として月額3,000円を支給する制度として開始された。2006（平成18）年の改正では，支給対象年齢が「小学校第3学年修了前」までから「小学校修了前（12歳到達最初の年度末）」まで延長され，合わせて所得制限が緩和され，支給率がおおむね90％まで引き上げられた。

(h) **児童の居場所づくり事業** 地域社会のなかで児童の「居場所」を増やすことが非行を防止し児童の健全育成を図るうえで有益であるとされ，1999（平成11）年度より「児童の居場所づくり」のスローガンに施策が推進された。①放課後児童健全育成事業の充実，②大型児童センターの整備補助要件の拡大，③年長児童育成の街試行事業の実施，④企業等の福利厚生施設の開放事業の実施，⑤児童ふれあい交流促進事業等が施策の内容である。

(i) **児童福祉文化の振興** ①児童文化財の推薦——児童の健やかな育成に資するために，特別に選ばれた児童文化財であり，大人が児童の健全な育成および発達を促すために意図的に創造された文化財である。②児童に有害な出版物への対応——1998（平成10）年7月，子育て重視社会の構築をめざして，出版・映像分野における自主規制等が意見具申された。この事業は子どもに与えたくない情報に関して，各種の情報の製作者等に対して自主規制を促し，児童の健全育成に資する役割を果たすことである。③児童文化財普及等事業——人格形成期に，優れた児童文化財（映画・児童劇）に直接触れることは，児童の創造性等を高めるために重要である。

(j) **児童健全育成のための調査** その内容は，①児童の健全育成に関する統計調査——全国家庭児童調査，全国母子世帯調査，児童養護施設入所児童等調査，社会福祉施設等調査，社会福祉行政業務調査，地域児童福祉事業

調査等，②児童健全育成に関する調査——児童関連サービスの進行のための調査研究，健やかな子どもが生まれ育つ環境づくりのための調査研究，保育内容等の調査研究等である。

　児童期は，人生の出発点であり，人間の基礎が形づくられるきわめて重要な時期である。このかけがえのない時期における健全な生活の確保こそ，生涯を通じての人間の心とからだの健康，健やかな生涯の土台となる。

　国は，家庭が孤立化し，機能低下をきたしている状況に対し，各種の支援施策をとることによって地域ぐるみで養育機能を高め，それによって最終的な目標である，「子どもにとって豊かな成長の確保」を図ろうとしている。家庭を支援し家庭の機能を高めるとともに，地域の環境整備を図るなかで，児童の健全育成を図り，人びとの生活の充実，幸福感の充足を図ろうと考えている。

　『国民の福祉の動向』によると，国は，児童の健全育成に関して児童・家庭・地域に関する諸状況を整理し，社会・経済状況の変化，家族の形の変化，地域コミュニティの変化，家族の質の変化を踏まえ，児童の変化，親の変化，親子関係の変化，家族機能の変化を考察し，健やかに子どもを生み育てる，地域における環境づくりのために，子どもの生活の現状を把握しようとしている[13]。

　ゆとりある教育の実現とともに，健全育成を図るために，家庭や地域に視点を当てた調査研究等を実施したり，家庭福祉や地域福祉の向上を図る取り組みが，子どもを取り巻く環境を豊かにする観点から，幅広い活動として展開されなければならない。常に時代の変化に相応し，法律や制度やサービスを創設するなど，児童健全育成施策のいっそうの充実が図られなければならない。

　健やかに子どもを産み育てる土壌づくりは実に多様である。児童の健全育成に関しては，問題点を明確化し今後に向けて意味づけるうえでも，よりいっそうの現状の分析とこれからのあり方・展望の検討が必要である[14]。児童を取り巻く環境（家庭・地域社会も）は，今後も大きく変化していく。児童健全育成の上で，家庭養育の機能が従来以上に脆弱化していくことは防がなければならない。

　児童の福祉は，児童の健全なる成長・発達である。児童の健全育成として，①心身ともに健康であること，②豊かな知識，優れた知能，豊かな情

操，③たくましい自主，自立・自律の精神，④社会生活における他者との協力，全体の福祉を高める協調性，⑤積極的に新しい価値を作り出す独創性・創造力，⑥困難に打ち勝つ気概，⑦正邪善悪を判別し，邪悪と妥協しない道徳的資質等を活動のなかに踏まえることにあるともいわれる。

　現在こそ，積極的な福祉増進のための新たな諸施策の展開のため，すべての児童の健やかな育成を願う理念に立ち返り，児童福祉の原点を見つめなおす必要がある。

●注・引用参考文献──
(1) 児童手当制度研究会監修『児童健全育成ハンドブック（平成18年度版）』「第一部児童健全育成の概要」中央法規出版，2006年，1ページ以降。
(2) 福祉21かごしま監修『現代社会福祉──鹿児島からの発信』「第4章子ども家庭福祉」ナカニシヤ出版，2005年，60ページ以降。
(3) 仲村優一・岡村重夫・阿部志郎・三浦文夫・柴田善守・嶋田啓一郎編『現代社会福祉事典』「児童健全育成」の項（大橋謙策執筆），全国社会福祉協議会，1998年。
(4) 一番ヶ瀬康子・小川政亮・真田是・高島進・早川和男監修，社会福祉辞典編集委員会編『社会福祉辞典』大月書店，2002年。
(5) 内閣府『少子化社会白書（平成17年版）──子育ての新たな支え合いと連帯』ぎょうせい，2005年。
(6) 前掲『児童健全育成ハンドブック』。
(7) 厚生労働省編『厚生労働白書（平成17年版）──地域とともに支えるこれからの社会保障』ぎょうせい，2005年。
(8) 厚生統計協会編『国民の福祉の動向（2005年）』「第4章の1　児童と家庭を取り巻く環境の変化」厚生統計協会，2005年。
(9) 前掲『少子化社会白書』。
(10) 前掲『児童健全育成ハンドブック』。
(11) 前掲『社会福祉辞典』「児童委員」の項（竹中哲夫執筆），214ページ。
(12) 前掲『社会福祉辞典』および前掲『国民の福祉の動向（2005年）』196-197ページ。
(13) 前掲『国民の福祉の動向』。
(14) 前掲『社会福祉辞典』。

〔佐藤　直明〕

第7章 児童虐待と福祉

1 児童虐待問題とは

1 児童虐待問題の社会的背景

　児童虐待問題は，現在，児童福祉の中心課題となっている。また，児童虐待問題というと「しつけ」と「虐待」との境界線は何か，ということがよく議論となる。こうした議論が成り立つのも，親は子どもを養育する責任を負うという近代家族の価値観がすっかり定着していればこそである。逆に，前近代において児童虐待が問題化しなかったのは，近代家族の価値観が成立するほど，経済社会の条件が成熟していなかったからと考えてよいだろう。

　前近代では生産力は低く，人口の増加は抑制されなければならなかった。と同時に，封建的秩序維持のため農民等被支配階級の人口は維持される必要があった。したがって，近世日本では，堕胎・間引きによって村の人口は調整されると同時に，各藩は，飢饉による人口の急激な減少に対しては，堕胎・間引きを禁じるとともに，禁じるだけでは人口の回復がのぞめないことから，棄児養育米や産子養育米制度を起こして，出産を支援し，捨て子の養育を奨励するなどしていった。また，前近代では徒弟制度が広く普及していたが，ここにも人口調整的な役割があったとされる。大人となる前提として長期間の徒弟奉公が課せられることは婚姻年齢を遅らせることになるからである。

　しかし，近代における資本主義化とそれにともなう生産力の飛躍的発展は，徒弟制度を解体させ，人口を爆発的に増加させる契機となった。近代化は，村共同体秩序を近代国家と近代家族へと分化させていった。近代国家として明治政府は，共同体としての村を解体し，近代的な法人格として

の市町村（1889年市制・町村制）を設置した。それは，尋常小学校を市町村単位で再編成することで，従来の村共同体としての教育を国家の統制下に置き，より画一的な国民教育を展開していくことを意味した。同時に，明治政府は戸籍管理制度を通じて，さらには明治民法の制定（1898年）を通じて，家イデオロギーの社会的浸透を図っていった。村共同体としての子育てに代わって，子の養育責任はしだいに近代家族に課されていくことになった。

　児童虐待問題に最初に注目した一人は出獄人保護事業で知られる原胤昭であった。監獄費の増大，犯罪者に占める未成年者の割合の高いことなどは，明治前半期における中心的社会問題であった。犯罪者の多くが幼い時親から放任されたり虐待されていたことを知った原は，1909年児童虐待防止協会を単独で発足させ，被虐待児の保護を開始している。英国の全国児童虐待防止協会（1889年発足）を視察した救世軍の山室軍平は，1922年日本救世軍として児童虐待防止運動を開始した。こうした活動の延長上に1933年児童虐待防止法が成立している。ここには，児童労働を保護すべき工場法の不備を補うという意味があったことに注目しておきたい。

　当時の児童虐待問題は，今日のように家庭という密室の中で起こる親の子への虐待問題とはとらえられてはいなかった。近代化によって近代家族の価値が形成されていく，それは親は子どもを慈しむものという価値観や母性神話の社会的形成を意味したから，むしろ親による子への虐待事実には目が向けられることはほとんどなかったというべきだろう。実際，この時期の児童虐待問題とは，もっぱら貧困を理由とした児童の酷使の問題であった。新たに形成されていった労働世帯や拡大する都市スラムにおいて，母親の内職，児童の不就学と奉公労働は一般的なものであった。過酷な児童労働は本来工場法によって保護されるべき性格のものであろう。しかし近代日本の資本主義は，中小零細企業の低賃金と長時間労働，そして児童労働に依存した。したがって，中小零細企業の存続を脅かすような工場法の整備は回避された。こうして日本において児童虐待防止法は，工場法の不備を一部補うべく制定されることになった。

　その後の国家主義の台頭と戦時体制への突入，戦後の社会的混乱と飢餓状態は，児童虐待問題を潜伏させてしまったといえよう。戦後，児童福祉法の制定時（1947年，実施は1948年），飢餓状態に置かれた戦災孤児等を緊

急保護し，衣食住を保障することこそが優先課題であった。戦後の混乱状態を脱した日本は，戦中の人口の増加策から人口の抑制策に転じ，経済的理由による人工妊娠中絶を容認する政策を採った（現母体保護法）。労働世帯の側も出産児童数を調整することを通じて生活水準を維持しようとした。さらにこの時期の高度経済成長が後押しとなって労働世帯の生活水準は飛躍的に向上していった。男女の役割分業意識が広く労働世帯に普及していくのもこの時期である。また，戦後の急速な都市化や社会変動は非行問題を深刻化させたから，戦後しばらくの間，児童福祉の中心課題は非行問題であったといえよう。しかし，1990年代以降，児童虐待問題が，にわかに児童福祉の中心的課題として浮上してくる。ここには，以下のような国際的動向がかかわっていたといえよう。

　1960年代初期，アメリカの小児科医ケンプ（1922-1984）は，非偶発的事故による怪我に注目し，そうした子どもたちを被虐待児童症候群（battered child syndrome）と呼んだ。たとえば親は，遊んでいて怪我をしたと病院に子どもを連れてくるが，当時開発されたレントゲン投影によって，それは偶発的事故によっては起こりえない骨折であることが判明していった。ここにおいて，親は子どもを虐待するはずがないという近代家族の幻想は崩れることになった。その後，児童虐待（child abuse）という表現が定着していく。

　英国では，1973年頃マリア・コルエル事件が社会的に注目された。自治体の手で里親に預けられていたマリアであったが，実母の強引な引き取り要求を自治体が承認，結果としてマリアは実母と継父の暴力によって虐待死した。全英児童虐待防止協会，自治体児童部（途中から社会サービス部へ機構改革＝第2章第1節を参照），学校ソーシャルワーカー等がかかわっていながら虐待死を防ぐことができなかった。この事件の調査委員会は，関係機関相互の連携を欠いたことが要因であると指摘した。以後，法改正がなされ，児童虐待への取り組みにおいては関係機関による連携の必要が強調され，日本の児童虐待への取り組みにも影響を与えることになった。1990年大阪で「児童虐待防止協会」が設立され，翌年東京で「子ども虐待防止センター」が発足，以後各地にひろがりを見せた。国としても児童相談所を中心とした関係機関の連携を推進し，さらに市町村レベルでの連携を推進して現在に至っている。

2　児童虐待の定義と種類

　アメリカの1974年児童虐待予防・処遇法では「児童虐待および放任（neglect）とは，18歳以下の子どもに対し，その子の福祉に責任のある人間が，身体的傷害や精神的傷害を加えたり，性的暴行を加えたり，保護を怠ったり，残酷な行為をして，子どもの健康や福祉を脅かし，あるいは損なうことをいう」と定義している。

　児童福祉法には児童虐待の直接的定義がない。第34条禁止行為では，戦前の児童虐待防止法において児童虐待と見なされた禁止行為がそのまま列挙されている。しかし，1990年以降，児童虐待問題とは，孤立しがちな家庭内で起こる親の子への虐待および放任としてとらえられることになり，児童虐待の定義が改めて求められることになった。2000（平成12）年，児童虐待の防止等に関する法律（以下児童虐待防止法と表記）が成立，本法において児童虐待がはじめて定義されることになった。さらに，2004年の同法の改正によって児童虐待の定義が一部修正されている。

　児童虐待防止法は，児童虐待を大きく「身体的虐待」「ネグレクト（保護の怠慢・拒否）」「性的虐待」「心理的虐待」の4種類に分けて定義した。（2004年度の児童相談所の虐待種類別相談処理件数は表7-2のとおりである。）その後の改正児童虐待防止法で「児童が同居する家庭における配偶者に対する暴力」も児童への心理的虐待に当たるとした点に注目しておきたい。2001年配偶者からの暴力の防止及び被害者の保護に関する法律（DV防止法）が制定され，夫婦間暴力への対応が開始されるとともに，夫婦間暴力と児童虐待との連続性が配慮されることになった。

7-1　児童相談所が受理した児童虐待に関する相談処理件数

年度	1995	1996	1997	1998	1999	2000	2001	2002	2003	2004
件数	2,722	4,102	5,352	6,932	11,631	17,725	23,274	23,738	26,569	33,408

7-2　児童相談所の虐待種類別相談処理件数　（2004年度）

身体的虐待	ネグレクト	性的虐待	心理的虐待	合　計
14,881	12,263	1,048	5,216	33,408
44.5%	36.7%	3.1%	15.6%	100.0%

注：7-1，7-2とも厚生労働省調べ。

また，改正児童虐待防止法において，児童虐待は「児童の人権を著しく侵害し，その心身の成長及び人格の形成に重大な影響を与えるとともに，我が国における将来の世代の育成にも懸念を及ぼす」と書かれていることに注目したい。子どもを現に虐待している親の少なくない部分が，幼い時親から虐待を受けていた，と証言している。しかし，それは親から虐待を受けて育った大人がおのずと生まれてきた子どもを虐待してしまう，という意味ではない。虐待の背景には社会的孤立等多くの複合的な要因があるからである。

　「しつけ」と「虐待」の違いは，その「心身の成長及び人格の形成」に否定的な影響を与えるか否かで判断されるべきであろう。とはいえ両者の間に明確な境界線を引こうとすることは困難であり，また実際的でもないだろう。子どもの個々のまた時々のニーズが適切に満たされていない状態は，たとえ児童虐待とはいえなくとも不適切な養育（マルトリートメント）ということになり，そうした家庭の養育機能への社会的支援も本来のぞまれる。

　振り返って，近代化の過程で，共同体としての子育てが解体し，家族に自己完結的な養育機能が期待されるようになって，家庭内の児童虐待はむしろ社会的に否認された。それに対し，家庭内における児童虐待問題を率直に受け止め取り組もうとする社会は，親の子育てを自己責任として放置しない社会である。したがって，児童虐待問題への取り組みは，専門的相談体制の構築の課題，また関係機関の連携の課題というのみでなく，かつての閉鎖的な共同体秩序としての子育てに代わる，開かれたコミュニティの再形成と共同子育ての課題としても受け止めていく必要があるのではないか。なお，関係機関によって把握される児童虐待件数の増加（表7－1を参照）は，児童虐待問題の深刻化というよりは，関係機関と地域社会のこの問題への関心の高まりの結果という意味があり，必ずしも否定的にとらえられるべき性格のものではないだろう。

2 児童虐待問題の制度と活動

1 親の親権の制約方法について

　子どもの成長にとって家族はかけがえのない存在であり，親の子への親権は基本権として尊重され，社会的に支援されるべきはいうまでもない。しかしながら，児童虐待を認めない親は少なくなく，子の安全確保のために子どもを自宅外に保護し，親権を実態的に制約する必要が生じる。この場合，親の親権はいかに制約されるか，という点で国によって対応が異なるといえよう。日本の場合，児童の自宅外保護は児童相談所による措置＝行政処分によって行われている。裁判手続きを原則として経由させないで，親の説得を通じた児童の児童福祉施設への入所等の措置によって，実態として親権を制約しようとする（欧米では，児童虐待への対応としては裁判手続きによる強制的保護が一般的であるといえよう）。しかし，親があくまでも措置を拒否する場合，行政処分として措置を強行することは行政権の逸脱となるのでできない（児童福祉法第27条第4項）。子の安全確保のために親の拒否を超えて措置を採るために，家庭裁判所への申し立てを行い，その承認を得ることで措置を採ることができることになっている（同法第28条）。ただし，児童相談所が家庭裁判所に申し立てを行う件数は全国で100件台と少なく，こうした手段はあくまで例外的かつ最後的手段としてとらえられているといえよう。

2 児童福祉法と児童虐待問題への取り組み

　児童相談所は要保護児童の児童福祉施設への入所の措置を行っているので実態としては措置機関であるように見える。が，児童福祉法は児童相談所を措置機関として明記しているわけではない。むしろ，法形式的には児童相談所を任意的な相談機関として位置づけている（児童福祉法第12条）。つまり，児童相談所は自治体が設置する非権力的な相談機関であり，親とのパートナーシップをもって子育てに対し共同の養育責任を担うことを本

来の役割としている。しかしながら、児童虐待は親が認めないことが少なくなく、第三者（近隣の住民等）ないし第三者機関（保育所、学校、病院等）からの通告をもって、虐待家族へ介入し、場合によっては被虐待児童を児童福祉施設へ入所させる等の措置を採ることになる（同法第25～28条）。児童福祉法は、行政処分としての措置を都道府県が採る措置と規定しており、児童相談所の採る措置としては直接的に規定していない。しかしながら、都道府県の措置を採る権限は児童相談所長に委任することができるとされ、実際に委任されている（同法第32条）。

　結果として児童相談所は二重の性格をもつことになろう。親との協力関係を通じて子育てにおいて共同の養育責任を担うという非権力的な性格と、児童虐待問題において、親の親権と時に対決し、行政処分としての措置を通じて親権を実態的に制約していく半権力的な性格である。このことは、児童相談所とそこに配置された専門的相談員である児童福祉司等に相矛盾する二重の役割を課すことになろう。こうした二重性は一貫した援助を柔軟に展開させることを可能にするという長所である反面、加重な負担を児童相談所とその職員に課すことになり、結果として、児童保護においても、また、親援助においても十分な対応を困難にさせる側面でもあろう。こうした課題との関係で、2004年の児童福祉法改正は、児童虐待への取り組みにおける家庭裁判所の介入をより強める方向での法改正となった。つまり、家庭裁判所の承認を得て行う措置の期間は2年とされ、2年を超えて措置の継続が必要と判断された場合、家庭裁判所に対して改めて措置の更新を申し立てることとなった（同法第28条第2項）。また、この場合家庭裁判所は、児童相談所に対し親援助を勧告することができることになった（同法第28条第6項）。こうした法改正は、アメリカで起こったパーマネンシー・プランニングの考え方の一部導入といえよう。自宅外保護後の2年間、親ないし家族への援助を集中して提供することで家族の再統合を可能な限りめざすという考え方である（第2章第1節参照）。

　また、児童虐待への取り組みにおいては、保育所、学校、保健・医療機関、児童虐待防止協会等の民間団体、さらには警察等関係機関相互の連携が必要となってくる。この点において児童相談所の管轄区域はしばしば広域すぎるという問題があろう。その意味で児童相談所を市レベルで設置普及させていくこと、福祉事務所に設置された家庭児童相談室、または市町

村に専門職を配置しその専門相談機能を拡充していくことなどを通じて，関係機関連携のための地域的拠点としていく必要があろう。こうした課題との関係で，2004年児童福祉法改正によって，市町村は児童虐待の相談窓口として法的に位置づけられることになり（同法第25条），要保護児童対策地域協議会を置くことができることになった（同法第25条の2）。市町村への専門職の配置と相談体制の強化が期待される。

3 児童虐待の防止等に関する法律と児童虐待問題への取り組み

　児童虐待問題への取り組みにおいては親の任意的な児童相談への対応には限界があり，第三者ないし第三者機関からの通告を通じた介入がどうしても必要となる。通告から介入への手続きについては，児童虐待防止法に改めて規定された。その内容を確認しながら虐待する親援助と被虐待児童へのケアのあり方を以下検討していきたい。

（1）通告義務

　児童福祉法第25条の通告義務は，一般国民に対し通告義務を課したものであり，実効性に疑問があるとされてきた。この点，児童虐待防止法第5条では，「学校，児童福祉施設，病院その他児童の福祉に業務上関係のある団体及び学校の教職員，児童福祉施設の職員，医師，保健師，弁護士その他児童の福祉に職務上関係のある者は，児童虐待を発見しやすい立場にあることを自覚し，児童虐待の早期発見に努めなければならない」と規定し，通告義務制度をより実効的なものにしようとしている。通告先は，市町村，福祉事務所，児童相談所である（児童虐待防止法第6条）。

（2）安全確認と必要な場合の一時保護

　通告を受けた相談機関等は，児童の安全を確認し，必要な場合は，児童を一時保護（児童福祉法第33条）する。一時保護は，親の同意を必ずしも必要としない。また，一時保護には児童相談所に併設された一時保護施設への一時保護の他に，児童養護施設等への一時保護委託がある。

（3）立ち入り調査

　児童虐待の疑いがあるとの通告に対して事実確認のため立ち入り調査をする必要が生じる。児童福祉法第29条は，都道府県知事は児童相談所の児童福祉司等をして立ち入り調査させることができると規定している。しか

し本規定は，第28条の家庭裁判所の承認を得て措置を採る場合に限定された立ち入り調査権であった。そこで，児童虐待防止法は立ち入り調査権を拡大し，児童虐待の疑いのある場合について事実確認のための立ち入り調査を可能にしている（児童虐待防止法第9条）。この結果，従来児童虐待問題への対応として立ち入り調査はほとんど実施されていなかったが，児童虐待防止法の制定を通じて本制度が活用されるようになってきている。

(4) 警察署長に対する援助要請

子どもの安全確認や一時保護において，児童福祉司が暴力を受けるなどの危険性も時には生じてくる。そこで，児童相談所長等は，必要に応じて警察署長に対し援助の要請を求めなければならないとされた（同法第10条）。

(5) 面会又は通信の制限

深刻な虐待を受けた結果情緒的に不安定になっている児童は，自宅外保護された後しばらくの期間虐待した親との面会に脅えることがある。そうした場合，一定期間親との面会や通信を制限する必要が生じてこよう。児童虐待防止法は，家庭裁判所の承認を得ての措置（児童福祉法第28条）について，児童相談所長又は施設の長は，当該児童を虐待した保護者について，当該児童との面接又は通信を制限できると規定している（同法第12条）。しかし，親の同意による措置の場合にも，親の面会を制限すべき場合があろう。現行制度では，いったん児童を一時保護した上で，家庭裁判所への申し立てを行い，その承認を得ての措置に変更しなければならないことになろう。児童は施設から移らなければならないので問題が残ろう。実態としては，親の面会を制限しなければならないと判断された場合，親から離れた施設に児童を入所させ，施設名を親に知らせない，という方法が採られている。

(6) 児童虐待を行う親への援助と被虐待児童へのケア

児童虐待問題への対応においては，早期発見，早期介入によって児童の安全を確保することがまず求められるが，それで問題が解決するわけではない。児童虐待を行った親への援助は，家族の再統合に向けて重要である（同法第11条）。児童福祉法は第27条第1項2号措置として児童福祉司による指導を規定している。児童の自宅外保護の措置（第27条第1項3号）と同時に，この2号措置によって親援助が展開されることがのぞまれる。しかしながら，児童相談所等の側に実効的な親援助のプログラムと実施体制が

整っていない場合がほとんどである。今後，民間団体が提供する親援助のプログラムとの提携や，そのための財政支援制度の開発が必要ではないだろうか。

　自宅外保護における被虐待児童へのケアとしては，施設全体が治療的環境として機能していくことが期待されよう。同時に，個別的な心理治療的ケアが求められる場合がある。そこで現在，施設には心理職が非常勤職員として配属され，定期的で個別的なカウセリング等が行われている。

　また，2004年，児童養護施設等に家庭支援専門相談員（ファミリー・ソーシャルワーカー）が配置されることになった。期待される役割は，家庭への早期の復帰が見込まれるケースをスクーリングして，児童相談所と連携しながらの親援助，家族援助を展開し，家族の再統合を支援することである。また，里親委託や養子縁組が可能な子どもについては，家庭的養護を重視する視点から，それに向けた支援を児童相談所と協力して行うことが期待されている。自宅外保護の形態としては里親委託と施設保護があるが，日本の場合，里親委託が占める割合がきわめて低い。児童福祉施設としての里親開拓や里親支援が期待されよう。しかしながら，実状としてはベテランの児童指導員がファミリー・ソーシャルワーカーを兼ねていることが多い。今後こうした専門職をどう養成していくのか，ということも大きな課題であろう。

3 児童虐待問題への対応における関係機関の連携

1 事例の概要

　夫の連れ子（本児）のしつけに悩んだ母親（継母）は，本児（3歳の女児）が反抗的であると感じて平手で殴るようになり，それがしだいにエスカレートし，遂に本児を身体的虐待により虐待死に至らしめた事例である。夫は，仕事が忙しく残業残業の連続で妻の子育てに協力したり，相談に応じることはできなかった。最初に虐待を疑ったのは，本児が通園していた保育所の保育士たちであった。母親が迎えに来ても本児がなつかない様子を見て，母子関係を改善しようと考えた保育士たちは本児を抱き上げ，無理

やり母親に抱かせようとしたが，そのことはむしろ母親を精神的に追い込む結果となってしまった。

その後，本児は病院に入院することになった。病院の担当小児科医は，子どもの怪我の様子から母親の本児に対する虐待を確信し，民間の児童虐待防止協会に通告した。児童虐待防止協会はさっそく児童相談所に通告を行い，本児の一時保護の必要性を訴えた。通告を受けた児童相談所長は，児童福祉司を病院に派遣した。派遣された児童福祉司は小児科医師から話を聞くだけで一時保護の必要はないと判断し，できるだけ検査を繰り返し入院を長引かせるよう病院に依頼した。児童相談所としては，入院によって母子分離が図られているので敢えて一時保護をする必要はないと判断したわけである。児童虐待防止協会としても，入院を長引かせてもらい，その間に関係機関によるネットワークが組めると考えたが，この件については具体的な行動を起こすことはなかった。病院を訪れた母親は，看護師たちが自分を監視し，本児と接触させないようにしているように感じた。ここでも母親は精神的に追い込まれていくことになった。怪我は治っているのにいっこうに退院させようとしない病院側の姿勢に不信感を抱いた夫は，本児を無理やり退院させ，自宅に連れ帰った。その後，子どもは保育所に通っていない。突然の退院を知らされた児童相談所は，一時保護をせず，地域の保健師に連絡を取り，本家庭を見守ってくれるよう依頼した。退院後，母親は孤立し，母子の終日の密着関係の中で母親の本児への虐待はエスカレートし，虐待死に至ってしまった。

2　課題と方向性

本事例から問題と思われるのは以下の諸点である。

(1)　本児が母親によって虐待されていることを最初に疑ったのは保育所であった。保育所には，児童福祉法第25条，児童虐待防止法第5条，第6条によって，児童相談所等への通告義務があった。しかし，保育所としては母親との信頼関係を重視して通告をせず，保育所として可能な限りの子育て支援を行おうと考えた。保育所は，保育所だけで問題解決を図ろうとするのではなく，関係機関に働きかけていくべきであったろう。たしかに保育所は地域の子育て支援の拠点として期待されている。しかし問題が重

篤な場合には，通常の子育て支援での対応では適当でない場合もあろう。その意味で，専門的なファミリー・ソーシャルワーカーを養成し，保育所に派遣していくような制度が求められるのではないだろうか。

(2) 病院の小児科医は，母親の本児への虐待を確信した。そうであるならば当然児童相談所等へ通告する義務があった。担当小児科医は母親との信頼関係を損ないたくないと思ってであろうか児童相談所には直接通告せず，民間の児童虐待防止協会に通告した。児童虐待の第一発見機関となる病院の中には，組織的な対応をしているところもある。本病院では医療ソーシャルワーカーの配置もなく，組織的対応ができていなかった。

(3) 通告を受けた児童相談所は本児の安全を確認し，必要な場合，本児を一時保護する必要がある。児童福祉司は，小児科医と面談するのみで，本児にも母親にも直接会っていない。入院しているから一時保護の必要がない，という児童相談所の判断には，どのような見通しがあったのだろうか。もし，一時保護が必要であると判断したうえで，入院の状態であるからその限りで一時保護の必要がないというのであれば，本児が退院した時点で直ちに一時保護しなければならないはずである。しかし，児童相談所としては，子どもが家庭に引き取られてしまった以上，一時保護を行うことは容易ではないと判断した。結局，児童相談所は，世間の眼差しへの配慮から，過剰な介入は避けたいとして，虐待の事実を把握しながらも一時保護をためらったことになる。一般に，一時保護制度には，以下のような問題があるように思われる。まず，欧米の場合，一時保護においても裁判所の承認をもって保護している。日本の場合，一時保護権は児童相談所長の裁量になっており，その裁量権の大きさが，かえって一時保護を慎重にさせてしまっているといえよう。また，母子分離をしても母子関係を損なうことにならないと児童相談所側が実感できるためには，母親への具体的な援助の見通しが必要であろう。ところが，親援助のための有効なプログラムをほとんどの児童相談所は用意できていない現状にある。本事例において，虐待死を救えなかった要因を児童相談所長の判断の誤りに求めるのではなく，むしろシステム上の課題として受け止めていく必要があるだろう。

児童虐待問題への取り組みにおいては，関係機関の連携が必要である。保育所や病院がその要になれないとすれば，また，通告をしてくれた児童

虐待防止協会は児童相談所との連携をのぞんでいたのであり，児童相談所は関係機関によるネットワークを組織化すべきであった。

　(4) その他課題として思われるのは以下の点である。児童虐待に追い込まれる家族にとって最も身近な社会資源は保健師であり，母子保健サービスであろう。ただ，この事例においては夫の連れ子であったので，母子保健サービスを通じた援助を受けることができていない。この意味で，地域における母子保健サービスは，こうした再婚家族のニーズにも目を向けて，活動を展開していくことが期待されるのではないだろうか。また，子育てに悩む母親を支えるべきは夫である。しかし，夫は残業に追われる毎日であった。ここには日本のサービス残業を含む長時間労働の問題がある。「児童の権利に関する条約」第18条は，父母の共同の養育責任を奨励するよう国は積極的に支援する義務があると強調している。長時間労働を放置している日本の労働行政の責任は重いといえよう。

3　まとめ

　児童虐待問題への取り組みにおいて関係機関による連携の必要性が強調されている。本事例において虐待死を救えなかったのも関係機関による有効な連携を欠いたためであったといえよう。同時に，本事例から学ぶべきは，専門機関による援助が，援助側の意図に反し，親を精神的に追いつめてしまうことがある，という事実である。また，一般に，関係機関による連携という場合，当事者としての親が蚊帳の外に追いやられてしまう場合がほとんどである。本事例のように，虐待に追い込まれている親は親として無能なのではなく，社会的なハンディを背負いながら懸命に生きようとしている親である。本児の母親は，その後の弁護士との接見を繰り返すなかで，前夫から酷い暴力を受けてきたことを振り返り，幼い時期の性的虐待の事実を想起するに至っている。児童虐待という加害者性の背後にある被害者性にこそ目を向けなければならない。

●引用参考文献──
① 安部計彦・福岡県弁護士会北九州部会子どもの権利委員会編『子ども虐待　法律問題Q＆A』第一法規，2005年。

② B.コービー，萩原重夫訳『子ども虐待の歴史と理論』明石書店，2002年。
③ 児童虐待防止制度研究会編『子どもの虐待防止　最前線からの報告』朱鷺書房，1993年。
④ 岩城正光「子を虐待死させた母親の刑事弁護を通じて」『自由と正義』第47巻第9号，1996年。
⑤ 西澤哲『子どもの虐待──子どもの家族への治療的アプローチ』誠信書房，1994年。
⑥ 高橋重宏・庄司順一編『福祉キーワードシリーズ　子ども虐待』中央法規出版，2002年。
⑦ 津崎哲郎『子どもの虐待──その実態と援助』朱鷺書房，1992年。

〔細井　勇〕

第8章 母子家庭・父子家庭と福祉

1 母子・父子家庭の現状

1 母子・父子家庭とは

　母子家庭，父子家庭は「単親（ひとり親）家庭」という呼称を使用する場合もある。単親家庭（one parent family）という呼称を最初に使用したのは，1974年，英国保健社会保障省発行の『ワンペアレントファミリーに関する委員会報告』においてである。このワンペアレントファミリーは単親家庭と訳されているが，この概念が登場する以前は，両親のいる家庭を正常として，母子家庭，父子家庭を欠損家庭（broken family）と称していた。
　英国はワンペアレントファミリーに関する委員会において，両親家庭をツウペアレントファミリー，単親家庭をワンペアレントファミリーとし，母子・父子家庭は両親のいる家庭とならんで，それぞれが家族の一つの形態であるとした。この考え方は，母子・父子家庭に対する差別的意識に通じがちな価値観の転換を促したといえる。
　母子・父子家庭は，配偶者を死別，離別によって失った家庭である。有史以来，災害，戦争，病気，離婚等によって母子・父子家庭は形成されてきた。母子・父子家庭になったことにより直面する生活障害として，職業問題，低所得，住宅，医療，保育，養育，教育，家事等の問題が派生してくる。これらの問題を解決するために就労，生活相談，福祉援助等の情報，関係機関・施設，ネットワークの充実を図ることが必要である。
　母子家庭の形成過程をみると，夫の死別によるものが一般的であったが，第2次世界大戦後は離婚，いわゆる生別によるものが増えてきている。離婚の背景に次の点が考えられる。第1は低賃金ではあるが女性の雇用機会の増大により既婚女性の労働参加が増大したことがあげられ，それは夫へ

の経済的依存より就労による独立効果を生み出しうることとなった。第2は離婚や未婚の母等の母子家庭についての価値観が寛容になってきたことが考えられる。従来、夫のいない家庭、父親のいない家庭という汚名による社会的偏見や差別観が強くみられたが、今日では徐々にではあるが薄らいできていると思われる。第3は福祉思想とその制度の進展とあいまって性格不一致や人間関係に溝のできた夫と生活を続けるより離婚を選択することが可能になったこと、未婚の母親も子どもを出産し育てる道を選ぶことが可能になってきたことが考えられる。

いずれにせよ母子家庭の生活実態は深刻である。したがって母親の自立促進と児童の健全育成を図るための福祉施策がはたして十分に対応しているかが基本的課題である。そこで、わが国における母子・父子家庭の実態、福祉施策、母子生活支援施設等について考えてみたい。

2 母子家庭の現状

母子家庭とは、母子及び寡婦福祉法によると、「配偶者のない女子」とその扶養すべき満20歳未満の児童からなる家庭である。すなわち、「配偶者のない女子」とは配偶者と死別した女子であって、現に婚姻をしていないものおよびこれに準ずる次の女子をいう。
① 離婚した女子であって現に婚姻していないもの。
② 配偶者の生死が明らかでない女子。
③ 配偶者から遺棄されている女子。
④ 配偶者が海外にあるため、その扶養を受けることができない女子。
⑤ 配偶者が精神または身体の障害により長期にわたって労働能力を失っているため、その扶養を受けることができない女子。
⑥ 配偶者が法令により長期にわたって拘禁されているためその扶養を受けることができない女子。
⑦ 婚姻によらないで母となった女子であって、現に子を扶養し、かつ現に婚姻をしていないものと満20歳未満の児童によって構成されている家庭である。

児童福祉法による児童は満18歳未満であるが、母子及び寡婦福祉法の場合、自立への配慮と民法上の扶養の関係から満20歳未満と定められている。

8-1 母子世帯になった理由別母子世帯数および構成割合の推移

調査年次	世帯数（単位：千世帯）						構成割合（単位：％）					
	総数	死別	生別				総数	死別	生別			
			総数	離婚	未婚の母	その他			総数	離婚	未婚の母	その他
1978	633.7	316.1	317.5	240.1	30.3	47.1	100.0	49.9	50.1	37.9	4.8	7.4
1983	718.1	259.3	458.7	352.5	38.3	67.9	100.0	36.1	63.9	49.1	5.3	9.5
1988	849.2	252.3	596.9	529.1	30.4	37.3	100.0	29.7	70.3	62.3	3.6	4.4
1993	789.9	194.5	578.4	507.6	37.5	33.4	100.0	24.6	73.2	64.3	4.7	4.2
1998	954.9	178.8	763.1	653.6	69.3	40.2	100.0	18.7	79.9	68.4	7.3	4.2
2003	1,225.4	147.2	1,076.4	978.5	70.5	27.5	100.0	12.0	87.8	79.9	5.8	2.2

出所：厚生労働省「全国母子世帯等調査」。

　母子家庭の実態については，厚生労働省の「全国母子世帯等調査」によれば，母子世帯数は2003年で122万5,400世帯と推定されている。

　母子家庭になった理由別の推移をみると，戦後まもなくは夫の戦病死による死別が多かったが，1960年を境に死別の割合が減少し，かわりに生別によるものが増えてきている。注目すべきことは，1983年調査で離婚による母子家庭が，初めて死別による母子家庭を上回った。さらに1988年，1993年，1998年調査においても同様で，2003年調査では死別が12.0％に減少し，離婚によるものが79.9％を占めている（表8-1）。

　母子家庭になった時の母親の平均年齢は33.5歳であり，全体で30歳代が最も多く42.0％を占めている。生別母子家庭をみると，30歳代が42.2％を占め，若年化の傾向は変わらない。20歳代，30歳代の合計では，1998年調査時67.8％であったものが2003年調査では73.6％に増加している。

　次に就業状況をみると，母子家庭の母親の83.0％が就労している。そのうち常用雇用者は39.2％を占め，臨時・パートが49.0％，一方，不就業は16.7％である。有配偶者女子就労44.0％に比べ高率である。中高年齢の就職が困難ななかで母子家庭の母親の就労者が高率であることは，夫からの養育費，年金，児童扶養手当などの受給のみでは生活困難であるという状況を示している。

　母子家庭の年間収入（2003年）は，平均で212万円であり，一般世帯の平均589.3万円の36％の生活水準である。また死別母子家庭では平均242万円であるが，離別母子家庭ではそれより低い185万円となっており，母子家庭のなりたちによって収入に格差が生じている（表8-2）。また母子家庭

8-2 母子世帯の年間収入の状況　　　　　　　　　（2003年）

	母子世帯	死　別	離　別	父子世帯	一般世帯
平均世帯人員	3.19 人	3.44 人	3.09 人	3.47 人	3.31 人
平均有業人員	1.22 人	1.38 人	1.15 人	1.29 人	1.63 人
平均収入金額	212万円	242万円	185万円	390万円	589.3万円

注：一般世帯については，2003年国民生活基礎調査の結果による。
出所：厚生労働省「全国母子世帯等調査」2003年。

と一般家庭の違いは，働き手を失っていることであり，養育と家計の支柱の二役を1人で果たしていることである。一般家庭が夫婦共働きが増加していること，女性の給与が男性の給与より下回っていること，また途中就職の困難さがうかがわれる。

2003年調査によれば，約78.6％の母子家庭の母親が子どもの教育・進学，しつけ，健康について悩みをもっている。母子家庭の子どもは，就学前37.1万人，小学生64.2万人，中学生以上は38万人である。就学前児童の保育状況をみると，62.9％の児童が保育所を利用しており，母親の就労状況から乳児，長時間保育，夜間保育体制の充実が望まれる。中学校卒業以上の子どもは約45.6万人おり，このうち高校生は17.2％である。一般家庭での高校進学率と比べ低いことに注目しなければならない。

3 寡婦家庭の現状

寡婦とは母子及び寡婦福祉法によれば，「配偶者のない女子であって，かつて配偶者のない女子として児童を扶養していたことのあるもの」である。つまり夫と死別または離別により現に婚姻していない女性で，その扶養する子どもが20歳を超えている場合である。厚生労働省の2003年調査によれば，寡婦は108万1,900人（死別59万4,400人，生別45万7,300人）であり，その生活実態は経済的に恵まれず，生活上の不安をもちながら老後の生活を送っている。

4 父子家庭の現状

父子家庭に対する単独の法はなく，母子及び寡婦福祉法に準じている。

したがって父子家庭の定義は，各行政単位で実施されている「父子手当条例」などより引用する。

父子家庭とは，
① 母親と死別した子どもとその父親によって構成される家庭。
② 婚姻の解消により母親のいない子どもと父親によって構成される家庭。
③ 母親から遺棄された父親と子どもによって構成される家庭。
④ 母親の生死が不明な父親と子どもからなる家庭。

父子家庭の現状については，厚生労働省の「全国母子世帯等調査」（2003年）によれば，父子家庭数は17万3,800世帯である。

父子家庭になった理由別では，離婚その他の生別が80.2％，死別が19.2％で，母子家庭と同様に離婚が死別を上回っている（表8-3）。

父子家庭の父親の年齢は，平均年齢44.1歳である。

就労状況をみると，父子家庭の父親の91.2％が就労している。そのうち常用雇用者は75.9％を占め，自営業主18.1％，非常用雇用者3.6％，不就業8.2％である。

父子家庭の年間収入は390万円であり，一般家庭と比べると66％となっている。母子家庭と比較して，収入所得において上回っているが安定した常用雇用者は75.9％である。父子家庭になった直後は常用雇用者であっても，多くの父親は残業や出張，夜勤等の業務を行っているゆえ，乳幼児の養育，家事などの両立が困難になりがちである。そして家事や子どもの養育のために勤務時間が不規則になり，正規から契約職員，転職，退職を余

8-3 父子世帯になった理由別父子世帯数および構成割合の推移

調査年次	世帯数(単位：千世帯)					構成割合(単位：％)				
	総数	死別	生別			総数	死別	生別		
			総数	離婚	その他			総数	離婚	その他
1983	167.3	66.9	100.5	90.7	9.8	100.0	40.0	60.1	54.2	5.8
1988	173.3	62.2	111.2	96.0	15.2	100.0	35.9	64.1	55.4	8.7
1993	157.3	50.7	103.1	98.5	4.6	100.0	32.2	65.6	62.6	2.9
1998	163.4	52.0	106.1	93.4	12.7	100.0	31.8	64.9	57.1	7.8
2003	173.8	33.4	139.4	128.9	10.6	100.0	19.2	80.2	74.2	5.9

出所：厚生労働省「全国母子世帯等調査」。

儀なくされ，経済面においても低所得に陥る場合が多い。

父子家庭の73.1%が子どもについての悩みをもち，そのうち特に多いのが，しつけ，教育・進学，食事・栄養，就職，健康等である。父子家庭の子どもは，就学前3万6,300人，小学生8万6,800人，中学生5万1,600人となっている。就学前児童の保育状況をみると，保育所（60.6%），幼稚園（15.7%），家族，父親の順になっている。

中学校卒業以上の子どもは9万800人おり，このうち21.4%が高校生である。母子家庭，一般家庭と比べ高校進学率は低くなっている。

2 母子・父子福祉施策

1 母子福祉施策

わが国の母子福祉対策は，母子及び寡婦福祉法にもとづいて母子家庭および寡婦に対し，その生活の安定と向上のために必要な措置を講じ，福祉を図っている。法の基本理念は，「すべて母子家庭等には，児童が，その置かれている環境にかかわらず，心身ともに健やかに育成されるために必要な諸条件と，その母等の健康で文化的な生活とが保障されるもの」としている。これらの理念にもとづいて母子福祉対策が行われている。

戦後，母子家庭への福祉対策として，児童福祉法（1947年）の制定による母子寮の設置，「母子福祉対策要綱」（1949年）の決議による母子相談所の設置，「母子福祉資金の貸付等に関する法律」（1952年）が制定された。これらは戦争犠牲者の母子家庭に対する援助の必要性から制定されたものである。

その後，「国民年金法」（1959年）が創設され，その制度のなかに母子年金，母子福祉年金が設けられた。生別母子家庭のためには「児童扶養手当制度」（1961年）が創設された。

その後，母子家庭の実情に対応した施策を総合的に体系化し，積極的に推進していくために，「母子福祉法」（1964年）が施行された。そして寡婦の福祉を統合し，「母子及び寡婦福祉法」（1982年）に改正された。

母子及び寡婦福祉法による対策としては，母子家庭の母および児童の経

済的自立助成などのための母子福祉資金貸付，母子相談員による生活相談，母子福祉センターにおける生業指導，さらに母子家庭の母および児童の職場開拓や公営住宅の確保などの施策が行われている。また，児童福祉法によって，要保護母子家庭の母子を母子生活支援施設（1997年，母子寮を改称）において保護を実施している。

A　母子家庭等の自立の促進を図る施策

母子家庭等の自立の促進を図り，その児童の健全な成長を確保するために，2002年11月，母子及び寡婦福祉法等の一部改正がされた（2003年4月施行）。新しい施策をａ）～ｅ）に記す。

ａ）生活支援策の充実　子育てと仕事の両立支援として子育て短期支援（ショートステイ，トワイライトステイ）事業の法定化，母子家庭等日常生活支援事業（改正前，居宅介護人等事業）の拡充が行われた。

ｂ）就業支援策の充実　経済的自立を図るうえで，就業相談，職業能力の向上を行う就業支援事業，母子家庭の母に教育訓練講座受講料の一部支給を行う母子家庭自立支援給付金事業の創設，公共的施設における雇入れの促進が規定された。

ｃ）養育費確保の推進　児童を監護しない親は養育費を支払うよう努めること，児童を監護する親は養育費を確保できるようにするために国および地方公共団体は養育費確保のための環境整備に努めることが規定された。

ｄ）児童扶養手当制度について　離婚直後の一定期間に重点的に給付することで，離婚等による生活の激変を一定の期間，緩和しつつ，母子家庭の自立を促進する制度に改められた。ただし，3歳未満の児童の監護，障害をもつ児童など自立が困難な母子家庭に配慮している。手当の受給期間が5年を超える場合には，それ以後，手当を一部減額する制度が導入された。

ｅ）国および地方公共団体における総合的な自立支援体制の整備　母子家庭等の自立を図るために，上記ａ）～ｄ）を総合的・計画的に推進することが不可欠であることから，厚生労働大臣は基本方針を定め，都道府県，市および福祉事務所設置町村は自立促進計画を定めることが規定された。

B　年金，手当，公的扶助

母子家庭に対する所得保障としては，年金，手当，公的扶助の3種類が

ある。

　死別母子家庭に対して支給される年金には，厚生年金の遺族年金，各種共済組合の遺族年金，遺族基礎年金（1985年5月，国民年金法の一部改正により母子年金（拠出制），母子福祉年金（無拠出制）は遺族基礎年金となった）がある。これらの年金によって母子家庭の経済的困窮は歯止めをかけられた。

　父親が疾病，事故により死亡の際，遺族補償で対処されることになっているが，父親の職業が不安定就業で社会保険未加入の場合は支給されない。

　次に生別母子家庭に対する所得保障として，従来の年金の補完的制度という児童扶養手当制度（表8-4参照）が1962年1月に施行された。その後逐次改善が行われ，母子家庭やこれに準ずる世帯に対する所得保障の一助として重要な役割を果たしている。

　2002年11月の改正では，離婚直後の一定期間に重点的に支給することにより，離婚などによる生活の激変を一定期間で緩和し，母子家庭の自立を促進するという観点から，自立が困難な母子家庭には十分配慮しつつ，手当の受給期間が5年を超える場合には手当の一部について支給を停止する制度を導入した。

　公的扶助は，生活困窮者に対する最低生活保障の最後の拠り所として，母子家庭に対しての役割を果たしている。すでに死別，生別母子家庭に対して所得保障があるにもかかわらず被保護母子家庭受給者が増えている。

　母子家庭の母親の就業状態は83.0％となっているが，その年間平均収入は一般家庭の半分にも充たない。その格差は大で，子どもの高校進学率も低く，被保護母子家庭の生活の深刻さがうかがえる。

8-4　児童扶養手当の理由別受給者数の年次比較

	昭和50年度末('75)		平成15年度末('03)		平成16年度末('04)		平成17年度末('05)	
	受給者数	構成割合	受給者数	構成割合	受給者数	構成割合	受給者数	構成割合
総　　　　数	251,316	100.0	871,456	100.0	911,852	100.0	935,966	100.0
離　　　　婚	131,040	52.1	770,302	88.4	805,460	88.3	824,121	88.1
死　　　　別	32,084	12.8	9,467	1.1	9,494	1.1	9,321	1.0
遺　　　　棄	34,941	13.9	5,980	0.7	5,622	0.6	5,378	0.6
未 婚 の 母	24,632	9.8	64,229	7.4	67,848	7.4	70,495	7.5
父　障　害	21,284	8.5	2,809	0.3	2,806	0.3	2,713	0.3
そ　の　他	7,335	2.8	18,669	2.1	20,622	2.3	23,938	2.6

資料：厚生労働省雇用均等・児童家庭局調べ。
出所：厚生統計協会編『国民の福祉の動向（2005年）』厚生統計協会，96ページ，『同（2006年）』66ページなど。

表8-5　母子寡婦福祉貸付金の資金別貸付実績の推移

	1980年（昭55）		1993年（平5）		2003年（平15）		2005年（平17）	
	金額(千円)	構成割合(%)	金額(千円)	構成割合(%)	金額(千円)	構成割合(%)	金額(千円)	構成割合(%)
総　　額	9,409,799	(100.0)	17,715,008	(100.0)	24,497,408	(100.0)	24,539,010	(100.0)
事業開始資金	1,712,716	(18.2)	546,960	(3.1)	241,972	(1.0)	185,486	(0.8)
事業継続資金	886,230	(9.4)	267,481	(1.5)	73,438	(0.3)	40,075	(0.2)
修 学 資 金	4,760,754	(50.6)	13,070,060	(73.8)	18,440,251	(75.3)	18,494,074	(75.4)
技能習得資金	22,056	(0.2)	98,143	(0.6)	495,081	(2.0)	443,342	(1.8)
修 業 資 金	185,221	(2.0)	253,452	(1.4)	475,034	(1.9)	430,214	(1.8)
就職支度資金	27,041	(0.3)	36,815	(0.2)	39,636	(0.2)	29,011	(0.1)
医療介護資金	12,512	(0.1)	9,656	(0.1)	16,229	(0.1)	13,668	(0.1)
生 活 資 金	83,426	(0.9)	244,262	(1.4)	816,225	(3.3)	763,783	(3.1)
住 宅 資 金	1,369,907	(14.5)	492,436	(2.8)	109,961	(0.4)	58,306	(0.2)
転 宅 資 金	4,461	(0.0)	116,148	(0.7)	364,910	(1.5)	236,651	(1.0)
就学支度資金	345,476	(3.7)	2,557,148	(14.4)	3,376,482	(13.8)	3,833,521	(15.6)
結 婚 資 金	—	(—)	11,600	(0.1)	11,778	(0.0)	4,400	(0.0)
特例児童扶養資金	—	(—)	10,846	(0.1)	36,411	(0.1)	6,479	(0.0)

資料：厚生労働省「母子福祉資金貸付業務報告書」.

C　母子寡婦福祉資金の貸付

　母子家庭の所得を補い，その自立した生活を保障するための制度に資金貸付がある。1952年開始当時，7種類から年々必要度に応じて新設，貸付限度額の引き上げ，償還期限の延長などの内容改善が行われてきている。現在，母子福祉資金の種類は，事業開始資金，事業継続資金，技能習得資金，就職支度資金*，修学資金*，就学支度資金*，住宅資金，転宅資金，医療介護資金，生活資金，修業資金*，結婚資金，特例児童扶養資金の13種類である（*印は2003年から児童本人に貸付が可能になった）。資金利用の傾向をみると，18歳未満の子女をもつ母子家庭にあっては，修学資金，就学支度資金，生活資金が多く利用されている（表8-5）。寡婦福祉資金は特例児童扶養資金を除く12種である。

D　就業支援

　母子家庭のための就業支援対策は，職業能力の向上のための施策，就業相談，職業紹介などがある。母子家庭の母親が利用できる技能・技術の向上を図る施策の主なものは，公共職業訓練，職場適応訓練，訓練手当の支給，技能修得資金の貸付である。

母子家庭の就業相談は，福祉事務所において母子自立支援員が対応し，公共職業安定所などの関係機関と連絡を行っている。また公共職業安定所が職業紹介をあわせて行っている。
◇**母子家庭の母の就業の支援に関する特別措置法**　子育てと生計の維持を一人で担わなければならない母子家庭の母は，就業面で一層不利な状況に置かれており，こうした状況に対処するため，2003年に母子家庭の母の就業の支援に関する特別措置法が制定された。その内容が，①母子家庭の母の就業支援策の充実，②国会に対する報告，③母子福祉資金貸付金の貸付けに関する特別の配慮，④民間事業者に対する協力の要請，⑤母子福祉団体等の受注機会の増大への配慮などが規定された。

E　生活相談

　母子家庭への福祉に関する相談は，福祉事務所，児童相談所，児童委員（民生委員）等で行われている。特に母子家庭の問題に対して，福祉事務所に母子自立支援員が配置され，生活全般にわたる相談に応じ，その自立に必要な支援を行っている。母子自立支援員は，母子家庭の発見，面接，調査，訪問指導を行っている。相談内容としては，母子・寡婦福祉資金，児童扶養手当等に関する相談が多く，その他，住宅，就職，医療等で，生活一般についての相談が多くなっている。

F　母子福祉関係施設

　母子福祉関係施設には，児童福祉法による母子生活支援施設と，母子及び寡婦福祉法による母子福祉センター，母子休養ホームがある。
　母子生活支援施設は，夫や父を失った母子の住宅提供と自立促進および児童の健全育成を目的とした施設である。母子福祉センターは，母子家庭に対し，各種の相談に応じ，生活の指導や生業の指導を行う。母子休養ホームは，母子家庭のレクリエーションや休養のための施設である。

G　その他

　その他の母子福祉の措置として，国および地方公共団体による雇用促進，公共施設での売店などの設置許可，公営住宅の入居に際し，特別配慮が行われている。またホームヘルパー，社会福祉施設等給食調理員などの職種

に必要な知識，技能を習得する訓練，講習会が行われている。

母子家庭等日常生活支援事業は，乳幼児をかかえた母子家庭の母親が一時的な傷病のため日常生活を営むのに影響がある場合，介護人により介護，乳幼児の保育などを行う制度である。1991年1月より，社会福祉法の第2種社会福祉事業に位置づけられた。居宅における介護内容は，乳幼児の保育，食事の世話，住居の掃除，身の回りの世話，生活必需品等の買物，医療機関との連絡などである。

2　寡婦福祉対策

寡婦家庭の自立を促進し，その生活安定の向上のために行われている福祉対策としては，寡婦福祉資金の貸付の他，寡婦控除，寡婦等職業相談員，寡婦日常生活支援事業等がある。

3　父子福祉施策

父子家庭の福祉施策は「母子及び寡婦福祉法」「児童福祉法」など関連法にもとづいて行われている。

福祉施策として，

①　乳児院，保育所および児童養護施設　乳児の保育や児童の養護に困っている父子家庭について施設入所により児童の養育を図る。

②　生活保護制度　生活，医療に困窮している父子家庭については，生活保護法による生活扶助，医療扶助等の給付を行う。

③　生活福祉資金貸付制度　経済的自立と生活意欲の助長促進を図るための生活福祉資金貸付制度の活用を進める。

④　母子家庭等日常生活支援事業　母子家庭に準じ，乳幼児をかかえた父子家庭の父が一時的な傷病のため日常生活を営むのに支障がある場合，家庭生活支援員により介護，乳幼児の保育などを行う制度である。所得制限を撤廃（有料制導入），派遣事由を父親の傷病より子どもの場合まで拡大した。

⑤　所得税，住民税の寡夫控除　税制面においては，父子家庭に対する所得控除として，所得税（1981年），住民税（1982年）が創設されている。

次に父子家庭の生活問題に対応して，国レベルへの施策化へ向けて取り組んでいる民間団体として，全国社会福祉協議会，全国民生児童委員協議会があり，1982年7月に「父子対策要綱」をまとめた。
　この要綱には，父子家庭の生活問題の解決のために社会福祉施策と地域福祉活動を提示している。社会福祉施策として，所得保障，福祉，医療，住宅，教育，雇用，税の7項をあげている。地域福祉活動については，行政と福祉施設の役割，社会福祉協議会と民生委員，ボランティア活動の育成を行い，父子家庭の立場からその実態，ニーズの把握，対応，関係機関との協議，父子家庭の組織化への協力などが出されている。
　東京都，大阪市，神奈川県などの地方自治体では，父子家庭に対して独自の施策として，①医療費助成，②介護人派遣，③父子年金，父子手当，④遺族年金，遺族手当，⑤父子家庭の集い，激励会，⑥入学，卒業祝金等一時金支給，⑦歳末助け合い配分金支給，⑧相談活動，⑨父子家庭の組織化，⑩短期里親の制度などを実施し，父子家庭の自立を支えている。

3　事例：母子生活支援施設の援助活動

　母子生活支援施設は，児童福祉法によると，配偶者を失い，あるいは離別し，またはこれに準ずる事情にある女子であって，その者の監護すべき児童の福祉に欠けるところがあると認められる母子を入所させて，これらの者を保護するとともに，これらの者の自立の促進のためにその生活を支援し，あわせて退所した者について相談その他の援助を行う児童福祉施設であると性格づけている。
　戦前は母子寮として「母子保護法」（1937年）に規定されていたが，戦後，同法は廃止された。1947年，児童福祉法制定の過程で，母を離れて子どもの福祉はありえないので，母親と子どもを保護する母子寮を設置することが決定された経緯がある。戦後は外地からの引揚げ，戦災，父親の戦病死を筆頭に死別母子家庭が増加した。ちなみに1947年，母子寮は157カ所であったのが，1955年には618カ所に増加している。しかし，戦後，住宅難から入所していた母子家庭の自立の進展による退所が続いた。1997年，母子生活支援施設と改称された。

1960年代の中頃には，離婚，未婚，家出，別居等生別母子家庭が増加し，死別母子家庭を上回り，若年の母子，心身に障害をもつ母親が目立ってきた。そのうえ，アルコール，薬物依存，サラ金，夫の暴力等の問題が複雑にからみあう母子家庭が増加している。「全国母子生活支援施設実態調査報告書」（2003年）によれば，死別は7.1％，生別92.9％に示されるように母子生活支援施設利用者は生別が多く，なかでも離婚の割合が高い。最近は夫の家庭内暴力での入所で待機者が増加している。特に夫との関係をきちんと整理，調整することができない不安定な生別も増加している。こうした母子生活支援施設利用者の質的変化にともない，母子生活支援施設の機能として，住宅提供，児童の健全育成のための乳幼児保育，学童保育，生活能力獲得援助，緊急一時保護，退所後のアフターケア等を行い，母親の自立力を高めることが求められている。
　次に示すのは，K県Z母子生活支援施設に生活する母子家庭の事例である。

事例A　子どもの養育にあまり関心のない母親のケース

　家族構成　母親32歳（高卒）長男7歳（小2）
　在所期間4年。
　初婚を解消，上京し，知り合った男性と同棲し，一児（未熟児で出産）をもうけたが，その男性は身体的な病気により子どもができないと思い込んでおり，自分の子どもではないとして蒸発した。その後，一児をかかえN市で生活後，Z母子生活支援施設へ入所した。本人はてんかん症の持病をもち，子どもの養育も無頓着，食生活も不規則で，できあいの惣菜が多い。子どもは肥満児で，かかりつけの医師より注意を受けている。本人は就労の意欲はあるが，同じ職場に長続きできず，転職の繰り返しが続いている。パチンコに熱中，仕事を無断で休み，パチンコ店に入っていることもしばしばある。精神的に不安定でヒステリックになりやすく，施設内でも時々トラブルを起こすことがある。
　子どもへの養育の欠如については，母親自身，養女として育ったせいもあり愛情に薄いことが影響してか子どもへの愛情表現が乏しい。今後，金銭管理と養育指導，特に食生活としつけの援助が必要と思われる。

事例B　思春期の子どもの養育に悩む母親のケース

家族構成　母親46歳（中卒）長男13歳（中1）長女9歳（小4）
在所期間7年。

本人は年下の夫と結婚，2児ができてから夫は事業に失敗し事故死（自殺）した。2児をかかえ，入所して7年目である。内省的だが素直で真面目に生活を送っている。

本人は病弱であるが母子年金とパート就労（月5万円）により，生活面においても几帳面にし貯蓄も行っている。長男の高校入学を機に自立を希望し，住宅購入の計画もたてている。長男はおとなしい性格であるが，時々暴言をはき周囲を驚かすこともある。長女は活発で行動派である。しかし大人の前では行動に裏表がある。

現在の方針として，思春期における転換期への認識をもって家庭生活に取り組むよう援助している。

　事例Aは未婚の母子家庭である。持病をもち，就労意欲はあるが転職の連続であること，養育，家事についての援助を要するケースである。

　事例Bは，死別母子家庭である。年金とパート就労による所得で思春期の2児を養育している。性格も温和で厳しい生活のなかで貯えもし，将来の生活設計をもち，長男が高校進学の際，自立を希望している。

　2事例は母子生活支援施設利用者の典型を示す事例である。母子生活支援施設は，多様で複雑なケースに対応するために，施設の設備改善，援助システムの整備と並行して，専門性をもつ相談員による相談活動が重要であることを提示している。

今後の課題

　母子家庭の実態は，その国の婦人の生活のバロメーターであるといわれる。時代の推移によって離婚など生別による若年母子家庭が増加傾向にあり，母子家庭問題が個人レベルに帰せられやすいが，それらの形成背景をみると戦争，災害，失業，疾病，貧困等ときわめて社会的要因より派生する問題である。

　また国際的にも母子家庭は増加し，国連婦人の「2000年に向けての将来戦略」（1985年）では，単独で家庭を支える婦人という項目をたて，これらの婦人の多くは貧しくほとんど経済的，社会的，精神的援助を得られずに

子どもを育てていると指摘し、その原因となっている女性の低い社会的地位を解決しなければならないと記している。また北京女性会議（1995年）においても、母子家庭の増加と貧困化について論議された。

このように、今日、国際的に母子家庭問題は重要な問題になっている。1990年代、アメリカの場合、母子家庭への給付が母親の勤労意欲を失わせるのでないかと1996年、自立のために、就労要件と受給期間制限をともなう貧困家庭一時扶助が施策化されている。

わが国においても2003年の母子及び寡婦福祉法の一部改正により、母子家庭等の福祉施策について、従来の経済的支援を中心とする施策から就労に対する自立を支援する施策へと転換を推進している。

「全国母子世帯等調査」によれば、母子家庭の平均年収は212万円である。これは生活保護や児童扶養手当、元夫からの養育費を含んだ額である。就労収入は平均162万円で、収入別では100万円以下が全体の約48％を占めている。セーフティネットである生活保護費の母子加算が2005年度から減額され、2007年度に廃止されることが決定した。これら母子加算の削減、児童扶養手当の引き下げが母子家庭の生活や児童の健全育成に不安をもたらさないように見守っていかなければならない。

●引用参考文献
① 前田大作・吉田恭爾『老人福祉・家族福祉』（社会福祉大系6）勁草書房、1983年。
② 一番ケ瀬康子・古川孝順編『現代家族と社会福祉』（講座社会福祉7）有斐閣、1986年。
③ 山口建蔵他編『社会福祉の理論と実際』中央法規出版、1987年。
④ 高橋重宏他『児童福祉を考える』川島書店、1982年。
⑤ 平野隆之他『父子家庭』ミネルヴァ書房、1987年。
⑥ M. N. オザワ・木村尚三郎・伊部英男編『女性のライフサイクル』東京大学出版会、1989年。
⑦ 厚生労働省社会局庶務課『社会福祉の動向』全国社会福祉協議会、2006年。
⑧ 日本婦人団体連合会『婦人白書』草土文化社、2005年。
⑨ 厚生統計協会編『国民の福祉の動向（各年版）』厚生統計協会、各年。
⑩ 国立社会保障・人口問題研究所編『子育て世帯の社会保障』東京大学出版会、2005年。
⑪ 『週刊金曜日』第14巻第25号、KK金曜日、2006年。

〔郷地　二三子〕

第9章 子どもの保育

1 保育問題とは

1 保育問題の社会的背景

A 家庭，近隣社会の育児機能，養育機能の低下

　家族の基本的な機能の一つに，生まれた子どもを養育し一人前の社会人として育てる育児機能，養育機能がある。また，近隣社会も家族ほど直接的で大きなものではないが，隣り近所の助け合い，子ども会活動，地域のお祭りや運動会等を通じて何らかの育児機能，養育機能を果たしてきた。子どもが大人へ成長する基盤であるその家庭と地域社会が，戦後急激な社会変動とともに大きく変容した。
　まず家族の変貌ぶりからみてみよう。兄弟が平均4，5人，父親が働きに出て母親が家事，育児に専念し，祖父，祖母と一緒に暮らす直系家族が中心の時代から，兄弟は平均2人，両親は共働きで祖父，祖母とは別居という核家族中心の時代への変化である。大人数の直系家族の下で育つ子どもは，母子関係，父子関係の他，祖父，祖母からの働きかけや兄弟同士の遊び，けんかを通して社会生活に必要な生活様式を身につけ，多くの経験と学習を積んで育っていった。直系家族は，嫁姑間の緊張と葛藤をはらみながらも，育児経験をもった姑から嫁に育児の技術と文化が伝承され，祖父や祖母から孫へ遊びや民話が伝承されることが多かった。それだけ直系家族は，養育機能を十分に備え，その役割を果たしていた。
　しかしながら，少人数化した現代の核家族は，家族のみで育児，養育を果たすにはその力に限界が生じている。職場を一旦離れて母親が育児に専念する場合においても，子どもに対して必要以上の過保護，過干渉をひき起こしたり，育児上の心配や悩みに相談相手も見つからず育児ノイローゼ

に陥るケースもめずらしいことではない。ましてや母親が働きながら育児を両立させようとする場合，育児機能，養育機能を補完し代行する保育施設は不可欠である。

　一方，近隣社会，地域社会の変貌ぶりも目をみはるものがある。なかでも，子どもが自立に向かう第一歩として待ち受けていた自然発生的な異年齢集団が，近隣からほとんど姿を消してしまったことである。幼児から小学生の高学年まで幅広い年齢層で構成されていたこれら異年齢集団は，子どもたちにとって自主性，協調性，創造性を育て，家族以外の集団生活を経験する場，そのルールを学ぶ貴重な学習の場であった。空地や草むら，神社や路地裏で子どもたちが，日が暮れるまで遊んでいる姿が見られなくなって久しい。遊ぶ場所が限られ，遊ぶ相手も捜さなくてはならいほどの変容である。都市化・産業化の波は，近隣から子どもの遊び場を奪い自然との触れあいを遠のかせるとともに，近隣社会での人びとの結びつきを弱め匿名化させている。家族とともに子どもの成長に何らかの役割を果たしていた近隣社会もまた同様，その機能は，弱体化を辿ってきた。

B　働く母親の増加

　近年，女性の就労，とりわけ働く母親の増加が著しい。

　労働力率とは，15歳以上の労働可能な人口に対して，15歳以上の働いている人口と働く意思があり仕事を探している失業者の人口とを合計した人口が占める割合をいう。男性の場合の労働力率は，20代後半から50代前半まで96～99％とほぼ100％に近いが，女性の労働力率は20代後半に75％のピークを迎え，30代に入ると結婚，出産，育児のため62～63％まで低下，30代後半より上昇に転じ，40代後半に74％のもう一つのピークに達するM字型カーブを描いている。

　図9-1は，1995年と2005年の女性の年齢階級別労働力率を比較したものである。10年前に比べると，20代後半層～30代前半層の上昇が著しい。育児に忙しい30代前半層で上昇が最も高く，1995年は53.7％だったのが2005年には62.7％にまで上昇している。第1のピークが1995年には20代前半だったのが2005年には20代の後半に移動したのは，晩婚化を反映したものと考えられる。

　わが国の女性の労働力率は，欧米の横ばいのグラフと違いM字型カー

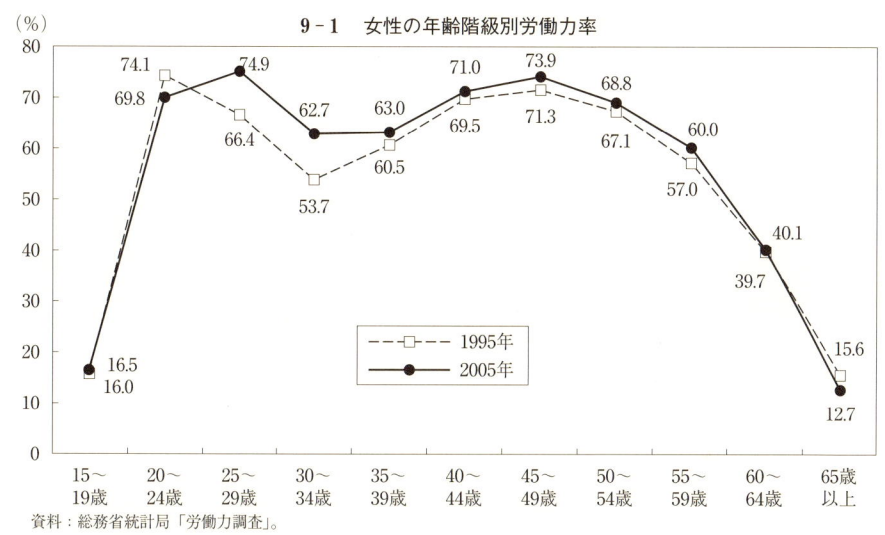

9-1 女性の年齢階級別労働力率

(%)

年齢	1995年	2005年
15～19歳	16.0	16.5
20～24歳	69.8	74.1
25～29歳	66.4	74.9
30～34歳	53.7	62.7
35～39歳	60.5	63.0
40～44歳	69.5	71.0
45～49歳	71.3	73.9
50～54歳	67.1	68.8
55～59歳	57.0	60.0
60～64歳	39.7	40.1
65歳以上	12.7	15.6

資料：総務省統計局「労働力調査」。
出所：厚生労働省雇用均等・児童家庭局編『女性労働の分析（2005年）』（財）21世紀職業財団，2006年，3ページ。

ブが特徴であった。今日でもM字型とはなっているものの，M字の底が次第に浅くなってきている。

30代に女性の労働力率が低下するのは，男性は就労，女性は家事，育児を分担する伝統的な性的役割分担を支持する人がいること，もしくはせめて子どもが小さい時までは母親が育児にかかわった方がいいとする母子密着型親子関係を望む人がいることを意味している。しかしながら，M字が緩やかになってきているのは，あまりにも貧弱な「児童手当」のように，子育て支援の不十分さから家計の改善を求めて母親が就労する人や，女性も社会的，精神的自立と自己実現を求めて積極的に社会参加し，家事・育児と就労との両立を図ろうとする女性が増えていることを意味している。

1985年には男女の雇用，賃金，昇進の差別撤廃を求める「雇用の分野における男女の均等な機会及び待遇の確保等に関する法律」（略称：男女雇用機会均等法）が成立し，1986年には労働基準法および労働基準規則の一部が改正され，女子の就業制限が緩和される措置がとられた。1999年には，男女が対等に社会参加する機会と文化的利益が享受される社会をめざす「男女共同参画社会基本法」が成立した。2006年には，これまで女性差別禁止規定であった「男女雇用機会均等法」を男女双方を対象とする男女差

第9章　子どもの保育

別禁止規定の内容に改める改正が行われた。また，妊娠，出産を理由とする不利益扱いの禁止規定も同法改正で盛り込まれた。

　このように女性の社会参加への条件整備が図られつつあるが，わが国の場合，多くの男性が持ち続けてきた従来の性別役割分業論の考え方を改め，男女が共に就労と家事・育児を分担し協力し合う生き方を尊重する意識変革が追いついていないのが現実である。働く母親は，医療，福祉分野，小売，飲食，宿泊業等のサービス業や製造業への進出がめざましく，常勤雇用からパート，アルバイトと多様である。外で男性並みに社会的責任を果たし，家に帰ってはさらに家事，育児をほとんどこなしている今日の働く母親は，肉体的にも精神的にも疲れきっている。

　就労と家事・育児の両立を図ろうとする女性の生き方の広がりは，男性への家事・育児の参加を促すとともに，男女が共に就労と子育てに等しく参加できる雇用制度の拡充と保育サービスを中心とした子育て支援体制の確立が求められているといえよう。

C　子どもの育児環境・社会環境の変化

　遊びは子どもにとって重要な生活の一部である。仲間遊びを通して自己表現や自己主張をしながら，相手の表現を受けとめ相手の主張を聞く心をもつよう育っていく。とりわけ兄弟関係や家族以外の遊び仲間との関係は，幼児期以降の子どもの発達に深く影響を及ぼしていく。

　ところが近年の少子化，核家族化，都市化，情報化，モータリゼーションの進展に伴って，子どもの育児環境，社会環境は大きく変容してしまった。少子化の影響を受けて地域社会での子どもの数が減っているなか，長男長女の2人兄弟やひとりっ子の家庭で育つ子どもたちは，同性，同年齢の遊び仲間を近隣で求めていくことが段々と困難になっている。遊び場としての広場や空地が減って，路地裏まで自動車が入ってくるようになり，遊び仲間，遊び場が得られにくくなってしまった。母親と連れだって行く公園で遊び仲間を見つけた子どもたちは幸運な方である。高層アパートやマンション暮らしは，煩わしい人間関係を避ける傾向にあり，地域社会で孤立した密室のなかで行われる母親中心の育児は，過度の保護や干渉を引き起こす危険を孕んでいる。

　このような育児環境，社会環境は，子どもにとって決して望ましい環境

ではない。幼稚園の3歳児保育が広がってきた背景には，単に早期教育に期待するためばかりではなく，遊び仲間が近所で得られにくくなっている状況があるからと考えられる。

　遊び仲間，遊び場，遊ぶ時間が十分に保障される保育所や幼稚園の子ども集団は，少子化時代を迎えた今日，近隣で得られにくくなった異年齢集団に代わる子どもの育ちを保障する集団としてますます重要な存在となっている。

2　育児の社会化をめぐる諸問題

A　家庭保育と集団保育

　子どもの心身の発達において，乳幼児期における親子関係（特に母子関係）の重要性はこれまでくり返し強調されてきた。古くはアメリカの精神分析学者エリクソン(1)（1902-1994）が，乳児期における基本的信頼感の獲得は，母親との関係のなかで獲得されるものであるとし，イギリスの精神科医ボウルビィ(2)（1907-1989）は，子どもの人格形成に母親の養育態度が強く影響することを指摘した。国連の「児童の権利に関する条約」の前文にも家庭的環境の重要性が指摘されている。

　しかしながら，これまでみてきたように家庭や近隣社会の育児機能，養育機能が弱体化し，一方では働く母親が増加するなかで，これまでのような緊密な母子関係が十分に保てない状況が生じている。母子関係を基礎とした家庭保育は重要ではあるが，家庭保育が十分できる保護者でも幼稚園に子どもを就園させているのは，今日の子どもの家庭環境，社会環境を考えての選択であり，もはや家庭保育のみに乳幼児の発達保障を委ねるには限界があることを物語っている。母性中心の家庭保育から専門の保育者による集団保育へ，ないしは親と保育者との共同保育への変化は，育児の社会化を意味する。家庭保育か集団保育かの二者選択ではなく，家庭保育がなされやすい条件整備と家庭支援体制をつくりながら，集団保育のマイナス面を最小限にとどめ，集団保育の長所を最大限に生かした保育サービスを社会にいかに用意していくかが保育問題の中心となってきた。

B　わが国の産前産後休暇と育児休業制度

　すべての女性に適用されている出産に伴う産前産後休暇は，「労働基準法」第65条の規定である。1985年までは産前6週（42日），産後6週（42日）であったが，1985年の同法の改正で翌年より産後の休暇は8週（56日）に延長されている。また同法では，生後1年以内の子どもを育てる女性は，1日45分の休憩時間のほかに1日2回それぞれ30分の育児時間を請求することができ，育児時間中は使用者はその女子を使用してはならないとしている。さらに妊産婦（妊娠中または出産後1年以内の者）が請求した場合でも，時間外労働，深夜，休日業務をさせてはならないことも定めている。

　育児休業制度のスタートは，1975年の旧「育児休業法」（略称）による公務員の一部の職種（教師，保育士，看護師等）からであった。この法律は，産休後子どもが満1歳に達するまで育児休業を利用する制度である。この育児休業制度をすべての職種に拡大し，男性にも利用できるよう1991年に「育児休業等に関する法律」に改称された。当初育児休業中は無給だったのが，1995年より雇用保険法の改正により賃金の25％が育児休業給付金として支給されるようになり，同時に社会保険料の本人負担分の免除も図られるようになった。その後同法は，1999年に家族の介護休業が利用できる内容を盛り込んだ「育児休業，介護休業等育児又は家族介護を行う労働者の福祉に関する法律」（略称：育児休業・介護休業法）に名称が変更され，今日に至っている。さらに，雇用保険による育児休業給付金は，2000年の改正で賃金の25％から40％（育児休業期間中30％，職場復帰後6カ月後に10％），2007年度からは50％（育児休業期間中30％，職場復帰後6カ月後に20％）に引き上げられている。2004年の育児休業・介護休業法の改正で，一定の条件の場合（①保育所に申し込んでいたが入所できなかった，②配偶者の死亡，病気，怪我，配偶者との離婚等）は，育児休業期間が1年半まで利用できることになり，育児休業の取得回数制限の緩和も図られている。また同法は，小学校就学前の子どもを育てている男女労働者は，時間外労働や深夜労働をさせないよう事業主に申し出ることができ，その場合1カ月24時間以上，1年150時間を超えて労働させてはならないとし，午後10時〜午前5時までの労働も禁じている。また，育児休業を取得していない3歳未満の子をもつ労働者へ勤務時間の短縮を義務づけている。

　このように育児休業制度の拡充が図られることによって，低かった育児

休業取得率は年々上昇し，2006年版『厚生労働白書』によれば，2005年の育児休業取得率は，女性が72.3%，男性が0.5%となっている。

C　保育所保育の意義と役割

　保育所が行う保育サービスは，保護者の就労を支えるとともに専門の保育者によって子どもの心身の発達を保障しようとするものであり，家庭や近隣社会の育児機能，養育機能が弱体化するなかで，家族や近隣社会が果たしえなくなった児童に対する養護機能，教育機能の一部を社会が代行しようとするものである。保育所の保育活動は，児童の心身の全面発達を促すべく保育の専門家によって，意図的な子ども集団の集団活動を通して展開されていく。限られた人，限られた場所，限られた経験しか積むことのできない家庭環境，社会環境におかれている今日の子どもの状況を考えるとき，保育所の保育は，子どもの福祉に大いに貢献しているとみなされるべきであろう。保育所は，単に母親の就労を支える場だけでなく，子どもの心身の全面発達を保障するかけがえのない場となっている。

　さらに，今日の家族は，共同体としての活動が弱まった地域社会のなかでますます孤立化が進んでいる。保育所は，単に保護者の就労を支え児童の発達保障を行う機能だけでなく，積極的に地域社会に働きかけ，育児の相談センター，地域の子どもの育児センターとしての機能を発揮していくことに期待が寄せられている。それは，これまでに蓄積した育児経験を地域社会に生かし，育児に関する社会資源を掘りおこし活用しようとする育児文化の担い手としての役割である。

D　子育て支援・次世代育成支援と保育サービス

　わが国の合計特殊出生率が1.57に落ち込んだのが（いわゆる1.57ショック）1989年であった。その後も出生率は低下し続け，2005年には1.25と前年の1.29を更新している。晩婚化，晩産化，非婚化，不妊化が進む一方，高学歴社会となったわが国は，おけいこ，学習塾の費用から高校，大学進学のための費用を含め，一人の子どもを育てる経済的負担はむしろ増加を強めている。働く母親が増え，幼稚園に通う子どもよりも保育所に通う子どもの数の方がはるかに多くなっている。核家族化と共働き夫婦の増加はますます家庭の養育機能を弱め，地域社会の教育力の低下が一段と子どもの育

ちを危なげにしている。いつの間にか社会全体が，子どもを育てる喜びよりも，苦しみや大変さの方を意識する社会，子育ての肉体的，精神的，経済的，社会的負担の方を強く感じる社会になろうとしているようだ。

　男女の就労と子育ての両立を図るための保育サービスの拡充，児童手当や育児休業制度の改善，雇用施策の改革だけでは子育てをフォローするには限界が生じるようになってきた。今日では幼稚園に通う子どもの母親にすら育児ノイローゼや児童虐待に走るケースも出てきている。近年，親子関係に何らかの原因でトラブルが生じ，子殺し，親殺しに至る事件が目立ちだした。離婚も増え，一人親家庭も増加している。

　ここにおいて，高齢者と若い世代の社会的助け合い関係の見直し，児童福祉予算と高齢者福祉予算の見直し，人口減少社会における少子化の歯止め策としての子育て支援策のあり方等これまでの児童福祉という概念から児童家庭福祉へ，さらに子育て支援・次世代育成支援へと新たな概念の確立とその施策が求められるようになってきた。次世代を担う子どもを育成する家庭，学校，地域社会を総合的に支援する社会体制をいかに構築するかが今日的課題となってきた。本格的な少子高齢社会，人口減少社会に突入したわが国は，安心して子どもを産み育てやすい環境を社会全体でつくろうとする"育児の社会化"をよりいっそう強力に進めなくてはならなくなっている。

　このような社会背景のもと，国は1994年初の子育て支援策「エンゼルプラン」を策定，その具体策として「緊急保育対策等5か年事業」を打ち出した。その後，保育対策のみならず，福祉，教育，雇用，住宅分野まで含む子育て総合支援策として，1999年の「新エンゼルプラン」，2004年の「子ども・子育て応援プラン」に引き継がれている。また，1997年には児童福祉法を改正，保育所の入所手続きを措置から利用制度に切り替えるとともに，保育サービスの情報提供と保育相談の努力義務化および学童保育の法定化も行われた。さらに2001年の同法改正では，保育士資格を任用資格から登録，名称独占による国家資格に位置づけるとともに，その業務に保護者への指導が加えられた。あわせて無認可保育所への指導，監督強化も図られた。2003年の同法の改正で子育て支援事業が法定化され，保育所待機児童が50人以上いる市町村には保育計画の策定が義務づけられた。さらに2006年，モデル事業として行われた「総合施設」を，幼稚園と保育所の機

能が一体化した新たな「認定こども園」としてスタートさせる「就学前の子どもに関する教育，保育等の総合的な提供の推進に関する法律」（略称：就学前保育等推進法）が成立している。

一方，子育て支援，次世代育成支援の基本原理とその方法を定めた「少子化社会対策基本法」と「次世代育成支援対策推進法」が2003年に成立している。

2 保育問題の制度と活動

1 保育の二元制度と認定こども園

A 保育所と幼稚園

わが国の保育は，原則的には保育に欠ける乳幼児に対しては保育所で，そうでない3歳以上の幼児に対しては幼稚園でという二元的制度となっている。このような二元制度は，明治時代に最初に設置された幼稚園と保育所の目的が相違していたことに由来しており，100年以上の歴史的経緯を辿りながらそれぞれ別々の機能と目的をもつ保育施設として発展してきた。この間，同じ対象年齢である3歳児以上の保育は，保育所も幼稚園と同じ教育がなされるべきであるとする考え方から，保育内容の一元化が図られてきた。すなわち3歳児以上の保育所での教育に関する内容は幼稚園教育の教育に準ずる内容とすべく，「保育所保育指針」と「幼稚園教育要領」の一体化が図られてきた。

しかしながら，片や児童福祉施設，一方は就学前教育機関とする立法的，行政的二元制度の一体化＝すなわち幼保一元化は，何度か検討されてきたものの完全な幼保一元化は実現しないで今日に至っている。幼稚園と保育所の一元化に関する最初の国の考え方が示されたのが，1981年に出された文部省，厚生省合同の「幼稚園及び保育所に関する懇談会」の報告書であった。そのなかで「幼稚園と保育所は，目的，機能を異にしそれぞれ必要な役割を果たしている以上，簡単に一元化が実現できる状況ではない」とする結論を出している。その後，1987年の臨時教育審議会の第3次答申でも，基本的には保育二元制を肯定する考えを明らかにしている。

9-2 保育所・幼稚園数と公私の割合

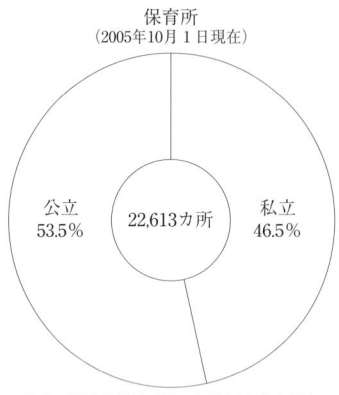

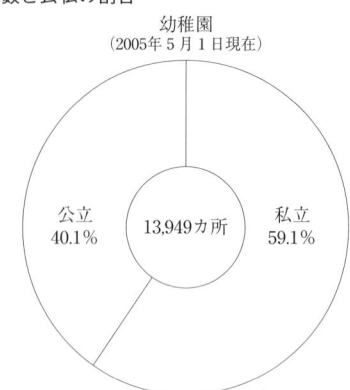

保育所
(2005年10月1日現在)
公立 53.5%　22,613カ所　私立 46.5%
資料：厚生労働省「社会福祉行政業務報告」

幼稚園
(2005年5月1日現在)
公立 40.1%　13,949カ所　私立 59.1%
資料：文部科学省「学校基本調査」

　ところで第2次ベビーブーム世代が保育所や幼稚園を卒園していった1980年代後半から，少子化の傾向と働く母親の増加が一段と強まり，幼稚園の定員割れが拡大していった。1990年代に入ると大都市の中心部で乳児を中心に保育所に入れない待機児童が増える一方，地方都市や過疎地では保育所も定員割れが起き，定員減や閉園に追い込まれる幼稚園が相次いだ。以降今日まで，少しでも園児を確保するために，私立幼稚園を中心に私立の保育所をも巻き込んだ熾烈な園児獲得戦争が繰り広げられている。市町村は，財政負担の軽減を図るため，公立の幼稚園，保育園の統廃合と保育所の民営化を進めている。

　このような状況下において，私立の幼稚園では給食，送迎バスの導入はもとより，居残り保育，延長保育を実施するところが急速に増えてきた。延長保育の時間も午後5時半とか6時までとほとんど保育所と変わらないところが出現し，本来ならば保育所の対象児でありながら，パートの母親が子どもを幼稚園に通わせる例も出てきている。この10年の間急速に幼稚園の保育所化が進んでいる。

　2005年10月1日現在の保育所入所児童数は205万1,990人，2005年5月1日現在の幼稚園入園児童数は173万8,836人となっている。図9-2は，保育所と幼稚園の数および公私立別の割合を表したものである。

B 認定こども園

　急速な幼稚園の保育所化や待機児童問題，幼稚園，地方の保育所の定員割れ問題は，再び幼保一元化問題を浮上させた。2002年，地方分権改革推進会議が「幼稚園と保育所は地域の判断で一元化できる方向で見直すべき」と答申し，2003年6月の閣議決定で2006年度までに教育と保育を一体化した「総合施設」を検討することが政府の方針として示された。続いて2004年3月の「規制改革・民間開放推進3か年計画」で2005年度中にモデル事業の実施，2006年度から本格実施が閣議決定された。2005年度全国に35カ所の幼稚園と保育所が一体となった「総合施設モデル事業」が実施され，その評価をもとに，2006年6月9日名称を「認定こども園」とする「就学前の子どもに関する教育，保育等の総合的な提供の推進に関する法律」が成立した。「認定子ども園」の制度化の経緯は，上述のとおり国の一方的な政策のもとに行われており，立案，モデル事業の実施，評価，制度化をわずか3～4年で実施するというあまりにも唐突で性急的なものであった。

　「認定こども園」の成立背景を，①保護者の就労有無で利用施設が限定されるため，途中で就労を中断，再開しても同じ施設を利用することができない。②少子化で子どもや兄弟数が減少，地方では保育所・幼稚園の子ども集団が小規模化しつつある。③都市部の一部では2～3万人の保育所待機児童がいる一方，幼稚園では定員割れで施設があいている。④核家族化の進行，地域の教育力低下により幼稚園にも保育所にも通わない0～2歳児の子どもを育てている親への支援が不足している等をあげている。

　「認定こども園」は，①就学前の子どもを対象に保育に欠ける子どもも欠けない子どもも受け入れ，「教育と保育を一体的に提供する」。②地域においてすべての子育て家庭を対象に子育ての相談や親子の集いの場を提供する等「子育て支援を行う」とする二つの機能を備えた施設としている。この「認定こども園」の利点は，保護者にとって仕事をやめたり，再就職したり，途中で離婚した場合でも同じ施設で子どもの保育，教育が得られること，児童にとっても馴染み親しくなった子ども集団を変わることなく継続して通園できることが指摘されている。

　「認定こども園」のタイプは四つに分かれている。①幼稚園と保育所がそれぞれ互いに連携し，建物や附属施設の供用等を含め両者が一体的に運営される「幼保連携型」。②幼稚園機能が中心で，保育に欠ける子どもの

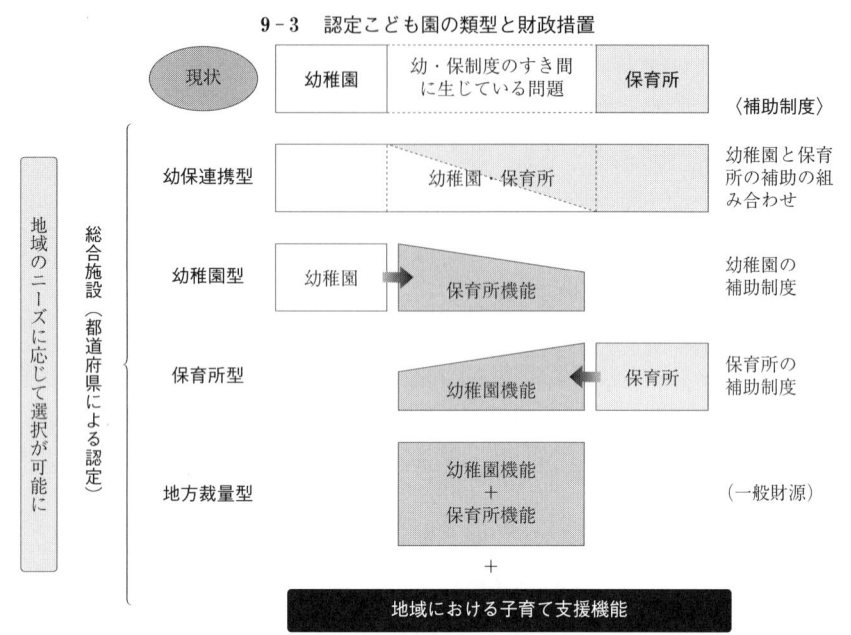

図9-3　認定こども園の類型と財政措置

				〈補助制度〉
現状	幼稚園	幼・保制度のすき間に生じている問題	保育所	
幼保連携型		幼稚園・保育所		幼稚園と保育所の補助の組み合わせ
幼稚園型	幼稚園	保育所機能		幼稚園の補助制度
保育所型		幼稚園機能	保育所	保育所の補助制度
地方裁量型		幼稚園機能＋保育所機能		（一般財源）

＋

地域における子育て支援機能

総合施設（都道府県による認定）
地域のニーズに応じて選択が可能に

※これらの多様な類型を認定対象としていくとともに，幼保連携型施設の設置促進のための措置を講じる。
出所：財団法人厚生労働問題研究会編『月刊厚生労働』2006年8月号，中央法規出版，13ページ。

ための認可外保育施設をあわせもつ「幼稚園型」。③保育所機能が中心で，保育に欠けない子どもも受け入れ保育する「保育所型」。④幼稚園，保育所いずれの認可も受けていないが，地域の必要性に応じて幼稚園的機能，保育所的機能を強化することで認定こども園としての機能を果たす「地方裁量型」の四つである（図9-3）。

　「認定こども園」は，原則として都道府県知事が認定を行うことになっている。ただし都道府県によっては教育委員会が認定権者となっているところもあり，指定都市，中核市では，保育所の認可，指導は当該市ができるものの幼稚園はできないため，都道府県知事があらかじめ認可・指導監督の権限を有する地方公共団体の機関に協議しなければならないとされている。また「認定こども園」という名称は，認定された園以外は使用してはならないことになっている。

　「認定こども園」の利用方法は，直接園との契約により利用できる。利用料は園独自の判断で利用料を設定することができるとされているが，保

育所である場合の利用料は，保育の費用，保護者の家計，児童の年齢に応じて設定されなければならないとされている。

「認定こども園」が将来的にどれだけ広がりを見せるのか今のところはっきりしない。子どもの最善の利益という観点から見れば，これまでの保育所と幼稚園の二元制度のために子どもが振り回されていたことが解消されることになり，育児と就労を両立しようとする保護者にとっても利用しやすい制度となるであろう。国は2007年度に約1,000カ所の「認定こども園」を見込んでいたが，2008年4月現在わずか229件だけである。将来の発展如何によっては，幼保一元化に収斂していく先駆的存在となるのか，それとも幼保三元化時代の一翼を担う存在となるのか，今後の展開次第である。

2 保育サービスの情報公開と第三者評価

保育所は，1997年の児童福祉法の改正により，それまでの行政処分としての「措置」から，保護者が保育所を選んで申し込む「利用」方式に変わった。同時に市町村は，保育所に関する名称，所在地，設置者，施設設備の状況，保育所の運営状況（定員，入所状況，職員および開所時間），保育所の保育方針，入所手続き，その他市町村が行う保育サービスの実施等について，地域住民への情報提供が同法の改正で義務づけられた。このため市町村は，子育て支援施策のパンフレットを作成し，インターネットを通じて地域住民へ保育サービスの情報提供を行っている。また，それぞれの保育所は，保育方針，保育内容，一日の保育活動，年間行事，職員スタッフ等の情報提供に努めなければならないとされている。

一方，2000年の社会福祉事業法から社会福祉法への改正において，福祉サービスの質の向上のための措置として「社会福祉事業の経営者は，自らその提供する福祉サービスの質の評価を行うことその他の措置を講ずることにより，常に福祉サービスを受ける者の立場に立って良質かつ適切な福祉サービスを提供するよう努めなければならない」という規定（社会福祉法第78条第1項）と，「国は，社会福祉事業の経営者が行う福祉サービスの質の向上のための措置を援助するために，福祉サービスの質の公正かつ適切な評価の実施に資するための措置を講ずるよう努めなければならない」（社会福祉法第78条第2項）が新たに規定された。すなわち前者の規定は自

己点検，自己評価，後者の規定は第三者評価を意味している。

　第三者評価とは，これまでの行政監査による保育所の人的配置，会計処理，施設設備等最低基準が守られているかどうかの評価だったものを，保育の質をも評価対象とする専門家による第三者機関が行うものである。すでに医療分野，教育分野で一部先行し，福祉分野でも介護保険法の改正とともに介護保険施設での第三者評価が徐々に広がりを見せている。保育所への第三者評価事業は2003年より開始され，全国保育士養成協議会の他，NPO法人，社会福祉法人，一般企業等が実施機関として評価事業を展開している。2005年より国は，高齢者福祉施設，障害者福祉施設，児童福祉施設に共通の評価とそれぞれの独自項目を加えた評価基準を，都道府県ごとに実施主体が社会福祉協議会等とするガイドラインを通知し，体制づくりに乗り出しているが，第三者評価を積極的に受けようとする保育所はまだ少ないのが現状である。

3　認可外保育サービス

　認可保育所には，児童福祉施設最低基準をクリアし都道府県知事へ届け出た公立（都道府県立，市町村立）の保育所と，社会福祉法人，学校法人，宗教法人，NPO，企業等民間の経営事業体が都道府県知事へ（政令指定都市，中核都市は当該市長へ）申請し認可を得た私立の保育所（多くは保育園と称している）の二つがある。認可保育所は，児童福祉法第39条の定めた"保育所"として，市町村が行う保育の実施を委託されることになる。保育の実施を委託された保育所は，市町村から運営費が支弁されることになっている。認可の要件の一つに入所定員があり，保育所の定員に関しては1963年の厚生省児童家庭局長通知によって60人以上とされている。1968年からは，子どもの少ない過疎地域等で特例的に30人以上60人未満の保育所を小規模保育所として認可し，2000年からは大都市での待機児童解消策の一環として20人以上60人未満に小規模保育所の認可条件を引き下げている。現在小規模保育所の認可は，①入所児童のうち3歳未満児が約4割以上，②過疎指定地域の保育所，③3歳未満児が入所児童の8割以上でうち乳児が1割以上，のいずれかの要件に該当すればよいとされている。また新しくスタートした認定こども園の場合，幼稚園が保育所の機能を補完するタイ

プの保育所定員は，最低10人以上とされている。

　一方，児童福祉施設最低基準に満たない等の理由で認可を得てない保育施設を認可外保育施設といい，無認可保育所の他，ベビーホテル，共同保育所，病院内保育所，事業所内保育所，へき地保育所，季節保育所，東京都が2001年に独自にスタートさせた認証保育所等がある。

　これら認可外保育施設の一部において，劣悪な保育環境や無資格の保育者らの不注意が原因で相次いで乳幼児の死亡事故や児童虐待事件が起きた。このため国は2001年児童福祉法を改正し，認可外保育施設にも都道府県知事へ設置の届出の義務を課すとともに，事業の運営状況の報告の義務化と指導監督の強化が図られている。

　厚生労働省の調査によれば，2005年3月末現在，全国に7,176カ所の認可外保育施設があり，17万8,852人の児童が利用している。そのうち，ベビーホテルは，全国で1,587カ所，利用している児童は2万9,808人となっている。同年の保育所数が2万2,618カ所，入所児童数が205万1,990人となっており，認可外保育施設への依存率は設置数で31.7%，入所児童数で8.7%となっている。

　認可外保育施設に対しては，原則的には公費の補助はないが，東京都や仙台市のように認証保育所を児童福祉法第24条1項の保育所に代わる措置として公費補助を行うところもあり，2005年からは，税制改正で認可外保育施設の保育料が消費税非課税扱いとなった。

　認可外保育施設が施設における保育サービスであるのに対し，保育サービス提供者の自宅の一室や保護者の家に出向いて保育サービスを提供する認可外在宅保育サービス（家庭的保育サービス）が市町村独自で展開されている。認可外保育サービスの一つで，前者が保育ママ制度とか家庭福祉員制度と呼ばれ，後者がベビーシッター制度である。これら認可外在宅保育サービスは，産休明け保育や待機児童対策としての一定の役割を果たしており，市町村によって公費の補助はまちまちである。また地方自治体は，育児と就労の両立を支援する目的で保育所の送迎，緊急的，一時的家庭保育サービスを実施する会員を登録し，その仲介，調整を行うファミリーサポート事業を行っているところもある。

4 保育所保育サービスのしくみ

A 保育所の対象児

　保育所は，その対象児を児童福祉法第39条第1項で「保育に欠ける乳幼児」と定め，第2項で特に必要があるときは「保育に欠けるその他の児童」と規定している。国は，保育に欠ける状態の具体例として児童家庭局長通知（1997年9月25日）のなかで「保育の実施に関する条例準則」を定め，各市町村がこの準則を参考に条例で定めることになっている。

国が定めた「保育の実施に関する条例準則」

　保育の実施は，児童の保護者が次の各号に該当し，かつ同居の親族その他の者が保育することができないと認められる場合としている。
① 居宅外で労働することを常態としていること。
② 居宅内で当該児童と離れて日常の家事以外の労働をすることを常態としていること。
③ 妊娠中であるか又は出産後間がないこと。
④ 疾病にかかり，若しくは負傷し，又は精神若しくは身体に障害を有していること。
⑤ 長期にわたり疾病の状態にある又は精神若しくは身体に障害を有する同居の親族を常時介護していること。
⑥ 震災，風水害，火災その他の災害の復旧に当たっていること。
⑦ 市町村長が認める前各号に類する状態にあること。

　市町村が保育所入所条例を制定するに当たっては，保護者の養育能力，保護者以外の家庭状況，地域の状況等に合わせた柔軟な対応が望まれる。
　学童保育は，児童福祉法第39条第2項の規定「保育に欠けるその他の児童」に当たるが，制度としての実施は長い間見送られてきた。1997年国はようやく児童福祉法を改正し，学童保育を放課後児童健全育成事業という名称で第2種社会福祉事業に位置づけた。数は少ないが，一部の保育所では学童保育所を併設するところが出てきており，学童保育の対象はおおむね10歳未満の小学生が対象となっている。

B 保育所の入所手続き

　保育所に子どもを入所させたい保護者は，市町村が提供する地域の保育サービスに関する情報を調べたうえで，それぞれの保育所の特徴，開所時間，通勤時間等を考慮して，「保育所申込書」に希望の保育所名，入所期間等を記入したものを市町村の担当窓口に提出する。その場合，就労証明書や課税に関する証明書を添付する必要がある。受付は，年間を通じて行われているが，4月入所の申請は，年末ないしは年明けから一定期間に行われるところが多い。入所可能な定員枠や希望する保育所の特色等，事前に保育所を見学して自分の目で確かめたうえで選択することが望まれる。

C 保育所の費用と保育料

　保育所職員の人件費，保育材料費や給食費，光熱費等保育所の保育を実施するために必要な費用を運営費という。運営費は保護者が負担する保育料と，国，自治体が負担する公費でまかなわれている。
　保育料は，国がガイドラインとして年ごとに示す「保育料徴収金基準額」を参考に，市町村が毎年条例または規則で保育料徴収基準を定めている。

9-4　保育所徴収金基準額表（2006年度）

階層区分	各月初日の入所児童の属する世帯の階層区分 定義		徴収金基準額（月額）	
			3歳未満児の場合	3歳以上児の場合
第1階層	生活保護による被保護世帯（単給世帯を含む）		0円	0円
第2階層	第1階層及び第4～第7階層を除き，前年度分の市町村税の額の区分が次の区分に該当する世帯	市町村民税非課税世帯	9,000円	6,000円
第3階層		市町村民税課税世帯	19,500円	16,500円
第4階層	第1階層を除き，前年分の所得課税世帯であって，その所得税の額の区分が次の区分に該当する世帯	64,000円未満	30,000円	27,000円（保育単価限度）
第5階層		64,000円以上 160,000円未満	44,500円	41,500円（保育単価限度）
第6階層		160,000円以上 408,000円未満	61,000円	58,000円（保育単価限度）
第7階層		408,000円以上	80,000円（保育単価限度）	77,000円（保育単価限度）

国が示す保育料徴収金基準額は，表9-4のとおり所得階層を7階層に分け，それぞれ3歳未満と3歳以上の年齢別に示されている。ちなみに，生活保護世帯の無料から3歳未満の場合の最高額は月8万円と幅が広い。市町村が徴収している保育料は，市町村の財政力や保育対策の力の入れ具合で多少の格差が生じている。

　一方，公費の負担は国と都道府県と市町村が負担し合うことになっており，現行の負担割合は，国が1/2，都道府県が1/4，市町村が1/4となっている。ところが，近年国が進める三位一体改革（国の自治体への補助金削減，地方交付税の見直し，国から地方への税源の移譲）のもとで，2004年度から公立保育所の運営費は国庫負担金からはずされ，一般財源から支出されることになった。国の負担分1/2とともに都道府県負担分1/4も合わせて廃止された。一般財源化は公立保育所の運営費だけでなく，延長保育事業の補助金も一般財源化されている。このため，市町村の裁量権が広がるとともに，財政負担の軽減化のため公立保育所の廃止，公立保育所の民営化がさらに一段と進むのではないかと懸念されている。

5　保育ニーズの多様化と保育対策等促進事業

　働く女性の就労形態が多様化するなかで保育ニーズも多様化し，国はこれらの保育ニーズに対応すべく，厚生省令の児童家庭局通知によって特別保育事業等を実施してきた。この間1997年に児童福祉法が，1998年に児童福祉施設最低基準が改正され，乳児保育事業は一般事業に移されている。最も新しい通知は，2000年3月29日に発令された児童家庭局長発247号で，これによる特別保育事業は，①延長保育促進事業及び長時間延長保育促進基盤整備事業，②一時保育促進事業，③乳児保育促進事業，④地域子育て支援センター事業，⑤保育所地域活動事業，⑥障害児保育環境改善事業，⑦家庭支援推進保育事業，⑧休日保育事業，⑨送迎保育ステーション試行事業，⑩駅前保育サービス提供施設等設置促進事業，⑪家庭的保育等事業，⑫認可化移行促進事業，⑬特定保育事業と13に達するまで拡大されていた。これらの事業は，国が財政的に補助を行ってきた事業である。

　ところが，国は三位一体改革の一環の一つとして，国庫補助金は必要なものだけに限定すべきだという理由で見直しを行った。まず2003年，障害

児保育事業が一般財源化された。2005年には、残りの特別保育事業と次世代育成支援関連事業を統合し再編成する改正が行われた。その結果、国の補助金事業として残す事業を六つに再編し、名称を「保育対策等促進事業」に改めるとともに、新たに二つの交付金事業を創設した。一つは次世代育成支援対策の施設整備に関係するハード交付金、もう一つは次世代育成支援関係のソフト交付金である。これまでの延長保育促進事業、家庭支援推進保育事業はソフト交付金の対象事業に組み込まれている。また、公立保育所の延長保育促進事業は2005年度から一般財源化された。

2005年5月11日雇用均等・児童家庭局長発第0511001号「保育対策等促進事業の実施について」に示されている「保育対策等促進事業」は次の六つとなっている。

①一時・特定保育事業、②乳児保育等促進事業、③地域子育て支援センター事業、④休日・夜間保育事業、⑤待機児童解消促進事業、⑥保育環境改善事業

従来の障害児保育環境改善事業は、乳児保育等促進事業の一つとして障害児保育円滑化事業に再編され、送迎保育ステーション試行事業、家庭的保育事業、認可化移行促進事業は、待機児童解消促進事業に組み込まれている。2006年度からは、家庭的保育事業のなかに保育所が実施する保育ママと、病後児保育モデル事業が創設された。また、1997年に児童福祉法で法定化された放課後児童健全育成事業（学童保育）に関しては、保育環境改善事業のなかの放課後児童クラブ設置促進事業、放課後児童クラブ障害児受入促進事業に編入されている。

2006年版『保育年報』によれば、2004年度交付金が決定された保育所として延長保育を実施している保育所は全国で1万3,086カ所、一時保育実施園5,651カ所、地域子育て支援事業実施園2,786カ所、休日保育実施園618カ所、夜間保育所64カ所となっている。(4)

6　保育問題の課題と展望

A　育児休業制度の拡充

人は、男女を問わず働くことで人間的成熟をみる。同じように子どもを育てることによって人間的成熟をみる。就労と育児の両立が、男性も女性

も結婚後の生活のなかで確保できるような社会のしくみをつくる必要がある。育児休業制度は，そのためのしくみの一つである。現在，特別な場合のみ子どもが1歳半になるまで，原則的には1歳になるまで育児休業を利用することができるようになった。さらに利用しやすい制度にするためには，現行の休業期間中の賃金給付（休業中は30％，復帰後10％，計40％）の引き上げが望まれる。2007年度予算では，給付率を10％引き上げ50％とする編成が組まれた。

B　認可外保育サービスの質の確保

　24時間保育のベビーホテルや，遊戯室のない無認可保育所等，一定の保育水準が確保されていない認可外保育サービスは，隙間産業とも呼ばれている。大都市における認可保育所の不足，産休明け保育の不足をカバーする役割を果たしている一方，営利目的を追求するあまりこれまで何人もの児童が保育中の事故によって怪我や死亡の被害にあってきた。都道府県は，市町村と連携して無認可保育所の認可化の指導を図るとともに，児童福祉法第59条にもとづき，悪質なサービス提供者に対して徹底した立入調査と改善勧告，それに従わない施設の公開化が望まれている。

C　保育所の子育て支援サービスと保育士の役割

　保育所は，これまでは保育に欠ける乳幼児への保育サービスの提供だけであったのが，1997年の児童福祉法の改正で新たに地域住民への保育に関する情報の提供と相談，助言の役割が加えられた。さらに，2001年の同法の改正で保育士の法定化が行われ，保育士の業務に児童の保護者に対し保育に関する指導が含まれることになった。

　これら一連の保育所における子育て支援サービスの機能強化には，家族，地域社会の教育機能の低下と，地域社会における家族の孤立化の進展が背景にある。今日では保育所のみならず，幼稚園においても同じことが求められている。保育所が地域の子育て支援センターとして育児に悩む保護者への相談と適切な助言，指導の役割をどれだけ果たしていくかが問われている。またいかに保護者とともに子育てに協力し連携していくか，その姿勢も問われている。

　保育士養成校は，当然のことながらこれらの新しい役割を果たすことが

できる保育士の養成に応えなくてはならない。保育の実践者のみならず，ソーシャルワーカーやカウンセラーとしての資質と専門性が備わった保育士の養成が求められている。

D　公立保育所の民営化と指定管理者制度の導入

最近地方自治体は，公立保育所の民営化を積極的に進めているところが目立つ。規制緩和と地方分権化を推し進める国の政策のもと，国，地方自治体の財政負担の軽減を意図した公立保育所運営費の一般財源化が断行された。これに合わせて2003年に地方自治法を改正して，公立保育所の管理運営を一定期間民間に委託することができる指定管理者制度を導入している。委託先は社会福祉法人の他，NPO法人，生活協同組合，株式会社等の営利企業も含まれており，保育サービスの公的責任の低下と営利化，市場化がさらに浸透するのではないかと懸念される。すでに定員オーバーを一定の割合で認める規制緩和が行われているが，ほとんどが私立の民間保育所であり，保育の質の低下や保育士の負担増につながる問題が生じている。

児童の発達保障の視点から考えた場合，公立保育所の保育サービスは，際立った特色はないかわりに心身のバランスのとれた全面発達を促す保育という基本的な視点に立った忠実な保育を展開してきた。保護者が安心して預けられる保育所として今でも認知されている。一部の民間保育所は，私立幼稚園並みの特色ある保育を打ち出して園児獲得戦争に活路を見いだそうとしているが，子どもの発達保障を考えたとき被害を受けているのはむしろ子どもではないかと危惧される。

E　児童福祉施設最低基準の見直し

わが国の保育士が担当する1人当たりの児童は，欧米諸国の1.5倍から2倍である。重労働のわりに賃金が低い保育士の労働条件は決して恵まれているとはいいがたい。保育所のみならず児童福祉施設全般の人的配置基準の引き上げが強く望まれている。今日の保育士は先にも述べたように多様な子ども，多様な保護者，多様な家庭に対して子育て支援を行う専門職としての要求が強く求められている。質の高い保育サービスを提供するためにも，多忙でゆとりをなくしつつある保育士の労働条件の改善が急がれ

る。

3 事例：保育所での障害児保育（統合保育）の実際

　ここでは，ある民間保育所に自閉症的傾向のある3歳の男の子M君が入所し，健常児とともに2年半の保育を受けた保育記録の事例から，保育所における障害児保育（統合保育）の実際をみていこう。

1　3歳児保育の開始と保育経過

(a)　M君の生育歴
氏名：M. Y.（3歳2カ月）
誕生：2000年1月，父親27歳，母親29歳の長男として生まれる。正常分娩。体重3,050 g。
発達経過：1歳半健診で，ことばの発達が遅いが心配ないと言われる。
　3歳児健診で，幼児の療育相談機関に行くことをすすめられる。2002年11月より療育相談機関で，集団プレイ，言語相談，療育相談を開始。
家族構成：父30歳，母32歳。
両親の養育態度：両親共育児には熱心，母親がやや過保護。

(b)　入所
保育所：M保育園（私立）
入所日：2003年4月2日。
クラス：3歳児青組クラス24名。
担任保育士：クラス担任1名，M君担任1名，計2名。
入所理由：保護者の就労。
　M君は，言語発達の遅れ，多動傾向，対人関係障害等自閉症の傾向を示し，集団生活に適応する能力に欠けていたが，M君の担当保育士を1人配置することにして，暦年齢と同じ3歳児クラスに所属することが決まった。M君の担任は，保育経験3年の若い保育士が担当した。また，これまで通っていた療育相談機関での療育は，保護者との話し合いで週1回続けながら保育を受けることが決まった。M君の障害の種類，程度につ

いては，園長から主任保育士を通じて全職員に周知され，クラス担任，主任保育士よりクラスの保護者にM君の存在と協力を求めた。
(c) 入所時のM君の状態と保育方針の決定
　(1) 基本的生活習慣
　〈食事〉ほとんど全面介助，時々手づかみで食べようとする。偏食があり，野菜，果物，飲み物は口にしない。
　〈排泄〉時間をみて排尿させると失敗は防げる。たまに便意を身振りで知らせる。
　〈着脱〉着服は，手足の協力をし，脱衣は，途中まで手伝うと自分で脱ぐ。靴は，自分で足を入れようとするが，かかとを入れることができず介助が必要。
　(2) 社会性
　〈言語〉発語はみられない。機嫌の良い時，悪い時声を出す。身振り手振りで理解できる。
　〈情緒，人間関係〉親，保育士の働きかけなら反応する。仲間と一緒にいるが，仲間を意識していない。自動車等特定のものに興味を示す。

母親からの聞きとり，療育相談機関での資料，入所後の観察等を考慮して，園長，主任保育士，クラス担任，M君担任との話し合いの結果，M君に対する次のような保育方針が決まった。

M君の保育方針
　① 他の子とのかかわりがほとんどないため，保育士が仲介となりかかわりを広げていく。
　② 運動的な遊びを多くとり入れ，手足を強くするとともに，声かけを多くして発声をするようにする。
　③ 自分の要求を，身振り手振りで知らせたり発声したりして言うようにし向けていく。

(d) 保育活動の展開と保育経過
　クラス担任とM君担当保育士は，M君とのかかわりを念頭に入れながら，まずは，4月の目標「保育士，保育室に慣れ，保育の流れを知る」，週題は「みんな仲よく」という課題で保育活動が開始された。M君担当保育士は，M君の保育方針の具体化に向けて，できるだけM君へ働きか

け，共に行動し，M君との信頼関係の樹立に努めた。視線は良く合うが，多動で部屋から外へ出たがり，席に着いても5分ともたず，すぐに飽きて歩き回る状態が続いた。担当保育士との信頼関係ができてくると，M君から手をさし出したり，身体をすり寄せてくるようになった。

　5月の終り頃には，突然他児の真似をし始め，他児の行動に興味を示し出した。と同時に他児の真似をしてできない時や，意に反した時などは，パニックをひき起こすこともたびたびであった。担当保育士は，パニック状態になった時は，その原因をさがしてそれを取り除いたり，M君の好きなものを一緒にしてパニック状態を鎮めさせた。さらに，そのうちには，経験上パニックの危険をある程度察知できるようになった。当初，ほとんど昼寝をとらなかったのが，園の生活に慣れてきてだんだんと昼寝がとれるようになってきた。クラス担任とM君担当保育士は，健常児にも折にふれM君と一緒に遊んであげるよう働きかけた。M君に対する担当保育士の存在とM君が一緒に活動できない疑問に対しては，M君は，もう少ししたらみんなと一緒にできるようになるからという対応をしていった。

　M君の行動は，クラスの子どもたちがしていることを見ていることが多く，どうしても担当保育士の集団参加に個別指導が必要な状態が続いた。ところが，秋頃から他児がすることを全部する意欲を示すようになり，仲間と一緒に居ると安心するようになった。10月の終り頃には，ことばの最後を真似しだす。たとえば「おはよう」の「ようー」や「バイバイ」の「イー」等。1月になると「イヤ」が言えるようになってきた。3月頃には，偏食も大分よくなり，野菜と牛乳が少し食べれるようになった。ボタン，ホックのとめはずしはまだ難しいが，ボタンをはずしてやると自分で着脱ができるようになった。靴の左右の区別はつかないものの，自分で履き脱ぐことができるようになった。時々パニックを起こすことがあるが，他児と同じ遊び，同じ行動を真似てすることができるようになり，仲間を意識するようになった。ただ，まだ一人遊びの域を出ていない状態である。

(e)　評価と反省

　1年間の保育活動に対し，担当保育士，クラス担任を中心に次のような評価と反省が行われた。

　保育所の生活に溶けこみ，集団生活にも慣れて仲間を意識するようになってきた。情緒面で安定してきたが，担当保育士やクラス担任を頼る傾向

が強くなり，わがままなところがみられるようになった。言語の遅れがあり，理解力はあるものの，発語がまだ少ない。偏食は大分少なくなったが，食事は，担当保育士が横にいないと安心して食べることができない。

2　4歳児保育の経過

(a)　クラスと担任保育士

　クラス：4歳児赤組クラス30名。

　担任保育士：クラス担任2名（1名は，3歳児のM君担当保育士の持ち上がり）。

(b)　家族構成の変化

　2004年3月，母親長女出産，産休後パートに就労する。

(c)　保育方針と保育経過

　前年度の保育の評価と反省を考慮して，次のようなM君に対する保育方針が決められた。

《M君の保育方針》

① 集団で行動すると安心するので，他児とのかかわりを広げていき，仲間づくりを心がける。

② 発語は少ないが片ことばが聞かれるようになったので，できるだけM君が保育士に声かけてくるのを待ち，それから手助けするようにする。

③ 基本的生活習慣を確立する。

《保育上の留意点》

　M君の園生活がパターン化しているので，自分だけが他児から遅れると泣き叫びパニックを起こすことがある。他児をM君のペースに合わせることが必要。

　M君に対する2年目の保育活動は，基本的生活習慣の確立のほか，おもちゃや遊具を使っての遊びや運動，歌を聞いて唄ったり踊ったり，紙や粘土を使って絵を画いたり製作したり，運動場で走ったり跳んだり，マットや鉄棒を使って転んだりぶら下ったり登ったりと，3歳児の時よりも大幅に活動領域は広げられ展開されていった。他児よりいずれも一歩遅れているものの，4歳児での成長発達は，M君にとって目に見えて現われて

きた。

　まず、言語面では、5月に入って一語文が出始め、しきりに歌を口ずさむようになる。8月頃には二語文が出るようになり、喋ることが嬉しく喋りっぱなしのことが多くなった。4歳の終り頃には発音もはっきりしてきて、一方的なお喋りから少しずつ会話が聞かれるようになってきた。社会性、対人関係では、M君に好意を示す数人に自分から行動を一緒にするようになり始め、4歳の終り頃には、今まで遊ぼうとしなかった他の仲間とも名前を呼び合い遊ぼうとするまでになった。また基本的生活習慣においても、食事は友達と同様席に着いて箸を使って食事をとることができるようになり、排泄も声かけしなくても自分で用をたし、着脱もボタンかけをして一人でできるようになった。さらに、4歳の終り頃には、パニックがほとんどみられなくなり、友達から遅れてもある程度我慢することができるようになった。

(d) **評価と反省**

　基本的生活習慣は、ほぼ確立できた。言語の発達がめざましく、ことばが話せるようになるにつれ友達との関係がうまくとれるようになってきた。ただ、対人関係、集団参加の面では、日常的会話の発達がやや遅れており、友達と互いに役割を演じながら遊ぶことをまだ難とする。一部には、時計、メガネ、自動車へのこだわりや、野菜、果物を苦手とするような自閉症的傾向が残っているが、集団生活での不適応行動は、目立って減少した。3歳児にみられた保育士への甘えをできるだけなくすよう配慮したこと、自分からできるだけ言い出し、行動するまで待とうとしたことが、良い結果を生んだのではないかと分析した。

3　5歳児保育の経過

(a) **クラスと担任保育士**
　クラス：5歳児黄組クラス27名。
　担任保育士：クラス担任1名（4歳児担任の新任保育士が持ち上がり）。

(b) **保育方針と留意点**
　5歳児においては、一般児と同じ保育方針をとる。保育上の留意点として、言葉かけを多くしてできるだけ自分でするようにし、できないときだ

け個別指導をするにとどめる。また，M君の理解力を考えて，集団生活のルールを守らないような行動には厳しく指導するとともに，他児にもM君に遠慮せず，悪い時はイケナイと注意するように指導していく。

(c) **保育記録余録**

(1) 2005年9月，療育相談機関にて，面接，心身障害児よりはずれる。

(2) 2005年10月，もよりの小学校にて，就学児健康診断を受ける。

(3) 2005年11月上旬，教育委員会，就学に関して母親と面接，小学校進学希望を述べる（ほぼ内定）。

(4) 2005年11月下旬，教育委員会，担任保育士よりM君の現状を聴取。

(d) **まとめ**

以上，2年半余りに及ぶM君の保育記録をみてきた。担任保育士のM君に対する取り組みは，全身でぶつかってM君との信頼関係を樹立することに始まり，単に援助，手助けのみに終始することなく，M君の発達段階を踏まえながら，時にはクールな客観点視点に立った観察と行動，そして時にはM君と同じ共感を共にする保育活動が展開されている。入所当時の状態からくらべると，驚くほどの発達である。最大の変化は，自分だけの世界から仲間と共にある世界へと変わったことであろう。仲間から働きかけられ，仲間を意識し，仲間を模倣し，仲間から遅れることを嫌うM君が，仲間を通して友達関係を広げることにより会話，行動に自信をつけ大きく伸びた。M君の成長発達は，"集団が育つことにより個の発達が促進される"グループワークの成果にほかならない。自閉症児の統合保育は，大変難しい場合が多いが，M君のように，健常児と障害児が生活を共にする場，共通の活動の場が提供されることにより，共に育ち合うことを期待することができる。障害児保育で大切なことは，適切な保育者の援助と保育環境，それに発達にふさわしい保育の場ではないだろうか。

●注————

(1) Erikson, E. H., *Childhood and Society*, W. W. Norton, N. Y., 1950.（仁科弥生訳『幼児期と社会』みすず書房，1977-78年）

(2) Bowlby, John, *Maternal Care and Mental Health*, WHO, 1951.（黒田実郎訳『乳幼児の精神衛生』岩崎学術出版社，1967年）

(3) 全国保育協議会編『保育年報2006』全社協，2006年，58ページ。

(4) 全国保育協議会編『保育年報2006』全社協，2006年，158ページ。

● 引用参考文献 ─────

① 厚生労働省雇用均等・児童家庭局編『女性労働の分析（2005年）』（財）21世紀職業財団，2006年。
② 吉澤英子・西郷泰之『改訂児童家庭福祉論』光生館，2006年。
③ 山縣文治編『よくわかる子ども家庭福祉』ミネルヴァ書房，2003年。
④ 山縣文治『児童福祉論』ミネルヴァ書房，2005年。
⑤ 柏女霊峰『現代児童福祉論』誠信書房，2006年。
⑥ 岸井勇雄・無藤隆・柴崎正行監修，網野武博編著『児童福祉の新展開』同文書院，2004年。
⑦ 二宮厚美『構造改革と保育のゆくえ』青木書店，2003年。
⑧ 田村和之『保育所の民営化』信山社，2004年。
⑨ 保育研究所編『基礎から学ぶ保育制度』保育研究所，2001年。
⑩ 牧野カツコ監修，ミズ総合企画編著『これでわかる子育て支援Q&A』ミネルヴァ書房，2005年。
⑪ 民秋言編『保育原理』萌文書院，2006年。
⑫ 全国保育協議会『保育年報2006』全国社会福祉協議会，2006年。
⑬ 全国保育団体連絡会・保育研究所編『保育白書2004』草土文化，2004年。
⑭ 全国保育団体連絡会・保育研究所編『保育白書2006』草土文化，2006年。
⑮ 栃尾勲・迫田圭子編『改訂保育所運営マニュアル』中央法規出版，2004年。
⑯ 宍戸健夫・金田利子・茂木俊彦監修，保育小辞典編集委員会編『保育小辞典』大月書店，2006年。
⑰ 幼児保育研究会 代表森上史朗編『最新保育資料集2006』ミネルヴァ書房，2006年。
⑱ 厚生統計協会編『国民の福祉の動向（2006年）』厚生統計協会，2006年。
⑲ 厚生統計協会編『保険と年金の動向（2004年）』厚生統計協会，2004年。

〔宮崎　正人〕

第10章 児童養護と福祉

1 養護問題とは

　2005（平成17）年4月に発表された読売新聞の世論調査では，「日本の将来は明るいか暗いか」の質問に「暗い」と答えた人は18％，「どちらかといえば暗い」の37％をあわせると，悲観派が全体の55％と過半数を占めた。その裏づけの一つに格差拡大社会の顕著な現れがある。企業で働く全労働者の3人に1人は非正規職員，サービス業では8割から9割を占め，賃金は正職員と比べると60％の水準となり，格差に拍車をかけている。

　能力主義，成績実績評価が幅を利かせ，職場での終身雇用制度は影を潜め，人間関係の希薄化と競争社会がストレスを生み，2005年度までの過去8年間，毎年自殺者が3万人を超える現実は，多くの社会的な歪みを象徴的に語りかけている。

　養護問題で言えば，たとえば親が子を殺し，子が親を殺す事件の多発化，児童虐待，ニート，ひきこもりの増加がある。

※児童虐待……2005年度，3万4千件を超え，統計が始まった1990（平成2）年度の30倍以上になった。2006年上半期だけで28人の命が奪われている。（『産経新聞』2006年9月27日）
※ニート……内閣府の推計（2005年1月9日）によれば全国で85万人。この10年間で18万人増えており，2015年には100万人突破が確実視されている。[1]
※ひきこもり……「6カ月以上自宅にひきこもって，会社や学校に行かず，家族以外との関係がない状態」というのが厚生労働省の「ひきこもり」の定義。同省によれば，ひきこもりを抱えた家庭は，2002年の時点で，全国で41万世帯にのぼると推計される。[2]」厚生労働省の調査では同年で約30万人のひきこもりがいるとされている。

10-1 児童養護施設・乳児院の年次別推移

年	児童養護施設			乳児院		
	施設数	定員	在所児童数	施設数	定員	在所児童数
1980(昭和55)	531	34,914	30,787	125	4,320	2,945
1985(昭和60)	538	35,044	30,717	122	4,064	3,004
1990(平成2)	533	34,076	27,423	118	3,843	2,599
1995(平成7)	528	32,824	25,741注1)	116	3,746	2,566
1996(平成8)	527	32,699	26,012	117	3,698	2,644
1997(平成9)	526	32,386	26,046	115	3,654	2,652
1998(平成10)注2)	555	33,865	28,041	114	3,614	2,706
1999(平成11)	553	33,753	28,448	114	3,654	2,772
2000(平成12)	552	33,803	28,913	114	3,610	2,784
2001(平成13)	551	33,660	29,610	115	3,663	2,912
2002(平成14)	552	33,651	30,042	114	3,621	2,942
2003(平成15)	554	33,474	30,416	115	3,671	2,023
2004(平成16)	556	33,485	30,597	117	3,672	2,938

注1：児童人口の減少等から漸減傾向にあった児童養護施設在籍児童数は1996(平成8)年から増加に転じる。
注2：児童福祉法改正により，1998年から従来の「虚弱児施設」が児童養護施設に種別変更され，施設数などが増加した。
出所：厚生労働省「社会福祉施設等調査報告」(各年10月1日現在)。

10-2 児童養護施設への入所理由 (%)

調査時期　年	1961	1970	1977	1983	1987	1992	1998	2003
総数　人	34,890	30,933	31,540	32,040	29,553	26,725	26,979	30,416
%	100.0	100.0	100.0	100.0	100.0	100.0	100.0	100.0
親の死亡	21.5	13.1	10.9	9.6	7.5	4.7	3.5	3.0
親の行方不明	18.0	27.5	28.7	28.4	26.3	18.5	14.9	10.9
親の離別	17.4	14.8	19.6	21.0	20.1	13.0	8.5	6.5
棄児	5.0	1.6	1.0	1.0	1.3	1.0	0.9	0.8
親の長期拘禁	4.3	3.0	3.7	3.8	4.7	4.1	4.3	4.8
親の長期入院	16.2	15.7	12.9	12.8	11.5	11.3	9.1	7.0
親の就労	3.3	1.8	1.0	0.7	1.1	11.1	14.2	11.6
虐待・酷使	0.4	2.5	2.4	2.4	2.9	3.5	5.7	11.1
放任・怠惰	5.7	4.7	4.5	5.6	6.3	7.2	8.6	11.6
親の精神疾患等	—	5.6	5.1	5.5	5.2	5.6	7.5	8.1
両親等の不和	—	—	—	—	1.5	1.6	1.1	0.9
季節的就労	—	—	—	—	0.4	—	—	—
養育拒否	—	—	—	—	—	4.2	4.0	3.8
破産等の経済的理由	—	—	—	—	—	3.5	4.8	8.1
児童の問題による監護困難	—	—	—	—	—	6.2	5.4	3.7
その他・不詳	8.1	9.8	9.9	9.3	11.3	4.5	7.4	7.9

出所：1961年は，厚生省児童局「児童福祉施設等における措置児童等の実態調査」。
　　　1970年以降は，厚生省児童家庭局「養護施設等実態調査の概要」。
　　　2003年は，厚生労働省雇用均等・児童家庭局「児童養護施設入所児童等調査結果の概要」。

少子化で子どもは年々減り続けているのに，児童養護施設に在籍する子どもの数が増え続けているといった社会問題が，深刻化している。その原因の一つに児童虐待がある。「児童養護施設への新規入所児童のうち，虐待を受けたことのある児童の割合は，62％（2004年度）」。現在，半数前後の児童が被虐待児童として児童養護施設に措置されている。
　ここでは養護問題を①家庭，②学校，③社会の３点から記述する。

1　家庭

　児童の心身の健やかな発達を支え，促していく本来的な担い手は当然親であり，それは家庭の場である。1909年アメリカ第26代大統領セオドア・ルーズベルトによって招集された第１回ホワイトハウス会議において「家庭は，人類が創造した最も美しい文明の所産である」と強調された。国際連盟で採択された「ジュネーブ宣言」，「アメリカ児童憲章」，国際連合で採択された「子どもの権利宣言」，わが国の「児童福祉法」や「児童憲章」，そして1998年に国連で採択された「子どもの権利条約」に至るまで，脈々と児童の育ちの場としての家庭の重要性が謳われている。
　家族形態としては，核家族が2004年で60.6％を占めている。それは三世代家族の減少に繋がり，同年で9.7％しかない。このことは育児文化の伝習を困難にし，家庭の養育機能の低下に拍車をかけ，大都市に集中する雇用形態の拡大は一段と家族の孤立化を増進している。
　孤立化は家庭基盤の少しの揺るぎでも，簡単に壊れるもろさをもっている。その歪みは離婚の多発化（2004年度270,804件数），児童虐待数の増加（2004年度相談件数33,408件数），家庭内暴力の発生数やその凶悪化等に表れている。

10-3　家庭内暴力件数の推移

	1990年	1995年	2000年	2004年
家庭内暴力件数	779	688	1,386	1,186

資料：『警察白書』「平成16年中における少年の補導及び保護の概況」2005年。

> ※「子どもが子どもを育てている」という言葉が時々聞かれる。
> 2006年7月に『宮崎日日新聞』に記載された記事を紹介したい。
> 「親という字を観察すると，木の上に立って見る。そんな構成になっていて，親の心情をよく表している。子どもが気になると，木に登ってまでして無事を確認する。それ程に自分のことは二の次にして，子どもに愛情を注ぐのが親としての本来の姿だろう。昔から「親なればこそ」ということわざもある。だが近年は，どんな時も身をていして守ってくれるはずの親に虐待される事件が増えている。悲しいことだ。母性のかけらもない。異常だ。おぞましい。いろいろな言葉が頭の中をグルグル回る。（後略）」

2 学校

多発する教員からの体罰（2004年度938件），いじめ（同年7,599件），30日以上欠席した小中学生の不登校児童数（同年123,000人）は3年連続で減ってはいるが，子どもの数自体が減っているので横ばい状態。幾多の問題を抱えた教育現場をあぶりだしている。学校は昨今些細なことで苦情が保護者から入り，その対策に苦慮している。わが子可愛さで「自己主義」を通り越して「自子主義」的な親も増えている。いまだ，偏差値を上げる，よい成績を残す，進学のための手段としてのみが強調され，なぜ学ぶのかその意義を説き，一つひとつを丁寧に押さえていく余裕を多くの教師はなくしている。生徒も知識を暗記することが勉強と強いられるなか，学校や教育に違和感や戸惑いそして居心地をなくした生徒たちが上記のような行動の元を作っている。

> ※荒れた学校について書かれた新聞記事から。
> 2005年度の小学生による教師への暴力は昨年度の38％増の464件。調査を始めた1997年以降は全国で200件前後だったが，2003年度から急激に増加し最悪を更新。校内暴力は2,018件で3年連続で増加。文科省では「感情を抑えられない児童が増えている。学校だけでなく保護者に協力を求めている」とある。（『読売新聞』2006年9月14日）
> 同日の『毎日新聞』にも「校内暴力の多発に対し，ゼロトレランス（寛容度ゼロ）の指導が強調されていた。当たり前の常識やマナーを子どもや保護者に毅然と語りかけていくことが大切。警察や地域との連携も必要」との記事があった。

授業が教育の名で「教」のみが過度に重きを置かれ，はぐくむ「育」がともすればなおざりになっていないか。生徒の自主性，主体性や興味を大切にするあまり，目に余る行動も見過ごしてはいないだろうか。よくないことはよくないことと諭す教育が求められていると痛感する。

※教育や子育てで大切なことについて書かれた新聞記事から。
　大切なことは「努力」「忍耐」「挑戦」の尊さを教えることでないか。受験はそのための手段に過ぎない。人が1時間でできることを2時間かかってもいい。可能性を信じて，一つのことに向かって完全燃焼する生き方を今の子に教えるべきだ。(『産経新聞』2006年9月16日)
　一人ひとりの可能性を信じ，不完全な人格をバランスよく育む営みのなかに教育があることを肝に銘じて，教師は教壇に立つべきだと思う。(『熊本日日新聞』2006年10月2日)

3 社会

　子どもは，学校と社会で育つものとする考えになりやすい。そこには地域社会が育てるという視点は乏しい。年々地域社会のつながりは希薄化し，家族の中でも一人ひとりがバラバラになりがちな現状のなか，自然環境の破壊にもとづく環境悪化が進み，遊び場の問題，交通事故の多発化，過熱する消費経済社会の誘惑や格差拡大社会の出現等々は，子どもの育ちにマイナスの影響を与えている。
　次世代を背負っていく子どもたちに対して，住みやすい生活環境を作るべく努力と関心をもち，育てていく責任を，大人は自覚を新たにし負うべきである。
　少なくとも「親はなくても子は育つと表現される子育てのネットワークが昭和10年代まであった」(4)。地域社会の与える影響が強いだけに，今日の養護問題を考えるとその連携の組織化が求められる。
　たとえば最小限の大人の義務として，児童福祉法第25条に通告義務制度がある。「要保護児童を発見した者は，これを市町村，都道府県の設置する福祉事務所若しくは児童相談所又は児童委員を介して市町村，都道府県

の設置する福祉事務所若しくは児童相談所に通告しなければならない。ただし，罪を犯した満14歳以上の児童については，この限りでない。この場合においては，これを家庭裁判所に通告しなければならない。」このように全国民に要保護児童を発見した場合の通告義務を課しているが，児童福祉に日頃密接に関係をもつ関係者にさえ十分に周知されていない。特に離婚そして再婚の増加にともなう実子，継子への虐待の多発化が続く今日，要保護児童の早期発見と早期通告は子どもの人権を守るためにはきわめて大切なことである。

　日常的に子どもたちに教育，保育，医療等の団体やそこで仕事として携わる人たちには，2004年に改正された児童虐待の防止等に関する法律の第5条に規定された「児童虐待の早期発見等」の条文の周知徹底を計るとともに，通告等を怠った場合の制裁措置を盛り込むべく，法改正が強く求められる。

※「素早い発見への連携強化」「通告に抵抗感」医師58%……「虐待に関心」89%，虐待に多少関心がある医師は89%，日常診療で虐待を疑うことができると考える人も80%にのぼった。実際に「虐待と判断」あるいは「虐待と疑った」という経験のある人は60%だったが，そのうち児童相談所などに通告したのは63%にとどまった。(『朝日新聞』2005年6月30日)

2　養護問題の制度と活動

　養護問題を抱える子どもたちの入所型施設として，児童福祉法による乳児院と児童養護施設がある。
　乳児院は「乳児（保健上，安定した生活環境の確保その他の理由により特に必要のある場合には，幼児を含む。）を入院させて，これを養育し，あわせて退院した者について相談その他の援助を行うことを目的とする」(児童福祉法第37条)。対象年齢は，おおむね2歳未満の乳幼児を入所させるが，ケアの継続性の視点から小学校就学前まで年齢が引き伸ばされた。
　児童養護施設は「保護者のない児童（乳児を除く。ただし，安定した生

活環境の確保その他の理由により特に必要のある場合には，乳児を含む。），虐待されている児童その他環境上養護を要する児童を入所させて，これを養護し，あわせて退所した者に対する相談その他の自立のための援助を行うことを目的とする施設」である（児童福祉法第41条）。

以下，児童養護施設を中心に見ていくことにする。

表10-1にあるように，1995（平成7）年の入所児童数を最低に，最近は増加傾向にある。養護問題の発生理由は保護者がいないことを理由にする児童数は減少傾向にあるが，家庭環境による養育相談が増加し，なかでも虐待による相談が激増している。

※児童虐待……対応34,451件。全国の児童相談所で2005年度，児童虐待の相談を受けて子どもの保護や親の指導などの対応をした件数は計34,451件で，前年度より1,043件増え，過去最多であったことが，厚生労働省がまとめた速報値でわかった。（『朝日新聞』2006年6月30日）

次に，養護問題を抱え，児童養護施設で集団生活を送っている子どもたちに対する公的な施策にもとづく制度と活動を，3点にわたって記述する。

1　幼児の教育，保育

近年，幼児教育の普及は著しく，幼稚園への就園率は2005（平成17）年度は58.4％で174万人，保育所は2005（平成17）年10月1日現在で205万1,990人が利用している（待機児童2万人）。共働き家庭の増加で年々早期からの就園傾向にある。

児童養護施設には，1973（昭和48）年度から児童養護施設入所児に対する「幼稚園就園奨励金制度」により，経済的な見通しがつき，通園することができるようになった。しかし，「幼稚園就園奨励金制度」を活用せずに，施設内で保育プログラムを組んで行われている園もいまだあるのでないか。

施設の社会化の視点に立ち，ノーマライゼーションの流れのなかに園内保育を考えると，可能な限り幼稚園に就園させることが望ましい。豊かな変化ある生活を送るためにも，今日乳幼児の多くが保育所，幼稚園に通っている現状からも，幼児の通園については前向きな対応が望まれる。

不幸にして幼い時から心に傷を背負っている子どもたちに，日常的な体験を積極的に与えたいものである。

2　高年齢児童と高校進学

1973（昭和48）年度から「特別育成費制度」が創設され，児童養護施設入所児童が公立高等学校および職業訓練校に行くことができるようになった（生活保護家庭の児童の場合，1961年から，高校進学の道が開かれている）。それまでは，向学心に燃え，入学できる学力があっても，多くの子どもたちは，中学3年で退園，就職自立を強いられ，多くの児童は就職進学以外の道は断たれていた。しかし，一部の園では，園独自の資金により上級学校に進学させている。なお，私立学校や各種学校については，1989（平成元）年度から制度化され，さらに進学の道が開かれた。「義務教育終了後も引き続き施設で生活する子どもの96.1％（2002年5月）が進学している」[5]。

児童養護施設は措置理由からして当然のことであるが，家庭で安住して学習できる場をもちえず，多くの児童は学習意欲をなくして学力不振に陥っている。ゆえに施設現場での学習意欲，学力向上については，学校・親との連携がなされているかどうかが，学習面や進学率に影響する。

> ※ある園長は，「中3で退園させるには，性格，日常行動が，まだ十分改善されていないので，学歴ももちろん大切だが，指導を重ねていきたいのでこの制度を利用している」といっている。

1996（平成8）年には，厚生省児童家庭局家庭福祉課長通知「措置解除後，大学等に進学する児童への配慮について」（平成8年1月29日児家第1号）により，高校等を卒業し，措置解除となった後，家庭復帰が難しい場合は，大学，専門学校等に進学する者を，入所中の子どもの処遇の低下を招かないように配慮することを前提に，引き続き児童養護施設から通学させることが認められた。

学費の援助に関しては，施設ごとの後援会や篤志家，協力企業，地域のボランティア団体の援助による奨学金制度をもっている施設もあるが，近年こうした施設出身者のための全国単位や都道府県単位の奨学金制度を創

設する民間団体がいくつかできた。また大学等においても、入学金や授業料等の免除制度を設けているところもあり、施設で生活する子どもたちの大学等への進学を支援する環境は徐々にではあるが拡がっている。(6)

　学歴社会という言葉が社会全般に幅を利かせている面もあるが、今日多くの問題をはらんでいる言葉に「格差拡大社会」もある。児童養護施設の現状からみて、上級学校への進学しかり、就職にしても、親からの支援・激励は多くの児童に期待できず、あるいは施設での生活の中で社会と接点が乏しく、人生の方向性や適職を見いだせないこともある。また多くが高等学校等卒業で自立が強いられるため自立の気概に欠ける傾向の児童が今日多いことも就職をさらに厳しくしている。

※厚労省の統計によると企業の非正規雇用者数の割合は3分の1近くに達し、サービス業などは8割から9割を占める。深刻なのは、正社員と同じかそれ以上の仕事をしていながら、賃金が60％水準、一時金も出ないなどの大きな差があることだ。(『熊本日日新聞』2006年9月18日)
※離職率（入社後3年以内で会社を辞める率）が2004年現在で中卒70％、高卒で50％、大卒34.7％となっている。離職率の頭の数字をとって「七・五・三現象」と表わす者もいる。(6)

　児童福祉法は満18歳までの児童を対象にしているのだから、その対象である要保護児童に対してせめて年齢限度一杯在籍させ、高校卒の資格を取らせたい。それにより社会的自立への不安を少しでも取り除くことができる。

3　アフターケア

　1967（昭和42）年に厚生省は「児童福祉施設退所児童に対する指導の強化について」の通知を出した。この制度にもとづき、予算措置を講ずる道が開けた。必ずしも十分でないが、退所児童の職場や家庭を訪問することができるようになった。

　制度的に退所後1年以内の制約があるが、退所した子どもたちの職場、あるいは家庭を訪問し、生活面、仕事面、または学校生活のことを話し、

現状を把握するとともに、指導助言をすることもできる。しかし、多くは、園の業務の合間を見て計画的に訪問することが多いので、何か問題を生じた後に対応する時は、すでに問題がこじれて指導上困難がともなうケースが一般的に多い。

定期的に電話なり、手紙のやり取りをしたり、園の行事に参加を呼びかけたりしながら、もう一つの柱としてこの制度をあわせて利用したいものである。

多くの園では、この制度を利用する時も、1年以内に止まらず、潤沢でない後保護指導費をやりくりしながら、近辺の退所した子どもたちのアフターケアを続けている。

この制度は2004年の児童福祉法改正で児童養護施設は「退所した者に対する相談その他の自立のための援助を行うこと」を目的とすることになり、子どもへのアフターケアが法的に位置づけられた。

その相談・自立のための援助として特に着目されている施設に自立援助ホームがある。2004（平成16）年6月現在28カ所で数は少ないが、今後数も増えることによりアフターケアの拠点となり、その主旨に添った活動が期待される。

中卒はもちろんのこと、高卒等の学歴で児童養護施設から社会的自立をしていくには、あまりにも就労の形態も多様になり、しかも雇用関係も終身雇用は少なくなり契約あるいは短期雇用が多い等々の困難が横たわっている。退所で縁が切れるのでなく、社会人としての自立自活ができ、そして将来家庭を築き明るく健康的な生活が送れるよう、可能な限り援助していきたいものである。

3 事例：児童養護施設での援助活動

さまざまな理由により入所を余儀なくしている子どもたちの施設の一つに「児童養護施設」がある。児童福祉法に規定された目的に沿った運営や援助活動が日々なされているだろうか。とかく弱い立場に置かれ、管理され、職員の思いが先行しやすい施設現場で、健やかに育ちうる子どもたちの生活全般が与えられているだろうか。児童養護施設での援助活動を3点

から記述する。

1　子どもの日常生活への援助活動

A　日常生活

　乳児院や児童養護施設の場合は，とかく保護者との関係が浅く，また一方的になりがちである。日々の接触がなく，施設職員と対等の関係でなくてはならないが，預かっていただいている，お世話になっているといった感覚をとかく保護者はもちやすい。
　園側は受け入れてやっているという考え方になることもある。それが嵩じると，特に園長の人生観・児童観により偏った独善的な方針に彩られた日常生活が組まれていくことになる。
　すなわち，現場での経験が幅を利かせ，先例を踏襲し，教育的，科学的な指導効果測定も軽視されたり，一方的に彼らを客体化して，職員対子どもたちという関係すなわち上下の関係になりがちである。
　職員には職場であるが，園児にとっては生活の場であることを，ともすれば見落とし，管理的になる。たとえば職員の勤務時間や都合が先行して，日課が組まれたりしていないか。あるいはその子の心理や発達段階を考慮せずに，一つひとつの言動に問題があれば見過ごさずに注意を与えすぎていないか。あるいは，罰として安易に食事を与えなかったり，親との面会，通信および外出や行事参加を制限したりしていないだろうか。
　子どもの人権にかかわることを「罰」として与えることは，多くの問題がある。清掃や作業も「罰」として与えることも生活に欠かせないものだけに，そのことで否定的感情を与えることにならないように配慮したい。
　集団生活の長所を大いに活かし，逆に欠陥となりやすい面（ホスピタリズム）に十分な配慮を加えていくことが大切である。よりよい生活の場を作り上げていくためには，日頃から，養護技術の研鑽に努めるとともに，自己の人間性を高めていくことが大切である。その一つは子どもたちとともに生活をし，汗を流し，語り，苦しみ，悲しむ等が共感できる職員に近づく努力を重ねていくことである。
　日常生活について，衣，食，住の点から見ていくことにする。
　(1)　衣服　　衣服が一括購入されて，園内で支給されていないか。でき

る限り，自分の好みに合ったものを価格との兼ね合いもあるが選ばせたい。散髪やカットなども近くの理容店や美容院に少なくとも小学校高学年以上は行かせたい。

(2) 食事　　食事が一斉挨拶で始まり，とかく早く食べることをよしとされていないか。食器等に配慮がなされているか。献立を作成する時に子どもたちの要望が考慮されているか。

(3) 住居　　児童の居室の一室は，これを15人以下とし，その面積は，一人3.3平方メートル以上になっている。近年は一部屋4人部屋が標準になっている。また中学以上の児童には二人部屋ないし個室を与える施設も多い。総じて一人だけの空間をもつことは困難である。個室が必要な場合は，部屋をカーテンで仕切ったり，図書室があればこれを利用させることも考えたい。

　衣，食，住について簡単に述べたが，彼らの家庭の多くは，一般家庭と比較して貧困家庭が多く，家庭的な問題も背負っている。そのような子どもたちの衣，食，住に対しきめ細かい配慮が求められる。

※たとえばこのようなことが行われていないだろうか。雨具や習字道具，絵の具，はさみ，竹刀等を各人の所有にせずに，必要に応じて事務室等で貸し出し簿にて貸し出しをしていないだろうか。与えると物を粗末にするからとの判断であるとすれば，問題がある。個人に責任をもたせ，自分の物として管理していくなかで，物を大事にする心が育つのではないか。その過程である程度の出費は覚悟しなければと思う。物を大事にする心は，愛情面の充足とともに各人に所有物をもたせることが必要である。

　ノーマライゼーションが今日，施設の近代化のなかで叫ばれて久しい。一般家庭により近づけた日課と生活家具調度のなかで生活していけるようにしていくべきである。また園内に公衆電話を設置するとか必要に応じての携帯電話の使用も，子どもたちの生活を現実的にするために必要でなかろうか。いろいろな点で内部工夫もあるが，それでもできない時は，子どもたちに代わって，社会や行政側にソーシャル・アクションとして行動し，社会の理解と援助を求める責務が関係者にあることも肝に銘じたい。

B　宅習指導

　学校との連携がまず求められる。多くの児童養護施設では，宅習指導の重点指導事項として時間帯を設定して指導がなされている。とかく集団指導になりがちであるが，個々の子どもたちの学習能力を知り，つまずきがあれば，個別指導を行ないながら，全体を見守っていくことが大切である。

　当然のことであるが，情緒的に安定していないと，学習に集中することはできない。その面のケースワーク的な対応が求められる。

　子どもたちに対し，特に小学校の段階であれば，各教科ごとに，今何を学んでいるか，忘れ物はしないで登校しているかの気配りもしたい。園によっては，学習指導が少しでも効果的にできるように，職員の勤務時間の一部を調整したり，また学習ボランティアの導入を図るなどの努力を払っている。また近くの学習塾に受験生のみを通わせたり，小中学校の教諭が放課後定期的に施設で学習指導をしているところもある。

　学校との連携を深めるため，PTA の役員や運動部の指導に施設の職員が積極的に参加している施設もある。

　今日在宅の子どもたちのほとんどが学習塾等に通っている現状のなか，学習指導への配慮は学習意欲の向上，学校への適応，将来の社会参加を図るためにも大切である。

※中学生の47.1%は学習塾や予備校に通っている。（ベネッセ教育研究開発センター，2005年）

C　作業指導

　作業指導は施設の立地条件に制約されることが多い。農村や山間部に位置する園では，農作業，畜産作業等を作業科目に取り入れて指導しているところもある。

　ある施設では，山間部にあるために，毎朝，男子は外回りの掃除，風呂炊き用の薪集め，農作業を行い，女子はその間，室内の掃除，炊事，洗濯を行っている。しかし，市街地に位置する施設では，そのような作業を取り入れようにも用地等の確保ができないのが現状である。そのために環境整備や清掃のなかで作業的な意味合いを含ませたり，学校の部活にその役

割を求めている施設もある。

　児童養護施設の子どもたちは一般の子どもたちもそうだが，それ以上に，物を貰った時，あるいは招待を受けた時など感謝の一言がなかなか自然に出ないと聞く。特別に何かを配慮してもらった折には感謝の気持ちを伝える指導を機会あるごとにしていくことが大切である。

※一つの方法として，いつもされる側に立ちがちな施設への慰問を立場を変えてみる。たとえば特別養護老人ホームや知的障害者施設に作業奉仕や遊び相手，話し相手としての体験を組む。環境美化作業も園内のみでなくその作業を地域に広げてみる。人から感謝される経験，ボランティア活動の体験を作業指導のなかに取り込む方法なども考える余地がある。

2　年間行事の現状と課題

　園の運営方針および年間計画にもとづいて，年間計画は企画され，実行に移される。子どもたちが直接的にかかわる事柄でも，ともすれば大人側が，職員会議等のなかで話し合って決めたことだからと一方的に伝え，実施に移すことがある。子どもたちが参加する，かかわることは，意見を聞き企画をしていくこと，意見の相違があれば，職員側から意図を予算を含めて十分に説明し，再度調整した計画を作っていくことである。

※たとえば夏休み中のキャンプでのテントの割り当て，食事の献立やキャンプ中の日課などを子どもたちと話し合い，若干の調整はあったが，例年になくスムーズにことが運んだという話がある。

3　施設職員と労働時間

　今日，保育系や福祉系の学生の就職先が様変わりしているといわれる。施設での労働が長時間で責任が重い，それに見合った給料になっていないなどが主な理由で敬遠される。現場では管理職員側から奉仕，福祉の心が説かれ，善意に依存したサービス残業も多くなりがちである。福祉の心は

大切だが，労働基準法に適った労働であるべきである。「労働時間の短縮」が国際的な流れであるなか，福祉サービスの質を落とさずに好ましい労働条件に変えていくためには，園内にのみ解決を求めるのでなく機会あるごとに現状を伝え，社会化していくことが大切である。職員定数増や待遇改善等について施設関係者の制度改善の取り組みも必要となる。

　住み込み勤務，断続勤務が要求される現場では，ともすれば勤務時間と勤務終了後の時間が不明確になる。子ども側に立った配慮はすべきだが，なし崩し的に求め過ぎると，職員の自由時間を奪い，健康を損ねたり，挙句には情熱が燃え尽き退職につながることもある。仕事を大事にすることと，私生活を充実したものにしていくことは両立している。長時間労働，著しい断続勤務や休日の不完全燃焼からは指導の向上や配慮の行き届いた受け答えをする余裕をなくす。

※このような事例はないだろうか。
　ホーム内に保育士の居室があるが，仕事を終えて部屋に入ってもゆっくりくつろげない。
　自由時間なのに園を少しでも離れる時は，連絡でなく，園長の許可が得ないといけない。
　代休の日なのに突然に仕事が入ったりする。

　　子どもたちのことは指導上よく会議等で論議するが，労働条件を含めた職員個々を育む視点が弱くなりがちである。高く掲げた福祉観とあるべき職員像を一方的に押し付けるのでなく，よりよい働きを子どもたちのためにしていくにはどのような配慮と労働条件を設定すべきか話し合っていくべきである。「労働時間短縮により，児童養護施設労働者の健康で文化的な生活を保障することは，より一層，彼らの専門性を高め，処遇に返されるものと考える」[7]。

　困難なことではあるが，児童養護の質をいっそう高めるために，施設職員の労働条件の再検討は欠かすことができない重要な問題である。

●注 ──
(1) 日本の論点編集部編『10年後の日本』文藝春秋，2006年，94ページ。

(2) 同上，94ページ。
(3) 小林ゆう子『「小さい人」を救えない国ニッポン』ポプラ社，2006年，228ページ。
(4) 全国社会福祉協議会編『養護原理』全国社会福祉協議会，2006年，167ページ。
(5) 同上，167ページ。
(6) 前掲『10年後の日本』92ページ。
(7) 杉本一義『児童養護の探求』永田文昌堂，1979年。

●引用参考文献 ───
① 浅倉恵一・峰島厚編著『新・子どもの福祉と施設養護』ミネルヴァ書房，2004年。
② 松本寿昭編著『社会福祉援助技術』同文書院，2005年。
③ 松本峰雄編著『新版子どもの養護』建帛社，2000年。
④ 義家弘介『子供がわからない親たちへ』祥伝社，2006年。
⑤ 水谷修『あした笑顔になあれ』日本評論社，2006年。
⑥ 川崎二三彦『児童虐待』岩波書店，2006年。

〔坂口　寛治〕

第11章 非行と福祉

1 非行とは

　児童保護サービスは非行児童保護として出発する。非行問題の成立とはそのまま児童福祉の起こりを意味する。また，それは未分化な監獄行政や公的救済からの分化の過程であった。非行問題とそれへの対応を全体像として把握しようとすれば，そうした歴史的経緯を理解する必要があるし，また，児童福祉という領域だけでなく司法福祉と呼ばれるようになった領域にも目を向けていく必要があろう。そこで，本章では，児童福祉法による非行問題への対応だけでなく，少年法による対応にも目を向けていくことにしたい。

1　非行とは何か

A　少年法における定義

　非行と今日呼ばれているものは，かつては不良と呼ばれていた。不良ないし非行とは，法的な概念というよりは社会的な，あるいは社会学的な概念であるといわれている。何をもって非行ととらえ，市民が警察に通報するか，警察が関与するかは，その時々の社会の状況や世論の影響を強く受けることになる。しかし，一方で家庭裁判所が少年犯罪や非行を事由に家庭や個人の自由に介入する場合には法的な根拠を必要とするから，ここにおいて非行は法的に定義されることになる。すなわち，少年法第3条は「（家庭裁判所の）審判に付すべき少年」として，以下のように定義している。

　1．犯罪少年……満14歳以上20歳未満で罪を犯した少年。
　2．触法少年……14歳未満で刑罰法令に触れる行為をした少年。
　3．ぐ犯少年……次に掲げる事由があって，その性格又は環境に照らし

て，将来，罪を犯し，又は刑罰法令に触れる行為をする虞のある少年。
　　イ　保護者の正当な監督に服しない性癖のあること。
　　ロ　正当の理由がなく家庭に寄り附かないこと。
　　ハ　犯罪性のある人若しくは不道徳な人と交際し，又はいかがわしい場所に出入すること。
　　ニ　自己又は他人の徳性を害する行為をする性癖のあること。

　「犯罪少年」と「触法少年」は，犯罪行為が法的に規定されている以上明確な概念といえよう。「ぐ犯少年」という定義には曖昧性があり，ひろがりがある。ここに非行という概念の社会的な性格がよく現れている。「ぐ犯少年」という概念には，放っておけばその子は将来罪を犯すおそれがある，あるいは刑罰法令に触れる行為をする可能性があるので，それを未然に防ごうとする予防的な観点が内包されている。大人の犯罪への対応においては，疑わしきは罰せずという原則で，その人の犯罪事実が証明されない限り，国家権力は，その個人の自由を制限することはできない。しかし，犯罪と区別される非行においては，少年保護ないし将来の犯罪を未然に予防するという観点から，「ぐ犯少年」という定義を少年法に盛り込み，司法機関の介入を可能にさせている。しかし，安易で過剰な予防的介入は，公権力による過剰な生活統制となる危険性をはらむことになるので，「ぐ犯」を事由とした家庭裁判所の介入（少年審判）は慎重に運用されることになっている。

B　非行統計をどう読むか

　図11-1は，警察庁が発表した戦後の少年刑法犯の検挙人員の推移である。ここには触法少年が含まれている。戦後三つの統計上のピークがあったことが分かる。特に1970年前後の3回目のピークでは，少年犯罪の多発化・凶悪化が関係者やマスコミによって強調された。それに対し社会学者は批判的指摘を展開してきた経緯がある。1960年代の犯罪少年は統計上減少するが，それは犯罪少年の減少を単純に意味しない。当時警察は暴力団の抗争事件や大学生の政治運動の制圧に追われていたから，少年犯罪にまで十分に手が回らなかったという。少年犯罪の第3のピークは窃盗等の軽微な少年犯罪が中心であり，警察・検察の積極的介入の結果という側面は否定できない。また，現在の犯罪少年の統計上の減少も，非行の減少と単

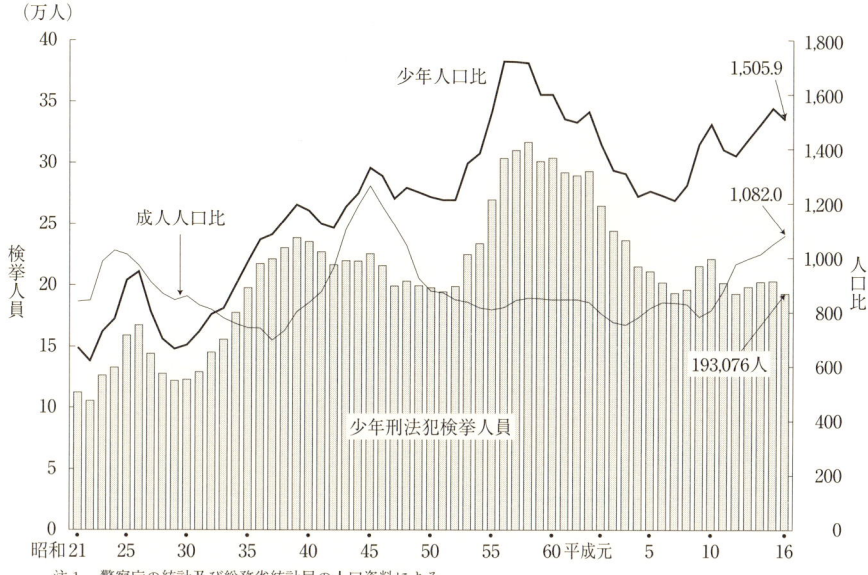

11-1　少年刑法犯検挙人員・人口比の推移
（昭和21年～平成16年）

グラフ中の数値：少年人口比 1,505.9／成人人口比 1,082.0／少年刑法犯検挙人員 193,076人

注1　警察庁の統計及び総務省統計局の人口資料による。
2　触法少年の補導人員を含む。
3　昭和45年以降は、触法少年の交通関係業過を除く。
4　「少年人口比」は、10歳以上20歳未満の少年人口10万人当たりの少年刑法犯検挙人員の比率であり、「成人人口比」は、20歳以上の成人人口10万人当たりの成人刑法犯検挙人員の比率である。
出所：法務総合研究所編『犯罪白書（平成17年版）』国立印刷局, 2005年。

純に理解することはできないだろう。たとえば，従来であれば警察が非行として取り上げ関与してきた少年の行為（たとえば援助交際）が，親や社会の受け止め方や反応が変化したために，警察としてもあまり関与しなくなった結果というような社会的な側面があろう。

　C　専門機関による非行児童処遇における非行概念

　児童福祉法による，つまりは児童相談所としての非行問題への介入において，非行はどうとらえられているのだろうか。すでに触れたように警察がどのような行為を非行としてとらえ関与するかは，その時々の社会状況や世論の動向により左右されるといえよう。しかし，警察は14歳未満の触法少年やぐ犯少年についてそのすべてを児童相談所に通告するわけではない。警察は，当該少年の置かれている家庭環境等を勘案し，児童福祉施設

第11章　非行と福祉　183

への入所等の必要が認められる場合について児童相談所に通告することになっている（児童福祉法第25条）。そうした通告をもって開始される児童相談所としての非行問題への介入は，より限定的なものであり，要保護性こそを重視した非行問題のとらえ方となっている。

次に，少年法による，つまりは家庭裁判所としての非行問題への介入について考えてみよう。警察・検察は満14歳以上の少年犯罪事件のすべてについて家庭裁判所に送致することになっている（これを全件送致主義という）。ただし，軽微な少年事件では，「簡易送致」がなされ，家庭裁判所として独自の調査はしないで「審判不開始」の決定がなされる。また，「ぐ犯」を事由として家庭裁判所に係属される件数は意外に少ない。しかし，家庭環境等要保護性において重篤な問題を抱えた少年たちであり，審判不開始になることはほとんどなく，少年院送致や保護観察等の保護処分の決定がなされている。

以上，専門機関による非行児童処遇においては，非行という行為よりも，非行少年に，さらにその子どもの置かれている環境に目が向けられ，かつ，非行問題の統制制圧という観点よりも，その子どもの成長と発達を保障する観点から非行をとらえている，ということになろう。

2 歴史的経緯

非行の成立とは，未分化な監獄行政や公的救済からの非行児童処遇の分化の経緯でもあるので，非行問題への理解には，歴史的理解が欠かせない。英国を例にとると以下のような歴史的経緯があった。

A 英国における非行児童処遇の歴史的経緯

英国における非行の発見と非行児童処遇の開始は19世紀のことである。それは保護主義的な児童観の社会的形成の現れであり，かつ，非行児童を放置しておくことは将来の犯罪者を生み出すことになるという支配層の危機感の現れでもあった。18世紀，少年犯罪には過酷な処遇がなされ，犯罪少年は監獄に収監されたり，流刑の対象になっていた。しかし，19世紀になると民間の児童救済活動家（慈善事業家）の手によって非行児童施設（懲矯院や感化院）が創設され普及していく。1854年感化法は，（刑事）裁判所

に対し犯罪少年を矯正院に送致する権限を与えることになった。こうして，民間の児童保護実践と司法制度とが結びつくことになった。1908年児童法において，少年裁判所制度が導入されることになった。英米の少年裁判所制度は慈善事業ないし社会事業と密接な関係にあることが特徴である。

その後1948年児童法によって，自治体児童部が発足し，任意的なケアを受け持つことになった。その後非行児童処遇においては，少年裁判所と自治体児童部（その後社会サービス部へ）との関係が問題となっていく。1970年代までの制度改革では，自治体による福祉的介入を優先させる方向での改革がめざされたが，1980年代以降の新保守主義的な政権の誕生によって，刑事司法的介入が強化されるようになったといえよう。

B　戦前日本における非行児童処遇の歴史的経緯

日本では以下のような歴史的経緯を辿っている。1872（明治5）年，監獄則が頒布された。そこには「獄ハ人ヲ仁愛スル所以ニシテ人ヲ残虐スル者ニ非ス人ヲ懲戒スル所以ニシテ人ヲ痛苦スル者ニ非ス」とある。旧幕府の威嚇的刑政から教化主義的な刑政への転換が図られたといえよう。ただし，日本では古来から罪を犯した幼年者に対しては寛大が措置が採られていた。1880（明治13）年旧刑法が公布されるが，未成年者の犯罪行為に対しては罪を論じない（不論罪）とした。そのうえでその少年を懲治場に留置することが定められた。これは今日の少年法にもとづく保護処分による少年院送致に相当するが，監獄内に設置された施設であった。

監獄とは完全に分離した非行児童施設の構想は同年の小崎弘道「懲矯院ヲ設ケザル可ラザルノ議」『六合雑誌』に始まる。それは欧米における民間の手による懲矯院（感化院）の設置普及運動に刺激されたものであった。1884（明治17）年，池上雪枝は大阪の神道祈禱所に不良児を収容保護した。翌年，高瀬真卿は東京に私立予備感化院を設立している。留岡幸助はキリスト教主義の感化教育を目指して1899（明治32）年東京巣鴨に家庭学校を創設した。留岡は北海道集治監での教誨師として犯罪者の更生に尽力していたが，犯罪者の多くがかつての非行少年であり，家庭に恵まれぬ子ども時代を過ごしていたことを知り，より根本的な監獄改良として，非行少年に対する感化教育に目を向けるようになった。そこで渡米し，感化院等を視察，帰国して家族舎＝ファミリー・システムによる非行児童施設「家庭

学校」を創設したのである。

　こうした慈善事業としての先駆的取り組みが開始されると同時に，当時監獄費問題に悩んでいた明治政府としても，監獄費抑制の観点から感化院設置の必要を認識することとなり，1900（明治33）年，感化法が制定・公布された。感化法は，道府県に感化院を設置させようとするものであったが，監獄則において懲治場の規定が生きていたから，感化院はただちには普及しなかった。むしろ明治30年代後半においては監獄内に特別幼年監を設け，幼年囚をそこに入所させ，勉学の機会と工芸の訓練を積ませるなど独自の取り組みが発展することになった。

　1907（明治40）年新刑法が公布され，翌年監獄則も改正され，懲治場は廃止されることになった。同年感化法の改正を契機として，以後感化院は全国に普及していくことになる。

　ところで感化法は，地方長官の決定，つまり行政処分（戦後の措置に相当する）として非行少年を感化院に収容保護するものであった。それは当時監獄行政を担っていた内務省が，少年裁判所の導入という方針を採らなかったことを意味する。これに対し司法省は少年裁判所の日本への移入を主張するようになり，1922（大正11）年旧少年法と矯正院法が成立した。懲治場廃止によって中断していた保護処分の途がここに復活したともいえよう。以後14歳以上の犯罪少年については旧少年法が，14歳未満の触法少年については感化法が原則対応することになった。ただし，少年審判所と矯正院の設置普及は関東と関西地域に止まったため，しばらくの期間18歳以下の犯罪少年の処遇は感化法がもっぱら担うことになった。

　旧少年法は，保護観察等処遇の多様化をもたらした点では感化院収容保護法としての感化法に比べ整備された法律であった。1933（昭和8）年，感化法は少年教護法に改正され，一時保護施設や少年鑑別所の規定が盛り込まれ，また在宅指導のため少年教護委員が設置されることになった。

　以上，戦前日本においては，内務省や感化教育の担い手と少年裁判所の導入を図ろうとした司法省との間には深刻な軋轢があった。内務省や感化教育の担い手は，旧少年法に反対した。なぜなら旧少年法は，犯罪少年処遇において刑事処分を原則とし，検察官の判断で保護処分が相当であると認められる場合のみ少年審判所に送付するしくみであったからである。少年審判所は英米の少年裁判所のように行政権から独立した裁判所ではなく，

司法大臣の下に置かれた行政機関であり、民間の社会事業と密接な関係から誕生したものでもなかった。司法省側は、行政処分による親権制約を規定した感化法は三権分立に反すると批判した。親の子への親権を法的に制約しうるのは裁判所だけであるという法律論からの批判であった。また、両者は非行児童処遇観においても対立した。留岡幸助に代表される感化教育者が強調したのが独立自営論である（戦後の教護院＝現在は児童自立支援施設の処遇観に影響を与え続けている）。それは少年の犯罪行為の矯正を直接めざすのではなく、独立自営への導きが結果として犯罪行為を解消させるという処遇観であった。しかし旧少年法とそれにもとづく矯正院の設置は、そうした感化教育の効果に疑いをもち、犯罪の矯正を強く意識するものであった。

C　戦後日本の非行児童処遇の経緯

戦後、1947年児童福祉法が成立、教護院が児童福祉施設として規定された。かつての感化院が少年教護院となり、ここにおいて教護院と名称されるに至る。一方、1948年少年法および少年院法が成立した。新少年法は、旧少年法の継承というよりは性格上断絶するものであった。旧少年法では検察官に先議権があり、検察官が保護処分相当と判断した場合のみ少年審判所に送致した。しかし、新少年法では、家庭裁判所に先議権があり、警察や検察官の介入を排除して審判に当たり、家庭裁判所が刑事処分相当と判断した場合のみ検察庁の検察官に逆送致することになった。なお、新少年法においては、保護処分の対象年齢を従来の18歳未満から20歳未満の犯罪少年に拡大した。こうして20歳未満の犯罪少年処遇においては刑事処分ではなく保護処分が主流を占めることになった。

児童福祉法は18歳未満の児童への措置（行政処分）としての施設保護を担い、新少年法は20歳未満の少年への保護処分を担うことになったから、児童相談所と家庭裁判所は非行児童処遇において競合する関係に立つことになった。そこで改めて、14歳未満の触法少年はもっぱら児童相談所が、14歳以上の犯罪少年には家庭裁判所が対応することになり、役割分担が図られることになった。

以上、監獄制度が未分化な時代において、監獄行政のなかに包摂されていた犯罪少年の処遇は、行政処分（感化法と感化院→少年教護法と少年教護院

→児童福祉法と教護院），保護処分（監獄則と懲治場→特別幼年監，旧少年法と矯正院→少年法と少年院），刑事処分（少年刑務所）と分化して現在に至っている。

関係者の間で争点となったのが，1970年代の少年犯罪の多発化・凶悪化をめぐる議論であり，少年法改正論議であった。新少年法によって警察・検察の権限は大幅に縮小されたから，警察・検察側は少年犯罪の多発化・凶悪化という世論形成を梃子に，その権限を強化させるべく少年法改正を求めた。それに対し，そうした改正は少年保護の精神を揺るがすものと弁護士会等が反対した。結局この段階で少年法改正には至らなかったが，少年院処遇の多様化が図られた。また，被害者救済の不備が指摘され続けてきた。児童福祉分野では，教護院の定員割れが問題化したりした。

そこで，1997年の児童福祉法改正によって，教護院は児童自立支援施設へ名称変更され，制度改革がなされた。また，2000年少年法が改正され，刑事処分可能年齢が16歳以上から14歳以上に引き下げられた。さらに，16歳以上で故意の犯罪行為により被害者を死亡させた場合には原則として検察庁の検察官へ逆送致されることになった。なお，懸案であった被害者救済の視点が新たに盛り込まれることになった。少年法改正は，少年の凶悪事件がマスコミで強調され，厳罰化を求める世論形成を梃子として行われた側面が否定できない。それは英米における新保守主義の台頭と刑事司法的介入の強化の動向と無関係とはいえないであろう。

2 非行問題の制度と活動

1 少年法による非行問題への対応

児童福祉法による非行問題への対応のしくみとは異なって，少年法による非行問題への対応においては，権力機関による介入であることから，権力の集中が機構上避けられている。すなわち，鑑別機関としての少年鑑別所，保護処分の決定機関としての家庭裁判所，矯正教育の実施機関としての少年院，保護観察を担う保護観察所が分離独立している。なお家庭裁判所には家庭裁判所調査官が，少年院には法務教官が，保護観察所には保護

観察官がそれぞれ配置されている。

　14歳以上の犯罪少年についてはすべて家庭裁判所に送致されることになっている。家庭裁判所調査官は，警察・検察の介入を受けないで，独自の調査活動を担うが，それは非行事実の認定にとどまるものではなく，問題解決に向けて，少年自身の潜在的可能性を発見し，学校等の関係機関の協力支援を引き出していく営みでもある。

　調査の結果，審判を開くまでもないと判断した場合には審判不開始を決定する（同第19条）。調査の結果審判を開始するのが相当と判断した場合には審判が開始される（同第21条）。審判の結果保護処分に付す必要がないと判断すると不処分を決定する（同第23条）。

　保護処分の決定（同第24条）として以下のものがある。
　①　保護観察所の保護観察に付すること。
　②　児童自立支援施設又は児童養護施設に送致すること。
　③　少年院に送致すること。

　なお，保護処分の可否等の判断がただちにできないような場合，家庭裁判所調査官による調査活動の一環として試験観察に付されることになる（同第25条）。

　また，調査の結果，児童福祉法の規定による措置が適当と判断された場合には児童相談所長に送致することになっている（同第18条）。

　以上，少年法による非行問題への対応においては，独立した司法機関としての家庭裁判所が中心的な役割を担うことになる。しかし，その場合，試験観察においては民間の協力があり，自立援助ホーム等の民間団体が補導委託先になることがある。保護観察は，民間の保護司の活動によって支えられている。こうして司法機関を介しての非行問題への対応は，決して司法機関としての自己完結的な対応に終わるものではなく，市民参加の理念を堅持しながら進められている。

2　非行をどう考えるか

　非行という概念は，大人の側，社会の側，あるいは社会的統制機関の側が，少年の一定の行為を「非行」ととらえて，児童の健全育成の観点から，あるいは非行の放置は将来の犯罪を生むという予防的観点から非行問題に

介入しようとするものである。しかし，非行児童への処遇においては，少年にとって非行が意味するものをより内在的にとらえていく必要があるだろう。

　非行は大きく二つに大別されてきたといえよう。一つは一過性の非行である。非行とは思春期特有の問題であり，子どもが大人へと成長する過程における葛藤や悩み，試行錯誤の一つの表現であって，その少年の成長につれおのずと非行と見なされていた問題行動が解消されていく場合が少なくない。このような一過性の非行に対し，親や周囲の関係者が過剰に反応し，社会的統制機関（警察・検察や家庭裁判所）が介入することになれば，かえって問題をこじらせる危険性がある。ここに非行問題への対応における難しさがあろう。だからといって非行行為をすべて放置しておけばよいということには当然ならない。一定の反社会的行為は社会的に許容されえないという大人社会の価値の枠組みが，社会統制的介入を通じて少年に伝えられることは，その少年の健全育成にとって重要な意味をもつ。さらに，子どもが顕在化させた非行行為を契機として専門機関が家族関係に介入することになり，調査や援助の過程を通じて，親の子どもへの認識が改まり，親子関係が調整ないし改善され，問題が解決されていく場合が少なくない。

　今一つの非行は，常習化する非行であり，薬物依存など人格に深刻な影響を与えてしまうような非行である。こうした常習化する非行は，思春期を過ぎても大人の犯罪へと連続していく可能性がある。この場合，調査活動から，問題行動化が小学校年齢の時期に遡ることが分かってくる場合が少なくない。多くの場合，そこには親の貧困，社会的孤立，規範性の欠如等家庭の養育基盤の脆弱さの問題がある。しかしながら，幼少期に顕在化するその子どもの問題行動化は，たとえば他児への暴力として顕在化すればともかく，そのような攻撃的な形で表現されない場合にはとかく放置されがちになってしまう。少年法にもとづく非行問題への対応においては，少年が一定の年齢に達して，しかも問題行動が反社会的行為として表現されるに至ってからの専門機関による介入ということになってしまう。それでは対応として遅すぎるという問題があろう。近年では児童虐待と非行との関連性が強調されてきている。児童虐待の取り組みとしてより予防的な子育て支援が強調されてきてもいる。こうした文脈において，非行問題への取り組みは，親の養育を社会的に支援していくという課題と通底してい

るといえよう。

3 児童福祉法による非行問題への対応

　児童福祉法による非行問題への対応のしくみは，少年法の場合とは異なって，権限集中型になっているといえよう。児童相談所は，裁判所とは異なって自治体が設置する非権力機関であるから，非行への対応において児童相談所に権限を集中させてもかまわないと判断されるからであろう。すなわち児童相談所は，その実質において措置の決定機関である，というだけではなく，要保護児童に対して，警察のような捜査機関としての役割（児童福祉司による調査）を担い，少年鑑別所のような判定機能（判定部門における心理判定）をもち，少年鑑別所に相当するような一時保護部門を有し，さらには保護観察所のようなアフターケアの役割をも期待されている。

　警察は，14歳未満の触法少年やぐ犯少年について，家庭環境等を勘案してその児童の児童福祉施設への入所の必要等を認めた場合には必ず児童相談所に通告することになっている（児童福祉法第25条）。さらに少年法第18条にもとづき家庭裁判所から送致されてきた犯罪少年について必要な措置を採ることとなっている。

　児童福祉法第27条「都道府県が採るべき措置」として以下が挙げられており，実質的には児童相談所が採る措置が中心に規定されている。

① 児童又はその保護者に訓戒を加え，又は誓約書を提出させること。
② 児童又はその保護者を児童福祉司，社会福祉主事，児童委員等に指導させること。
③ 児童を里親に委託し，又は児童養護施設や児童自立支援施設に入所させること。
④ 家庭裁判所の審判に付することが適当であると認める児童は，これを家庭裁判所に送致すること。

　すでに触れたように，児童福祉法による非行問題への対応においては，もっぱら家庭環境等児童の置かれた環境に目を向け，その児童の要保護性に着目して，その児童とその家族の問題に対応していこうとすることになる。その場合，本来児童相談所が，警察・検察や裁判所のような権力機関ではなく，親や地域住民とのパートナーシップによって問題解決を図って

いこうとする非権力的な相談機関である，という側面が十分活かされていく必要があろう。しかしながら，一方で例外的とはいえ凶悪な少年犯罪事件が14歳未満の児童によって起こされる場合がある。この場合，児童相談所には家庭裁判所のように独自の調査権が与えられているわけでもなく，また，児童相談所に併設された一時保護施設は，少年鑑別所のような自由を拘束する施錠された管理施設ではない。したがって，こうした少年事件においては家庭裁判所に送致するのが近年では通例となっている。しかし，児童福祉法は，たとえ殺人事件であっても，その事情を勘案して，児童福祉司による指導として対応することを可能にしている。そうした柔軟な構造を児童福祉法が保持していることの意義に着目すべきであろう。

3　事例：児童自立支援施設とその実践

1　児童自立支援施設の特徴と課題

　非行児童施設としての児童自立支援施設は，1900年感化法による感化院に歴史的に遡る。感化院はその後少年教護法（1933年）にともなって少年教護院となり，児童福祉法（1947年）にともなって教護院となり，1997年の児童福祉法改正によって児童自立支援施設となって現在に至っている。非行児童施設には独自の歴史的系譜があり，独自の処遇理念（独立自営の精神や家族舎）を保持して現在に至っている。ここに非行児童施設の長所とユニークさがあると同時に，他の社会資源との関係においては孤立的になりがちになる短所を抱えていることになろう。非行児童施設は教育付の施設として営まれてきた経緯があるから，入所してきた児童は，義務教育年齢にありながら地域との交流が制限されがちとなってしまう。児童自立支援施設に入所する児童は，これまでの家庭や親族，学校生活から切り離されてしまうと同時に，入所した施設生活においても地域との交流が制限されてしまいがちであるとするなら，制度として構造的な問題を抱えていることになろう。この点で，英国の児童保護実践においては，1969年児童少年法を通じて非行児童施設と児童養護施設は児童ホームへ統合されることになった。日本の1997年の児童福祉法改正は児童福祉施設の再編成を意

図した改正であり，教護院改革はその焦点であった。しかしながら，結果からみて，教護院は児童自立支援施設へと改組されたが，構造的に大きな変化はなかったといえよう。

2　家庭学校の実践について

　非行児童施設として非行児童処遇をリードしてきたのが留岡幸助によって創設された家庭学校（1899年創立）であった。現在も北海道家庭学校は児童自立支援施設にとって一つのモデル的な施設である。その職員でもあった花島政三郎は『10代施設ケア体験者の自立への試練』（1996年）を著している。

　本書は，ある年度に入所した46名について，家庭学校内における処遇のみでなく，家庭学校入所に至る経緯と，家庭学校退所後の経緯を継続的に調査した研究成果である。入所の経緯においては小学校低学年において問題行動が顕在化している場合が多いこと，また，教護（非行）を事由とした児童養護施設への入所が少なくないことを明らかにしている。そして中学の2年前後に家庭学校に入所となっているが，学力的には小学校3，4年程度であることが示されている。

　その後教護（教護院時代の処遇目標）が達成されたとして，中学校卒業と同時に退所し，就職している場合がほとんどである。しかし，早期の転職，退職者が多く，その後の経緯として少年鑑別所に入所した退所者は6割，少年院入所に至った退所者は4割に達している。補導歴がなく非行問題としては解決されたと思われる退所者は1/3であった。

　こうした調査結果をどう受け止めたらよいのだろうか。入所の経緯から児童の置かれた家庭環境には貧困，アルコール依存，母親の行方不明等深刻な問題があったことが分かる。小学校低学年時において，車上狙い，持ち出し，窃盗等の問題行動化が多く認められる。その後児童養護施設に入退所した児童も少なくない。こうして家庭学校に入所した子どもたちは，それまで過酷でまた不安定な環境に長期間置かれてきた子どもたちである。彼らが，家庭学校の家族舎の中で，ようやく安心できる居場所を見いだすことができたからこそ，少なくともその1/3の子どもたちが立ち直り，社会的に自立していくことができたといえよう。

しかしながら，家庭学校には北海道全域から非行児童が入所してくる。家庭学校の職員は，退所者たちを訪問し，可能な限りの支援をしようとしているが，転職後所在不明となる場合が少なくないだろう。そうするとその子どもは社会的支援のネットワークを失ったまま困難な自立生活を強いられることになる。非行児童施設として理想の治療的教育空間を子どもたちに保障することができたとしても，他の社会資源から切り離された実践であるとするなら，大きな限界があるといわなければならないだろう。そして何よりも気にかかることは，非行児童施設に入所する児童の学力不足の問題であり，高校進学率が未だに低いことである。社会的ハンディを抱えた児童が，義務教育を終了しただけで社会的自立を強いられる構造は，明らかに社会的公正を欠いているのではないだろうか。

●引用参考文献──
① 鮎川潤『少年犯罪──ほんとうに多発化・凶悪化しているのか』平凡社，2001年。
② 藤原正範『少年事件に取り組む──家裁調査官の現場から』岩波書店，2006年。
③ 花島政三郎『10代施設ケア体験者の自立への試練──教護院・20歳までの軌跡』京都法政出版，1996年。
④ 矯正協会編『少年矯正の近代的展開』1984年。
⑤ 大村英昭『新版 非行の社会学』世界思想社，1989年。
⑥ 田澤薫『留岡幸助と感化教育──思想と実践』勁草書房，1996年。
⑦ 山口幸男『司法福祉論（増補版）』ミネルヴァ書房，2005年。

〔細井　勇〕

第12章 障害児と福祉

1 障害児問題とは

1 障害児・者を表す言葉

　一般に障害をもつ人を表す言葉は,「心障者」「身体障害者」「心身障害者」などと多様に使われている。そこで法などで言う,障害児・者の定義を紹介する。

(a) **心身障害**　「心身障害」という用語は,1970年制定の心身障害者対策基本法で次のように定義付けがされていた。「この法律において『心身障害者』とは,肢体不自由,視覚障害,聴覚障害,平衡機能障害,音声機能障害若しくは言語機能障害,心臓機能障害,呼吸器機能障害等の固定的臓器機能障害又は精神薄弱等の精神的欠陥があるため,長期にわたり日常生活又は社会生活に相当な制限を受ける者をいう。」つまり心身障害とは,身体または精神に相当の程度の障害をもつ人の総称と言える。

　なお,心身障害者対策基本法は1993年改正され,法律名称も「障害者基本法」となり「障害者」が新たに定義付けされた。「この法律において『障害者』とは,身体障害,知的障害又は精神障害（以下「障害」と総称する。）があるため,継続的に日常生活又は社会生活に相当な制限を受ける者をいう。」

(b) **身体障害**　「身体障害」という用語は,身体障害者福祉法（1949年制定）で次のように定義されている。「この法律において,『身体障害者』とは,別表に掲げる身体上の障害がある18歳以上の者であって,都道府県知事から身体障害者手帳の交付を受けたものをいう。」別表では身体障害の種類を,①視覚障害,②聴覚又は平衡機能の障害,③音声機能,言語機能又はそしゃく機能の障害,④肢体不自由,⑤心臓,じん臓又は呼吸器の機能の

障害その他政令で定める障害，の五つに分類し，最上級の1級から7級まで等級を定めている。この法律における身体障害者とは，①法別表に掲げる身体上の障害を有する，②18歳以上，③身体障害者手帳の交付を受けたものをいい，これらの条件を満たしていない者は，実態上は身体障害者であっても，本法上の福祉措置を受けることができないこととなる。18歳未満の身体障害児は児童福祉法の対象となる。

(c) **知的障害** 「知的障害」という用語は，児童福祉法，知的障害者福祉法，障害者基本法等にあるが，これらには明白な定義はみられない。知的障害について文部省は1966年次のように定めている。「先天性，または出産時ないし出生後早期に，脳髄になんらかの障害（脳細胞の器質的疾患か機能不全）を受けているため，知能が未発達の状態にとどまり，その精神活動が劣弱で社会への適応がいちじるしく困難な状態を示している者」である。また行政上は，知的障害を知能指数で4段階に分け，軽度は50以上～75程度，中度は50～36，重度35～21，最重度20以下としている。[1]

(d) **重症心身障害** 児童福祉法第43条の4では，重症心身障害を「重度の知的障害及び重度の肢体不自由が重複」していることと定義している。

(e) **障害者と障害児** 福祉関係法では，18歳以上の者を身体障害者，知的障害者と呼び，18歳未満の者を，身体障害児，知的障害児と呼ぶこととしている。

2 国際障害者年の意義

国際連合は，1981年を国際障害者年とし，1983年から1992年までを，「国連・障害者の十年」と定めた。このことは，障害をもつ児童を含め，すべての障害児・者の権利保障の上から画期的な意義をもつものとなった。

国際的な人権，福祉思想は，第2次大戦後の国連憲章（1945年），世界人権宣言（1948年），国際人権規約（1966年）へと発展し，知的障害者の権利宣言（1971年），障害者の権利宣言（1975年）へとさらに展開されている。国際障害者年は障害者の権利宣言の各国での具体的実現をめざすものであった。また国連の国際年の流れからみると，世界人権宣言（1948年），国際婦人年（1975年），国際児童年（1979年）などの延長上に位置し，さらに国際青年の年（1985年）とあわせて，問題別，階層別，発達段階別などの諸

課題について，基本的人権を守り発展させる機会として重要な定義をもつものである。

　国際障害者年に際し国連は，そのテーマと行動計画を決議している。障害をもつ人の「全面参加と平等」がテーマであるが，「参加」とは，社会生活とその発展への貢献のみならず，政策決定段階への障害者の参加をも意味し，「平等」とは，他の国民と同じ生活を送ることであり，その国の社会経済の発展による利益の平等な配分を受けることを意味する。

　行動計画では，当時推定4億5千万人の障害者のうち多数の者は，戦争その他の暴力の犠牲者であり，国際障害者年は世界平和のための諸国民の強い協力を必要とする機会として利用されうるものであると述べている。また同計画は，国際障害者年の重要目的の一つは障害とは何か，それはどのような問題をもたらすのかについて，公衆の理解を促進するものでなければならないとして障害の規定を試みている（次項に詳述）。さらに，障害者をしめだすような社会は弱くてもろい社会であるとして，国際障害者年は障害者のためだけにあるのではなく，障害者，老人などにとって利用しやすいことは，社会全体にとっても利益となるものであるとしている。

　なお，国連は国際障害者年以降，1982年「障害者に関する世界行動計画」を採択，「国連・障害者の十年」を宣言，同十年が終了後の1993年12月には，「障害者の機会均等化に関する標準規則」が採択されている。

3　「障害」をどう理解するか

　さて，私たちは，障害をもつ児童の「障害」をどのように理解しているのであろうか。先の行動計画では，「今日，多くの人々は，障害とは『人体の物理的動作の支障』と等しいと考えている。しかし，障害者といっても等質の集団をなすものではない。……様々な医学的支障を有している者は，それぞれ異なった解決法を有する異なった問題を有しているのである」と指摘している。さらには，障害の理解について重要な見方を提起している。つまり障害があるといっても個人にそなわる損傷としての「身体的・精神的不全（impairment）」と，その損傷によって引き起こされる機能的支障としての「能力不全（disability）」，そして，能力不全の社会的結果としての「不利（handicap）」の間に区別があることを明確にしている。たとえ

ば，ある人が交通事故で両足をなくしたとする。彼は両足欠損という身体障害をおう。そのため彼には歩行困難という障害が起こる。その結果外出が困難になる。職業生活を続けるうえで支障が発生するといった不利が社会的障害として生ずることとなる。この三つのレベルの障害を構造的にとらえることが大切であり，そのように把握することにより，三つのレベルに対する援助も明確となる。つまり能力不全に対しては，医学的援助が必要であるが，かりに一次的な障害そのものの解決が困難であったとしても，二次的障害については補うことができ，その結果三次的障害の減少，発生を予防することが可能にもなりうる。

　障害問題を考える時，第一次の障害の発生を予防することができれば，第二次，第三次の障害が起こらないのであるから，発生予防についての医学の前進が特に望まれる。

　以上紹介したのは，世界保健機関（WHO）が1980年に発表した「国際障害分類（ICIDH）」であるが，その後国際障害分類の普及とともに改定への要望もあり，2001年WHO総会で「国際障害分類改定案（ICF）」が承認された。改訂版は「生活機能・障害および健康の国際分類」（国際生活機能分類）とされた。改定のポイントは，機能障害を「心身機能・身体構造」，能力障害を「活動」，社会的不利を「参加」とし，病気だけでなく加齢も含む「健康状態」とするなどプラス面の用語を用いている。心身機能・身体構造，活動，参加の総称が「生活機能」であり，それが問題を抱えた否定的な側面を「機能障害」「活動制限」「参加制約」と呼び，その総称を「障害」と呼ぶ。

　佐藤久夫は，1980年版から2001年の改定版の変化について「医療モデルから医療・社会統合モデルへ，人間と環境との相互作用モデルへのこの20年間の障害間の発展が読みとれる」としている。[2]

4　障害児の発達

　障害をもつ児童の生活や保育，教育さらには進路保障を考えるうえで障害の理解と同様に重要なのは，「発達」に対する理解である。

　小学6年の児童が，小学5年の養護学校に通学する妹について書いた意見がかつて新聞に掲載された（「心身障害ってなんだっけ」『朝日新聞』1987年

10月21日)。そこで障害児の生活問題と「発達」を考えるうえで一部要約して紹介する。

> ぼくの妹はダウン症でちえおくれ。少し動作がゆっくりしていて，知らない人だと言葉が聞きとりにくいかもしれないけど手や足は別に大丈夫。妹はすごく頑張り屋。お母さんの手伝いなどもどんどんしている。5年生のころけんかなんかすると，すぐに妹のことがでてきて，「おまえの妹は気持悪い」とか「顔が悪い」とかいわれた。すごく悪口いわれて，ぼくは言い返したり……。でもぼくと仲のいい子は，うちに来て妹といっしょに遊んでくれる。そういう子は別に妹に変な感じもっていない。だけど，お母さんは勇気があるなあって思う。ちっとも恥ずかしいって思っていない。「この子は家の太陽」だって。「どの家にも一人ずつ障害児がいればいい社会になるのに」っていっている。お母さんとお父さんが死んだらどうなるのかなあ。できれば妹といっしょに暮らしたいけど，妹が生かしてくれるところがあったら，そこで生かしてほしいと思う。でも妹がどこにいても，一生いっしょに生きていこうってぼくは思っている。

　小学6年の児童の妹への見方に注目したい。まず，少し動作がゆっくりしているとあり，言葉は聞き取りにくいとなっている。つまり，ダウン症の妹の障害を「遅い，遅れている」とは見ていないし，言語にしても「知らない人だと」と断ったうえで聞きとりにくいかもしれないとしている。さらに頑張り屋ともいい，母の手伝いもよくすると障害児の発達しつつある人格的側面を評価している。

　さらに，妹の障害に対し偏見をもつ友人と，理解する友人との交遊や，家族のことに関しても綴られている。この文章からは，障害児の抱える問題は同様に家族の抱える問題であることをうかがうことができる。

　さて，障害をもつ児童は，「できない，やることが遅い」と理解されがちであるが，そうではないようである。重い障害をもつ児童への援助活動の実践のなかから実は，障害をもつ児童も発達するという事実がいくつも報告されている。このような実践，研究から発達保障という考え方が広がっている。それは障害児(者)も一人の人間として成長・発達する権利を有し，その発達を正しく保障する援助は総合的に行われる必要があるというものである。つまり障害児者の医療，教育，福祉，労働，政治参加等の諸権利の総合保障を求める実践が期待されているということである。

5　子どもの権利条約と児童福祉の課題

　国連は1989年の総会で，子どもの権利条約を採択した。この条約は，子どもの権利が従来の保護を中心としたものから大きく広げられ，「権利の行使者」として位置付けていることに特徴がある。障害児に関連する内容では「障害児の特別なケアへの権利」（第23条・障害児の権利）が記されており，具体的には，「教育，訓練，保健サービス，リハビリテーション・サービス，雇用のための準備及びレクリエーションの機会」などが示されている。

　現在，障害児が真に権利の行使主体として人生の大切な時期を歩むには多くの課題がある。まず障害の早期発見治療の課題から，療育，障害児の教育，進路保障があげられる。現在特に強い要望として障害児の高等部への進路保障，それに続く労働権保障がある。さらに障害児が障害者へと発達する過程で，所得保障，くらしの場保障が新しい課題となる。私たちは，国際障害者年の理念を具体的に実践，実現し，障害児者のゆたかなくらしが保障される社会に向けて，手をたずさえて前進したいものである。

〔米澤　國吉〕

2　障害児問題への制度と活動

1　障害児への福祉対策

　障害児に対する福祉対策は，総括的基本法である障害者基本法をはじめ，身体障害者福祉法，知的障害者福祉法，母子保健法そして児童福祉法などにもとづいて運営されてきた。

　2000年の児童福祉法，身体障害者福祉法，知的障害者福祉法の改正により，2003年から障害者福祉サービスは，「措置制度」から障害者の自己決定を尊重し障害者みずからサービスを選択し事業者との対等な立場で契約を結んでサービスを利用する「支援費制度」に移行した。2005年には，自閉症，学習障害，ADHDなどの発達障害の明確な定義と理解の促進，地

域における一貫した支援の確立などを目的とした「発達障害者支援法」が施行された。「支援費制度」の導入は障害者福祉サービスの利用に大きな変化をもたらし、知的障害者や障害児を中心に利用は急増したが、サービス水準の地域差や障害の種類別の格差、制度を維持するための財源の確保が不十分であったため、これらの問題を解決すべく、2005年「障害者自立支援法」が成立し、2006年施行となった。

「障害者自立支援法」は、障害者が地域で自立して暮らせるようにするという支援費制度の理念を継承し、必要に応じて一定水準のサービスを安定的に受けられる「個別給付」と「応益負担」の制度である。精神障害者を加えた三障害の一元化、サービス体系の再編、就労支援の強化、支給決定の透明化、財源の確保がポイントと言える。

また、この法の制定にともない児童福祉法の障害児関係も、育成医療に関する事項、居宅生活支援費に関する事項、障害児施設給付費等について一部改正された。

2006年10月から障害児施設は契約制度の導入、利用者の定率負担が実施され、支援として、介護給付費等の支給と定率の負担、食費や教育費の負担が実施されている。なお児童入所施設については、児童虐待が深刻になるなかで、都道府県（児童相談所）の役割が大きくなっていることから、当面の業務は都道府県が担当するが、3年程かけて市町村への事務移行や、施設体系の在り方を検討しながら結論を出すことになっている。

ここでは、その現状として、①発生予防、早期発見・療育、②相談支援のサービス、③在宅サービス、④施設サービスなどについて述べていきたい。

A 発生予防、早期発見・療育

(1) 発生予防　母子保健の向上、医学の進歩により障害の原因が解明され、フェニールケトン尿症、クレチン症などその大部分が未然に防止できるようになった。また心身障害の発生原因・予防と治療に関する総合的研究が進められている。

(2) 早期発見・療育　母子保健施策の一環として乳児健診、3歳児健診、1977年からは1歳6カ月健診や新生児を対象としたフェニールケトン尿症などの先天性代謝異常、1979年からはクレチン症のマス・スクリーニング

検査が実施されている。健診の結果、異常が認められる場合には、身体面に関しては各診療科目別の専門医により、精神発達面に関しては児童相談所において精神科医・児童心理士などによる精密検査が行われる。

早期療育対策としては、比較的短期間の治療により障害が除去・軽減される身体障害児は厚生労働大臣の指定する医療機関で「自立支援医療制度」の育成医療を受けることができる。心身障害の早期発見、療育体制のいっそうの充実を図るため、心身障害の相談、指導、診断、検査、判定を行い、通園施設を併設した心身障害児総合通園センターの設置、障害の種類を問わず受け入れ療育訓練を行う障害児通園（デイサービス）事業も行われている。

B　相談支援のサービス

(1)　相談・指導等　いずれは「障害者自立支援法」の地域生活支援事業の相談支援事業として市町村が窓口となるが、現在のところは、市町村、児童相談所、知的障害者更生相談所などの行政機関によるものと、政府の助成を受けて民間ベースで行うものとがある。

児童福祉行政の第一線機関である児童相談所には、医師のほか児童心理司や児童福祉司などの専門職員がいて、相談に応じて必要な調査・判定を行うとともに、助言指導、施設入所などの措置をとっている。

保健所では、障害児が医療その他の適切な措置をできるだけ早い時期に受け、早期に残有能力を回復し、独立自活に必要な能力をもつことができるよう、専門医師による療育指導が行われている。

このほか、障害児の親の団体がそれぞれ行っている民間ベースの相談事業などもある。

知的障害児（者）には療育手帳が交付され、①特別児童扶養手当等の支給、②心身障害扶養共済、③国税・地方税の諸控除と減免、④公営住宅の優先入居、⑤NHK受信料の免除、⑥交通機関や旅客運賃の割引などの援助措置が受けられる。

身体障害児のうち身体障害者手帳を交付されているものは、身体の障害を補うために、補装具の交付や修理などが行われている。また、浴槽、便器、タイプライター、訓練用椅子などの日常生活用具の給付を受けられる。

(2)　特別児童扶養手当の支給等

① 特別児童扶養手当　20歳未満の精神または身体に重度または中度の障害を有する児童の養育者に対して支給される。1級（重度）月額50,750円，2級（中度）月額33,800円である（2008年度）（物価スライド制により2005年度より減額）。在宅の重度の障害児の養育者に対しては，障害児福祉手当（14,380円，2008年度）が支給される。ただし，在宅福祉対策の性格上，児童が福祉施設に入所している場合や，障害を理由とした公的年金を受けている場合は支給されない。

② 心身障害者扶養共済制度　障害児を扶養する保護者が生存中一定掛金を毎月納付し，死後に年金として障害児が受けるものである（月2万円，2口加入者は4万円）。

③ 税制面　所得税，住民税については，心身障害児を扶養する者には所得控除が行われている。相続税・贈与税についても優遇措置がとられている。

C　在宅サービス

障害者自立支援法の介護給付の居宅介護（ホームヘルプ），児童デイサービス，短期入所（ショートステイ）が在宅サービスの主となる。

① 居宅介護　日常生活を営むのに支障があるものについて，入浴，排せつ，食事などの介護を行う。

② 児童デイサービス　デイサービスセンターなどで，手芸，工作その他の創作的活動，日常生活における基本的な動作の指導，集団生活への適応訓練等を行う。

③ 短期入所　自宅で介護する者が疾病その他の理由により居宅において介護が困難な場合に，施設において短期間入所させ必要な介護を受ける。

D　施設サービス

先に述べたように，障害児の入所施設は，現在のところは都道府県（児童相談所）が実施主体となり児童福祉法にもとづいてサービスを行い，3年程かけて入所施設のあり方を検討しながら5年後の2011年には介護給付の施設入所支援となる。

① 肢体不自由児施設　四肢，体幹の機能の不自由な児童を入所させ，独立自活ができるように，医療，日常生活指導，職能指導などを行う。一

般病棟のほか，重度病棟と通園部門，母子入園部門を併設する施設がある。
　また，病院に入院することを要しない肢体不自由児であって，家庭において養育できない児童については，肢体不自由児療護施設が設けられている。
　進行性筋萎縮症児（進行性筋ジストロフィー症ともいう）は，肢体不自由児として，国の指定する国立病院機構などで療育が行われる。
　② 盲ろうあ児施設　盲児またはろうあ児を入所させ，社会に適応した独立自活ができるよう，必要な指導を行う。
　③ 重症心身障害児施設　重度の知的障害および重度の肢体不自由が重複している児童を入所させ，保護するとともに，治療および日常生活の指導を行う。
　④ 知的障害児施設　知的障害のある児童を入所させて，これを保護するとともに，独立自活に必要な知識技能を与える。
　⑤ 自閉症児施設　自閉症を主とする病状の児童を入所させ，これを保護するとともに，必要な治療，訓練を行う。
　⑥ 情緒障害児短期治療施設　軽度の情緒障害を有する児童を，短期入所させまたは通わせ，その情緒障害を治し，退所した者について相談その他の援助を行う。
　以上の施設の他に通所の施設として，肢体不自由児通園施設，難聴幼児通園施設，知的障害短期治療施設などがある。
　このように，障害に応じて通所・入所施設で治療や訓練が行われている。障害児も教育を受けることが義務づけられ，特別支援学校（養護学校，盲学校，ろう学校）などへ通学し，通所施設は主に就学前の子どもが通所している。施設入所した場合はそこから学校へ通ったり，重度障害児の入所施設ではそこで教育を受けることができる。

E　その他のサービス

　① 自閉症・発達障害者支援センター（発達障害者支援センター）　2005年施行の「発達障害者支援法」は，自閉症，学習障害，注意欠陥多動性障害を発達障害と位置づけ，乳幼児期から成人期までの各ライフステージに対応する，保健・医療・福祉・教育・就労などを通じた一貫した支援の促進と専門家の確保と関係者の緊密な連携の確保をあげている。具体的な施

策として児童の発達障害の早期発見，早期の発達支援，保育，教育及び放課後児童健全育成事業の利用，発達障害者の就労支援，地域での生活支援および権利擁護ならびに家族の支援について定めている。2001年に「自閉症・発達障害支援センター」，2005年から発達障害者支援法の施行により「発達障害者支援センター」となり，自閉症等の発達障害児（者）に対する相談支援・療育支援・就労支援などを総合的に行う地域の拠点となっている。

2 障害児問題への活動等

わが国の障害児・者福祉の発達に関して，その親たちや障害者団体の果たして来た役割は重要な意義をもっている。

心身障害児の福祉は，その親たちがみずから問題の啓発者として，また生活していくうえでの権利すら主張できない子どもの代弁者として親の会を作り，行政に対する陳情・要求といった形で活動が展開され人権を守ってきた。直面するさまざまな問題を抱えた親たちが，まず立ち上がったのは必然的であり，また事実，そうしなければ何も始まらなかった。ここでは，それぞれの障害児に関する活動・運動を簡単に述べることにしたい。

障害をもつ子どもの親の運動は1950年代にすでにその芽ばえがあるが，それが全国規模と成長していくのは1960年代に入ってからである。またこの内，「全日本手をつなぐ育成会」と「全国肢体不自由児父母の会連合会」は代表的な組織である。

(1) 全日本手をつなぐ育成会　1952年に知的障害の児童をもつ3人の母親の願いから発展し，その後全国組織の社会福祉法人となり，知的障害者対策推進の役割を果たしている。また日本知的障害者福祉協会・特別支援教育推進連盟の中核的存在として，その活動を積極的に行っている（機関誌『手をつなぐ』）。

(2) 全国肢体不自由児父母の会連合会　古くは1950年代より運動は見られたが，全国組織の連合会の発足は1961年に至ってからである。そしてその運動方針として，重症心身障害児・肢体不自由児に対し保護と医療対策の促進，肢体不自由児教育対策の促進や，肢体不自由児療育思想の普及，福祉の増進等を掲げている。この連合会は全日本手をつなぐ育成会ととも

に，その後の親の会の発足に多大な影響を与えている。
　その他，「全国言語障害児をもつ親の会」，「障害児を普通学校へ・全国連絡会」，「全国心臓病の子供を守る会」，「日本筋ジストロフィー協会」，「全国重症心身障害児（者）を守る会」，「子供達の未来を開く母の会」，「全国精神障害者家族連合会」，「自閉症児親の会」，「全国腎炎・ネフローゼ児を守る会」，「風疹によるろう児を持つ親の会（沖縄）」などが結成されている。これらは単に既存の団体に依存するというだけでなく，個別的成果を求める共通ニーズをもつ親の会が結成されていったと言える。
　一方では，共通の基盤のもとに，運動課題と要求内容があることを改めて認識したうえで，「全国心身障害児福祉協議会」（1965年発足）が，次いで「全国心身障害児父母の会連絡協議会」（1966年発足）が発足し，全国的な組織をもつ協議会の場を設定していった。
　この他に，障害児をもつ親たちによる地域に根ざした運動として，「通園施設づくり」運動が生まれ，地方公共団体から国レベルにおける施策実施へ大きな影響を与えている。
　このように，地域別，個別的組織化から，全国的規模をもつ権利保障型の運動への発展に導いた，障害児（者）をもつ親たちや団体の活動と成果は，障害児（者）問題にとって大きな意義をもつものである。

〔河井　伸介〕

3 事例：障害児施設での歩行訓練
——歩こうよ，皆で輪を乗せ夢のせて——

　「さあ，つめて」「走って」「追いついて」
　女子の部屋担当の岡田先生と久野先生が励ます。先頭の先生の指示に，担任の先生と子どもたちがこたえる。
　歩行訓練には全体のリーダーとなる先生を配置する。リーダーの役割は，歩行距離と歩行時間のおさえ，歩行速度，天候，気象の様子，先頭と後尾の間隔，道路の状態，交通量，それに何より子どもの疲労度と健康状態，新任職員や実習生，ボランティアが同行する場合は，それらの人びとへの心遣いも忘れてはならないことである。以上のことを頭に置きながら先頭

で引率するのがリーダーの役割となる。

　子どもの疲れ具合も，身体上の変調か，精神的な甘えなのかは，日ごろよく子どもと接していないと見抜けない。へんに甘い先生だと甘えを増長させることになり，その子中心となって全体の歩行速度が遅くなり，だらけて，かえって全員の疲れをさそうことになりかねない。その判断が重要となる。

　三好学園がオープンして間もない年の歩行訓練であった。登山が好きで，ゴムぞうり，ダブダブのズボンのベルトはいつも麻なわ，豊田市や三好町へはバスに乗らずに歩きで結構という身体強健の職員がいた。学園開設2年目であったから，施設も保護重点から，指導，教育への転換期であり，音楽指導だ，掃除指導だ，生活指導だと，指導技術開拓に話の花が咲いていた頃である。

　その先生のお得意はなんといっても歩行訓練。クラスに分ける指導体制が始まって間もなくの4月，名古屋市をめざして今でいう年長児を10名程引率しての歩行訓練が行われた。しばらくして学園の経営母体である社会福祉法人に電話が入った。

　「ダウン気味の子が出はじめたのでマイクロバスで迎えに来て欲しい」，マイクロバスで帰園した一行のなかには当日発熱し，翌日静養する子も出た。

　子どもの健康状態を信頼し，目的地を名古屋市にしたのはよいが，日ごろ十分な訓練をされていなかったのでこうした結果になったのである。

　しかし，歩行訓練の最終目的はこうした長距離歩行訓練にあると思える。何度かの訓練を通じて，最終目的として長距離の歩行にすべきところを，最初の目的としたところに無理があったのかもしれない。

　開園十数年たった今，学園では4，5年の歩行訓練の積み重ねとして，三好池2周計画（全10km）が構想中である。

　歩行訓練の留意点としては，人員点呼を忘れないことも大切だ。出発前，休憩の前後，道路状態が悪く先頭と後尾が長くなった場合など，その都度人員確認が必要である。この時ばかりは決して子どもに報告させるだけでなく職員の目で確かめる慎重さが必要である。しかし実際子どもを見失うことはよくある。

第12章　障害児と福祉　　207

「くまさんと，お相撲とった子」と保育士が質問する。
「金太郎」歩きながらＡ君が答える。
「いやね，すぐあてちゃう。じゃ，竹から……」
「かぐや姫」
「おもしろくない。じゃ，リンゴを食べて死んだため……」
「これは，むずかしいぞ。そのあとは……？」
「７人の小人が出てくる」
「連想ゲーム，わかりィ。それは白雪姫」手をパチンとたたき答える。
「おかしの家……」
　まがりくねった三好池を，先生と子どもたちの話が続く。
　歩行訓練は，職員と子どもの会話を運び，子どもと職員の人の和も運んで，歩み続ける。
　車の往来が激しくなってきた。
　「みんな，ガンバッテヨォー」。車が通るたびに先生が注意をうながす。みんな緊張して歩いている。やっと野菜畑にさしかかる。Ｋ君がつまずいてころぶ。農道にトラックの輪だちができて，深くえぐられている。野菜を満載したトラックが輪だちを作ってしまうのだ。雑草でおおわれているところもある。Ｓ君もころんでしまう。この辺の歩行は，職員でも足腰に力を入れなければ足をとられてしまう。自然と足の裏に神経を集中させる。
　Ｋ君やＳ君がころぶのも仕方がない。ところが，ころんだことに誘発され，疲れがどっと出てＳ君がぐずりはじめた。
　Ｙ先生がＳ君の手を引きながら，「みんながんばっているのよ，Ｂ君だって，がんばっているのよ，大分先の方へ進んでいるよ」と，ていねいに励ます。
　あと１カ月ほどで学園生活丸１年を迎えようとしているＳ君は，入園直後おとなしく，自分の感情を表現するすべを知らなかった。潜在的能力はあり，数字などには強い関心があったが，言葉はカタコトの一言文。かたよった発達をしている子に見えた。学園にも慣れ，小学部１年に入学し，夏ごろになると，感情を表現するようになった。夕べの集会などの時すねてプイッと出て行って，職員の顔をうかがう，拒否と甘えの感情である。
　彼は，これまでこのような反抗期を通過する機会がなかったのかもしれない。

ぐずりながらもいやいやひかれていた手に保育士のぬくもりが伝わる。沈黙の歩行が続く。突然Ｓ君が

「ガッコ，ホーゴガッコ（養護学校）」

「モヨシ，モ，ヨ，シ，モヨシガクエン」とＴ先生に報告するかのように話しかける。「モヨシ，モヨシガクエン」，あまり大きくないその声は，保育士にだけ語りかけているようであった。

ちょうど遊び疲れて家路についた子どもが母親に「キョウね，Ｙ君が……」と一日のことをこまごま報告する，そんな情景に似ていた。

眼下に広がる自然の大パノラマ。そのなかに今の彼には大切な心の寄り所となっている養護学校，三好学園を発見した。

歩行訓練は，歩行障害の治療，教育が主な目的だが，Ｓ君の場合は，歩行機能の身体的障害の除去と心理的障害の発生予防が大きな学習課題となっている。

長い長い道のりを歩くと疲れてくる。地盤が悪く足をとられる。それが誘発要因となり甘えるといった感情（心理）が生まれる，歩行を持続させる障害となっていく。だがあるきっかけが要因となり，みずから心理的要因を克服し，歩行を続けることになる。

彼の寄り所となっている学校，三好学園，ねばり強く励ます保育士の心情。いつしかＳ君の手は，ぬくもりをもった保育士の手から離れＫ君と二人で歩いている。

「手を離せ，目を離さずとも」。今日，この日を振り返って担当保育士は，こう述懐するのではないだろうか──。そんな情景を見せつけられた思いがする。

「Ｓ君，いつまでも先生にたよっていちゃダメよ。早く一人立ちしなければ──」

「みんなだって同じよ」

そんな保育士のつぶやきも聞こえてきそうだ。

ちょっと前まで，すねて歩かなかったことを忘れさせるかのように，西の陽をあびて歩行するＳ少年の瞳は，嬉嬉としていた。　　〔米澤　國吉〕

●注──
(1) 細山公子「ちえおくれ」（みんなのねがい編『子どもの障害と医療』全国障害者問題研究会，

第12章　障害児と福祉

1988年)。
(2) 佐藤久夫・小澤温『障害者福祉の世界』有斐閣, 2000年。

● 引用参考文献 ─────
① 吉田宏岳・松本峰雄編『保育叢書3　児童福祉』福村出版, 1988年。
② 宮脇源次・村形光一他『児童福祉入門（第3版）』ミネルヴァ書房, 1995年。
③ 障害者行政研究会編『障害者行政事典』中央法規出版, 1990年。
④ 手塚直樹『障害者福祉論』光生館, 1988年。
⑤ 大野智也『いま障害児福祉は』ぶどう社, 1980年。
⑥ 厚生統計協会編『国民の福祉の動向（各年版）』厚生統計協会。
⑦ 福祉士養成講座編集委員会編『新版社会福祉士養成講座3　障害者福祉論』中央法規出版, 2006年。
⑧ 岡崎伸郎・岩尾俊一郎編『障害者自立支援論──時代を生き抜くために』メンタルヘルス・ライブラリー, 2006年。
⑨ 財団法人厚生労働問題研究会『厚生労働』2005年5月号, 2006年3月号, 中央法規出版。
⑩ 日本子どもを守る会『子ども白書（2005年版, 2006年版）』草土文化。

終章　児童福祉の展望

1 社会福祉制度から

1　社会福祉「改革」と市町村の役割

　2000（平成12）年の社会福祉事業法の改正（改正後，社会福祉法）など一連の社会福祉基礎構造改革は，社会福祉の共通基盤整備を目的としていた。その内容は，①福祉サービスの一般化・普遍化，②利用者本位のしくみ・サービスの質の向上，③市町村中心の取り組み，④在宅サービスの拡充，⑤サービスの供給体制の多様化，⑥保健・医療・福祉の連携強化，サービスの統合化などであり，それ以降，この方向に沿って福祉サービスのあり方は大きく変化してきた。

　児童福祉の分野では，1998（平成10）年から保育所入所のしくみを改め，保護者が市町村に申し込むしくみ（契約制度）が導入された。2004（平成16）年に策定された少子化社会対策大綱やその具体的実施計画である子ども・子育て応援プランにもとづき，保育サービスの延長・休日保育，育児疲れ解消などを目的とした一時保育，地域子育て支援センターによる育児相談などが実施されている。待機児童の解消などを目的として，保育所の緊急整備や定員の弾力化などの規制緩和が図られている。保育需要の増大および多様化，保育サービスに関する規制緩和の促進などに対応して，第三者評価の実施や苦情解決システムが導入された。

　2003（平成15）年の児童福祉法改正により，放課後児童健全育成事業（放課後児童クラブ）などの地域における子育て支援事業が法定化された。放課後児童健全育成事業は，エンゼルプラン，新エンゼルプランに続き，子ども・子育て応援プランにおいても整備目標が掲げられている。同年成立した次世代育成支援対策推進法は，すべての地方自治体に5年を1期とす

る次世代育成支援地域行動計画の策定を義務づけた。また，特定事業主（国および地方自治体など）および一般事業主（従業員301人以上の事業主）に対して，仕事と子育ての両立支援などを盛り込んだ行動計画の策定を義務づけた。このため市町村は，みずから策定した地域行動計画にもとづいた次世代育成支援に取り組むこととなった。2004（平成16）年の児童福祉法改正では，要保護児童対策における市町村の役割強化，子どもの権利擁護のための司法関与の強化などが盛り込まれた。他方，2006（平成18）年4月から児童手当の特例給付支給期間が小学校修了前に拡大された。

　一連の社会福祉改革の動向や次世代育成支援対策の推進など，児童福祉の分野において市町村の役割が増す一方，地方分権改革が進められている。三位一体改革の議論では，国と地方自治体が国庫補助負担金の一般財源化をめぐって激しく対立した。2006（平成18）年国会に提出された「地方分権改革推進法案」では，①国および地方公共団体が分担すべき役割を明確にする，②地方公共団体の自主性および自立性を高めることを理念としている。国から地方公共団体への権限委譲に伴い，国庫補助負担金，地方交付税，国と地方自治体の税源配分など，財政上の措置のあり方について検討するとされており，今後の動きが注目される。

2　公的責任と子ども家庭福祉

　子どもの養育は保護者が第一義的に責任を負い，さらに社会的，公的責任のもとで行われている。児童福祉法第1条は，「すべて国民は，児童が心身ともに健やかに生まれ，且つ，育成されるよう努めなければならない」とし，社会的責任を明記している。同法第2条において，「国及び地方公共団体は，児童の保護者とともに，児童を心身ともに健やかに育成する責任を負う」とし，公的責任を規定している。民法上，子どもは「父母の親権に服する」（第818条）とされ，監護・教育の権利および義務（第820条），居所指定権（第821条），懲戒権（第822条）などが規定されている。懲戒権に関して，子どもの権利の観点から削除すべきであるとの意見がある一方，父母として子どもを懲戒できないのでは，子どもの養育および発達について第一義的な共同責任を果たせず，削除を認めない意見もある。これまで親権とは，保護者の子どもに対する「権利」としてとらえられてきた。今

日では，保護者の子どもに対する「義務」として認識されるようになり，親権とは「親が子どもに対する義務を履行するにあたって他人から不必要に干渉されない法的地位」と解されている。この解釈は，子どもの権利条約と合致するものである。子どもの権利条約は，「児童に関するすべての措置をとるに当たっては（中略），児童の最善の利益が主として考慮されるものとする」（第3条）と規定し，「子どもの最善の利益」を確保するために「意見表明権」を保障している（第12条）。しかし，子どもを児童福祉施設等に入所させる場合（児童福祉法第26，27条），子どもの意見聴取は要件とされていない。子どもの権利の実効性を確保するためには，分離後の援助に関する施策の拡充に加え，児童福祉法に「子どもの最善の利益」，「意見表明権」が明記されるなど，法制度の整備が必要である。

3　子ども家庭福祉と包括的サービスへの課題

A　家庭・地域機能の強化

　子どもにとって，家庭は成長と発達の基盤であり，地域社会は基本的な生活行動圏である。しかし，高度経済成長期以降，家庭の養育機能の低下や地域社会の崩壊が指摘されるようになった。一方，社会福祉においては，地域社会，あるいはコミュニティの重要性がしばしば指摘されている。この点，子どもの権利条約は，「家族が，社会の基礎的集団として，ならびにそのすべての構成員，とくに子どもの成長および福祉のための自然的環境として，その責任を地域社会において十分に果たすことができるように必要な保護および援助が与えられるべきであること」（前文）と定めた上で，行政に子どものための機関，施設およびサービスの拡充を義務づけている。わが国では，子どもの健全育成のための施策，子育て家庭を支援する施策，子育て負担の軽減のための施策の重要性が高まっている。とりわけ急速な少子化の進行に対応するため，行政をはじめ企業・職場や地域など社会全体の協力のもとに，安心して子どもを生み育てることができる「子育て支援社会」の構築が重要な課題となっている。2004（平成16）年に策定された子ども・子育て応援プランは，少子化社会対策大綱が掲げる四つの重点課題に沿って，若者の自立，教育，働き方の見直しなども含め，2009（平成21）年度までの5年間に重点的・計画的に取り組む具体的な施策と目標

を掲げている。

B　予防的施策の拡充

　2000（平成12）年の児童虐待防止法施行以降も子どもが殺害されるなどの事件が後を絶たず，発生予防から虐待を受けた子どもの自立に至るまでの総合的な支援体制の整備が必要とされている。2004（平成16）年の児童福祉法改正により，市町村が相談の一義的窓口として位置づけられた。児童相談所の業務は，より高度な専門的対応が必要な業務に重点化され，新たに市町村を支援する役割を担うことになった。子ども虐待は，経済的困窮や子育て不安などさまざまな要因が複雑に絡んで発生することから，一つの機関だけで対応するには限界があり，病院・施設・学校・行政・警察・NPOなどの関係機関が緊密な連携を図り，一体となって援助を行う組織（虐待防止ネットワーク）が必要とされる。2004（平成16）年の児童福祉法改正により，市町村は「要保護児童対策地域協議会」を設置することができるようになった。厚生労働省の調査によると2005（平成17）年6月現在，全市町村の51.0％にあたる1,224カ所で協議会または虐待防止ネットワークが設置されている。このように子ども虐待防止対策においても市町村が担う役割は増えている。市町村が子ども虐待に関する相談に適切に対応するためには，専門性をもった人材の確保など相談体制の整備が必要である。また，市町村を支援する児童相談所の体制強化も求められている。

C　非入所型ケアサービスの重視

　子どもの権利条約は司法機関が判断した場合を除き，子どもは保護者の意思に反して保護者から分離されない（第9条）と規定している。わが国でも，児童相談所などが親子の同居を前提に援助ができる場合には，まず在宅援助の方法がとられる。児童福祉司指導の措置は，親子の再統合を視野に入れて行わなければならない（児童虐待防止法第11条第1項）と規定されており，子どもの権利条約における「保護者の養育を受ける権利」（第7条第1項）の趣旨とも合致するものである。なお，保護者に対する児童福祉司指導の措置がとられた時，保護者はこの指導を受けなければならない（児童虐待防止法第11条第2項）。保護者が指導を受けない場合，都道府県知事は保護者に指導を受けるよう勧告することができる（同条第3項）。都

道府県知事の勧告に強制力は設けられておらず，法施行後，勧告が出された例はない。これを補う制度として，都道府県知事が施設入所などの措置を解除する際，児童福祉司などからの意見聴取の制度が設けられている（同法第13条）が，実効性の確保が課題であり，在宅指導であっても，司法が関与できる制度も必要とされている。

　子どもの権利条約は，再統合が望めない場合，代替的養護が確保されるべき（第20条第1，2項）と定めており，代替的養護は，原則的には家庭環境に近い養子縁組や里親委託により行われるべきであり，施設での生活は例外的なものとして位置づけている（同条第3項）。わが国では，社会的養護のもとで生活する子どもの約9割が施設で生活している。子ども・子育て応援プランでは，虐待を受けた子どもへの小規模グループケアの推進を図るとして，今後5年間に1施設1カ所程度（845カ所）での小規模ケアの実施を目標としている。こうした施設の小規模化など施設ケアの改善に加え，里親養育の拡充や養子縁組が進められるべきであろう。〔勝　智樹〕

2　家庭福祉から

1　家庭福祉と子どもの福祉の接点

　核家族化・小家族化や少子高齢化を背景に家族機能が低下し，それにともなって多様な社会福祉ニーズが増加してきている。また，人びとの家庭生活や社会生活でも，その質の問題が問われる傾向が広がってきており，子どもの福祉においても，その本来的な役割・機能や，今日的状況におけるあり方が見直され，検討されなければならなくなっている。いうまでもなく，それは，社会福祉が人びとの社会的生活に密接に関連し，社会生活のあり方を規定し，それに大きな影響を与える社会経済や，文化や人びとの意識などのあり方の変化に対応して変わっていくものであるところから，ある意味では当然のことといえよう。

　さて，家庭福祉を「家庭生活の維持強化による家族の福祉の充実」と包括的にとらえて，家庭福祉から今日の子どもの福祉を検討し，その課題や展望について考えるとすれば，そこでは，今日の勤労者を中心とする労働

者の家庭生活問題と子どもの福祉ニーズとの関係，それら問題・ニーズに対する社会福祉施策の検討をふまえて，家庭生活の維持強化の面からいかに子どもの福祉を推進し，その内容をいかに充実していくかが問われることになる。

　子どもの福祉について考える時，それが単に子どもの福祉についてのみ取り上げられるのではなく，子ども・家庭・地域社会の有機的関連のなかで，包括的に体系化されてとらえられなければならないことが早くから指摘されてきた。それはすなわち，子どもの福祉を保障し促進するためには，子どものみならず，子どもの生活基盤である家庭ならびに，子どもや家庭をとりまく地域や社会に対する福祉的施策・配慮が必要であり，子どもの福祉も，それらの包括的な体系のなかに位置づけられて，初めてより有効なものになりうるとの考えに立脚したものであった。

　こうした考えを前提にするなら，子どもの福祉は，家庭生活や地域生活における生活の保障や安定に関する全側面にかかわってくるのであり，所得，保健医療，関連社会福祉サービス，教育・労働・社会生活，生活環境保全などの諸領域での，総合的な体系化がなされることが，子どもの福祉の基盤となると考えられる。(1)

　今ここで家庭福祉の視点から子どもの福祉を取り上げ，その課題や展望を検討しようというのは，とりもなおさず，子どもの福祉を支える基盤である家庭生活や地域生活のなかに，それを妨げるさまざまな問題が生じ，子ども・家庭・地域社会の有機的関連を弱めるような諸状況が形成されてきているからにほかならない。

2　子ども家庭福祉への関心の高まりとその対策

A　子育て支援対策と子ども家庭福祉

　社会的な変化に対応した社会保障や社会福祉のあり方が求められ，社会福祉制度改革が進められてきた。子どもの福祉に関しても，子どもたちを権利の行使主体として位置づけていこうとする傾向とともに，将来の社会の担い手，社会の活力低下の防止といった観点から，子どもの育成やその家庭環境について，国や地方自治体の社会福祉に関する中長期計画のなかでそれへの社会的対策を見直していこうとする傾向が顕著になっている。

たとえば1980年代末頃から，少子高齢社会での家庭における子育てへの支援対策の必要性が盛んにいわれるようになり，1994年12月にはエンゼルプラン（「今後の子育て支援のための施策の基本的方向について」）が策定された。それは，子育てを親や家庭だけの問題とせず，子育て支援を企業や地域社会等を含んだ社会全体で取り組むべき課題と位置づけた。また1999年12月には，新しい総合的計画として新エンゼルプラン（「重点的に推進すべき少子化対策の具体的実施計画について」）を策定した。

　さらに，少子化社会対策基本法（2003年7月）にもとづいて少子化社会対策大綱が閣議決定（2004年6月）され，その具体的実施計画として2004年12月に子ども・子育て応援プラン（「少子化社会対策大綱に基づく重点施策の具体的実施計画について」）が策定され，実施に移されている。そしてそこでは，少子化社会対策大綱に示された四つの重点課題である①若者の自立とたくましい子どもの育ち，②仕事と家庭の両立支援と働き方の見直し，③生命の大切さ，家庭の役割等についての理解，④子育ての新たな支え合いと連帯，に沿った5年間の重点的・計画的な課題や目標が提示された。

　このようにして，子育て支援対策は高齢者対策と並ぶ今日の重要な政策課題であり，また子ども家庭福祉対策にもなっている。そこでの「仕事と家庭の両立支援と働き方の見直し」に関する主要施策である育児休業制度の周知・定着，男性の子育て参加促進に向けた企業等における取り組みの推進，子育てのための年次有給休暇の取得促進や，「子育ての新たな支え合いと連帯」に関する一時・特定保育の推進，待機児童ゼロ作戦のさらなる展開，放課後児童クラブの推進，乳幼児健康支援一時預かり（病児保育）の推進などは，これからの子ども家庭福祉の中心的な課題であり施策でもある。[(2)]

B　子育て支援対策の課題

　これまで進められてきた国の少子化対策は，①育児休業や短時間勤務の導入などによる働き方の柔軟化，②児童手当制度の拡充による育児費用負担の軽減，③保育サービスの拡充に大別される。それはどの程度にまで進んできているのだろうか。まず，働き方の柔軟化については，1991年の育児休業等に関する法律で全企業に育児休業の導入を義務づけ，2001年からは休業中も休業前の賃金の40％を雇用保険で支払うようになっている。児

童手当制度は1971（昭和46）年に創設された後改善がなされ，2006（平成18）年4月から支給対象が小学校6年生にまで拡大されている。また，2007年4月からは3歳未満児には1人当たり一律に月額10,000円，3歳児以上については第1子・第2子は月額5,000円，第3子以降には月額10,000円が支給されるようになった。さらに，エンゼルプラン以降，女性の仕事と子育ての両立促進のための支援策として保育サービスの充実も進められ，2008年2月には新待機児童ゼロ作戦がまとめられ，保育施策の充実・強化がめざされている。[3]

しかし，それらの水準や内容は「安心して子どもを産み育てる」とか，「仕事と育児の両立を図る」ための施策としては不十分なものといわざるをえない。たとえば主な西欧諸国では，①フランスやドイツでは3年間の育児休暇，②大半の国での10代後半までの育児手当の支給や，日本の2〜4倍の支給額（しかも，親の所得制限がない），③共働きが多いスウェーデンでは2歳児の約8割が保育所に通園，といった実情がある。同じ西欧先進諸国といっても国により事情や特徴は異なるものの，これら諸国の子育て支援対策に比較して，日本のそれが相当低い水準にあることは明らかである。GDP（国内総生産）に対する家族政策のための国の支出の割合（主な西欧諸国2.2〜2.9％，日本0.6％）や，社会保障費に占める子どもに関する支出の割合（同じく約10％と約3％）の小ささも，日本の子ども家庭政策への取り組みの弱さを示すものといえる。[4]

子ども家庭政策は各家庭における子育てへの国家的支援の基盤であり，同時に個別的・具体的な子どもに関する福祉ニーズの形成を防止する機能をもつものであることから，その拡充が重要な課題である。

3　家庭福祉からみた子どもの福祉

ところで，子どもの福祉を支える家庭生活や地域生活において，それを妨げる生活障害問題を生じているのは，子どもたちが所属する勤労者を中心とする労働者家庭においてである。しかも今日の労働者家庭では，その生活基盤や子どもの養育機能が弱まってきている。特に20〜30歳代の若い世代において失業（非就労）・非正規雇用・長時間就労の増加や低所得傾向が指摘されており，子育て世代の社会経済的な自立の困難，安定した家庭

生活維持の困難が問題となっている。また、家事・育児負担は相変わらず女性に集中し、男性の育児休業制度利用もきわめて少なく、それが出産・育児の不安や困難の理由の一つにもなっている。

　こうした状況のなかで、家庭福祉の視点にたって、まず労働者家族に対する雇用・労働環境・所得保障、住宅・生活環境、教育環境、社会保障の整備がなされ、人びとの基本的な生活安定が図られることが基盤となる。そうしたうえに、子どもの福祉ニーズの発生予防や早期対応のための社会福祉サービスや、家庭で生じた子どもの福祉ニーズに対応した専門的援助サービスが体系化される必要がある。しかもそれらの社会福祉サービスが、子どもたちの生活の場である地域社会のなかで福祉ニーズに即応した形で提供され、有機的・統合的・計画的に実施されることが子どもの福祉にとって大切である。　　　　　　　　　　　　　　　〔清水　教惠〕

3 保育制度から

1 保育制度改革の方向性

　戦後の保育制度は、社会福祉制度の根幹をなしていた公的責任の具体的な姿としての措置制度によって運用され、今日まで発展してきたといえよう。しかし、この間においても、利用者からは保育料が高額である、保育時間が短い、乳児保育が不足している、はたまた入所手続きが煩雑である、との声も少なくなかった。また、保育所側からは、運営が不安定である、保育者の労働が過重であるにもかかわらず保育者の待遇は劣悪である、等々の指摘も多くなされてきた。この結果、国民からは「利用しにくい保育所」との批判が、保育関係者からは「国民のニーズに応える保育ができない」との問題点が双方から提起されてきた。これらの問題を解決するために国民、保育者や関係団体による保育運動を背景として、公的責任としての保育保障は漸次改善され、戦後の保育制度が形成されてきた。

　しかしながら、近年の社会福祉基礎構造改革下での保育制度の改革は、これまで蓄積してきた保育制度を根幹から大きく改変するものであり、公的責任としての保育保障を大きく揺るがせるものとなっている。社会福祉

基礎構造改革は，政策主体の説明によれば，利用者主体のシステムの確立として，利用者保護・利用者の選択を支援するしくみの構築と事業主体の多様化・活性化を促すとともに事業運営の透明性を確保することを目的に戦後社会福祉制度の大改革を推進することとしている。

　社会福祉基礎構造改革下での保育制度改革のポイントは，①措置制度から利用契約制度への移行，②保育サービス利用者の負担原則を応能負担から応益負担に切り替える，③保育サービスの市場化，などがその主要な柱である。この立場から，1998（平成10）年4月，児童福祉法が改正され，保育サービスについて市町村が実施責任をもち，利用者が市町村と利用契約を結ぶこととなった。「措置」から「契約」への移行は，その後，2000年6月の社会福祉事業法の改正により社会福祉法が成立し，社会福祉制度は原則として措置制度から契約制度へと転換した。また，これまでは公的福祉を確実に保障するために事業の主体を国・地方公共団体と社会福祉法人に限っていたものを民間事業者の参入も認めた。児童福祉法もこの路線に沿って毎年のように改正が加えられ，今日では，保育所，母子生活支援施設，助産施設，児童厚生施設，児童家庭支援センターなどが利用施設と位置づけされ，保育所経営については企業の参入も認められた。

　しかし，ここに創設された新たな保育制度は，依然として保育料が高くて子どもを保育所に預けられないとか，国民の保育ニーズに合致しない保育所が多すぎるなどの声が高く，さらに入所が必要な子どもが待機児として多く存在している事実が指摘される。他方，保育現場においては，公立保育所の民営化に伴う子ども・保護者の不安と混乱の増大，保育士の非正規職員化の一般的傾向のなかでの労働条件の劣悪性により，保育士の心身を蝕んでいる実態も明らかになってきている。このように見てくると，保育制度の改革は，一体，誰のために何を目的として進められたのかが問題となる。

　それは，たしかに部分的に硬直化しかかっていた保育制度の改善を講じてきたことは事実である。しかし，保育制度の本質的課題である子どもの生活と発達を保障する視点，国民が安心して利用できる保育所づくりとしての保育料問題，保育ニーズの多様化に対応する柔軟な保育メニューの整備，保育所経営の安定化，保育士の労働条件の改善などについての軽視は，保育状況を以前よりいっそう厳しいものにしている。そこには，改革の真

の狙いが国の保育に対する責任を軽減し，それを国民に転嫁しようする意図が存在するものと指摘しなければならない。

2 総合施設＝認定こども園がもたらすもの

　社会保障・社会福祉に要する国庫補助の支出縮減策は，その全領域で強硬に推し進められており，保育制度に限定してみれば2003年度の障害児保育事業，翌年度の公立保育運営費などの一般財源化，保育関係予算や運営費の抑制がなされてきた。2006年度は前年度比較において若干の増加はあったものの，今後，縮小の方向には変化はなく，多様な方法で展開されることが推測できる。

　財政の立て直しは，社会保障・社会福祉の分野のみならず国家的規模で展開していることは周知の事実である。2002年10月，地方財政問題の論議中に唐突に保育所と幼稚園の一元化が発表され，翌年の政府の「骨太方針2003」に教育と保育を一体としてとらえる「総合施設」構想が発表された。この動向は，政策主体が一方的に推進したものであり，まったく保育関係者を抜きにして検討された。したがって，この構想は，保育所・幼稚園関係者に大きな混乱と不安をもたらし，批判が噴出した。しかし，政府は現行の保育制度や幼稚園制度とは別立てとして総合施設の創設を政府方針として発表した。2006年6月には「就学前の子どもに関する教育，保育等の総合的な提供の推進に関する法律」を成立させ，同年10月1日から施行することを決定した。この成立経緯からも理解できるように，総合施設は，国民の保育ニーズに対応するもの，ましてや子どもの生活と発達を積極的に保障しようとして構想されたものではなく，国家の財政支出縮減の一環として出されたものである。一面では，①保育所と幼稚園の二元制度のために子どもが振り回されたことの解消と，②育児と就労を両立しようとする保護者にとって利用しやすい制度となる可能性も秘めているが（第9章参照），これが現行の保育制度や幼稚園制度にもたらす多くの懸念も存在している。すなわち，第1に，保育の公的責任という視点からの問題点である。総合施設では，直接入所契約制度の導入が決められた。利用を保護者と設置者との間で契約させることにより，保護者には自己責任が強く求められ，設置者には利用者確保のための努力という名の競争原理が働く。

この結果，保育の公的責任は後退し，利用・入所さらに保育に関する責任が個人的なものに矮小化される。この直接入所契約制度は，今後，認可保育所の入所システムにも影響を与えることが推測されており，この試金石として総合施設における入所契約制度が導入された。
　第2に，保育の水準に関する問題であり，総合施設の創設について既存の施設がこれに変更しようとする場合に厳しい基準が足かせにならないように対応する必要があるとして，調理室についてはその設置が望ましいとした。保育所ではこれまで必ず設置しなければならない施設であったものが，総合施設では「望ましい」という考え方に変更されている。これは，単に調理室のみの問題ではなく，総合施設創設に便宜を図るために保育基準を緩めることによって保育の水準を低下させることとなり，子どもの発達保障という観点から考えると大きな問題となる。
　第3に，保育料の問題である。総合施設での保育料は，「家計に与える影響を考慮」して施設ごとに定めることになる。このシステムは，これまでの保育制度と大きく異なったものとなり，市町村の一定の歯止め（不適切な保育料であれば変更を命ずることができる）があるといえども同一の市町村において施設ごとに保育料が異なることも予想される。そればかりか保育料の自由化を促進することにもつながり，認可保育所の現行の保育料制度のあり方にも少なからず影響を与えることとなるであろう。
　総合施設＝認定こども園の内容についての以上の問題点は，子ども・保護者のニーズや保育現場の声を軽視して政策主体の主導によって展開されているものであり，それが意図するねらいが今後の保育制度全般に直接的・間接的に影響を及ぼすものとして注視しなければならない。保育一元化は，古くて新しい問題であり，今日まで多様な議論や実践の積み重ねが行われている。現実的には一元化を実現するまでには至っていないものの，この方向をめざして幼保園や保育センターなどの名称を用いて一元化の保育に取り組んでいる実例も存在している。今，必要な保育制度の改革は，保育所と幼稚園のそれぞれの機能を十二分に保障すべき制度の充実と，ここでの地域の子育て支援機能を高めることが緊急の課題である。今回，制度の別枠としての総合施設＝認定こども園は，保育現場の実践的な積み上げを軽視するばかりか，保育の公的責任を大きく後退させるものといわねばなるまい。

3 保育制度の展望

　地域の子育てニーズが高まり，その内容も多様化する現状において，保育所への国民の期待はますます切実なものとなってきている。「利用しやすい保育所」要求の声は以前から強く存在しているものの，これを実現するには多くの課題を解決しなければならない。

　ところが前述したように，保育制度を取り巻く状況は決して改善の方向に進んでいるとはいえず，従前の問題に新たな課題が上積みされる形でますます困難な状況をつくり出している。ここでは，保育制度の基本的な問題を検討し，その展望を考えることとする。

　一つは，保育料の問題である。これについては以前から高額負担が指摘されており，今日といえども解決されない。保育や子育ては，社会的あるいは国家的な観点からとらえても「次代を担う国民の育成」として重要な意味をもっている。したがって，保育・子育ては社会・国家がどのような方法でどの程度支援するのかが問われる。児童福祉法第56条に本人または扶養義務者からの費用の徴収を規定しており，これにもとづき保育料の負担を国民に求めている。国がガイドラインとして示す「保育料徴収金基準額」を参考に市町村が条例などで保育料徴収基準を設定し，保護者にこれを負担させる。ところが国の基準が高すぎるために市町村は独自に「持ち出し＝超過負担」を行い負担の軽減を図っている。しかし，これは各市町村の財政力や保育への理解度などによって異なり，それでもなお国民の負担は高い。さらに延長保育が自主事業化されこの保育料が自己負担となり，保育料の問題は改善されるどころか「応益負担」への移行傾向により厳しさを加えている。

　二つに，保育の質としての最低基準の問題を指摘したい。総合施設＝認定こども園創設に当たり児童福祉施設最低基準で必置規定である調理室は設置が「望ましい」となった。これは現在総合施設のみに適応される規定かもしれないが，保育施設での「最低基準」は保育の質を一定に保障する基準として遵守しなければならい。ところが，総合施設を設置するためにこの基準を緩め「望ましい」としたことは，最低すらも保障しないような保育施設が登場することを是認したものである。最低基準を向上させるこ

とこそ保育の質を高めることにつながるのに，これを逆に緩和して低下させることは，保育の質を崩壊させることとなる。保育関係者よりこれまで要求されてきた最低基準の改善こそが保育の質を高めることであることを再認識する必要がある。

　三つに，保育制度改革として最も重視しなければならない視点は，子どもを権利の主体としてとらえ，子どもの生活保障と発達保障を十二分なものにすることであり，この考え方の社会的合意の形成が重要である。昨今の制度改革は，国の財政事情や産業界の立場のみが優先され，展開されることが多く，子どもの最善の利益を保障する立場を軽視したものであることは指摘するまでもない。したがって，改革の結果は，子どもや保護者の保育ニーズや生活実態と大きくかけ離れたものとなり，何のための改革であるかが問われることとなる。

　政策主体の保育制度に対する攻撃が激しさを増すなかで，真の保育制度改革を推し進め，国民が安心して子どもを預けることできる保育所を創造していくためには，広範囲にわたる国民の保育運動の組織化が必要不可欠となる。これまで，働く保護者と保育関係者の制度改善への取り組みは，確実に保育制度を堅持・発展してきたことは歴史が証明している。それは，保護者・保育関係者の共同による学習実践や，国・自治体に向かっての請願運動などであり，これらは地道な取り組みであるかもしれないが，たしかに政策側の独走を抑制する力となっている。今後もこれらの取り組みや，必要上，当然の権利実現に向けての法廷での争いも視野に入れて保育制度の改善を国民の側から積極的に要求していくことも，制度の発展には不可欠なこととなる。　　　　　　　　　　　　　　　〔菊池　正治〕

4　障害児福祉から

1　児童扶養手当併給禁止措置の見直しを

　今日のように経済が発展した日本社会においてさえ，障害者が生きていくには想像を絶する困難があるといえる。とりわけ，重度障害者に就労保障が十分になされていない状況のなかで，重度障害者が経済的に自立する

ことはきわめて困難な状況にある。したがって，重度障害者に対しては，経済的保障をなす一つとして，所得保障の立場から国民年金制度にもとづく障害基礎年金が支給されている。

　この障害基礎年金は国民年金法の別表に定める障害状態に該当する者に支給されるのであるが，この制度の樹立によって一部の障害者の家庭は児童扶養手当が打ち切られた。すなわち，かつて堀木訴訟によって障害福祉年金と児童扶養手当の併給が認められるようになったものが，再び併給禁止の措置がとられたのである。

　1986年4月1日から新国民年金制度が実施された。それによって，障害福祉年金は障害基礎年金と改められ，年金額も増額された。この新国民年金制度の実施により，一人一年金の原則が打ち立てられた。そのため，障害基礎年金と児童扶養手当の併給が禁止されることとなった。

　児童扶養手当は，父と生計を同じくしていない児童について，その児童を監護する母または養育者に支給されるものである。換言すれば，同手当は母子家庭および準母子家庭の母または養育者に支給されるのである。前述の併給禁止の措置とは，この母または養育者が障害基礎年金を受給しているときには児童扶養手当が支給されないということである。

　具体的な例を挙げよう。ここに母子家庭があるとする。その母が障害基礎年金の受給対象にならないような軽度の障害者あるいは健常者の場合には，その母に児童扶養手当が支給される。ところが，母が障害基礎年金を受給している場合には，母子家庭であるにもかかわらず児童扶養手当は支給されないということになったのである。

　つまり，1986年の国民年金制度の改革に伴って児童扶養手当法が改編され，同じ母子家庭でありながら，児童扶養手当が支給される家庭とされない家庭とがあるという制度になったのである。ここには二つの問題点があると指摘できる。

　一つは，憲法第14条の法の下の平等に違反するのではないかということである。同じ母子家庭の母でありながら，健常者等に支給される手当が，障害者には支給されないということは，障害を理由に差別しているということになるからである。

　他の一つは，児童の育成に関して，障害者の家庭に厳しい負担を強いているということである。「児童扶養手当は，児童の心身の健やかな成長に

終章　児童福祉の展望

寄与することを趣旨として支給されるものであって……」（児童扶養手当法第2条）と規定されているように，同手当は児童の育成のために使わなければならないことが命じられている。このことから判るように，児童扶養手当は児童の育成のためのものであり，障害基礎年金は母の所得保障のためのものであって，それぞれ別々の理由によって支給されているのである。それにもかかわらず，障害基礎年金を受給しているという理由で児童扶養手当を支給しないのは，子どもを育てるに当たって明らかに障害者の母に厳しい負担を強いているものといわざるをえない。

　障害は単に収入を低下させるだけではなく，家計費の膨張をもたらすものである。母が障害者であるということは，障害のためにそれだけ支出の面でも健常者より大きい負担がある。その障害者の母にこのように厳しい措置を設けたということは，当然のことながら児童の心身の健やかな成長にも大きな障壁になることはことさらにいうまでもないであろう。

　1994年は国民年金法の見直しの年であった。その際，障害基礎年金と児童扶養手当の併給を認める措置を再びとるなどして，障害母子家庭の児童の育成に支障を来さないための対策を図るべきであったが，政府はまったく何の対策もとらなかった。そして，その後も国民年金制度の見直しはあったが，このことに関しては何の改善もなされないままである。一日も早く抜本的改善を図ることが望まれる。

2　障害児教育の充実を

　教育は福祉ではないと主張する人がいるかもしれないが，社会福祉の広い分野のなかには教育も含まれている。したがって，児童教育も児童福祉の枠内のものとして論じたとしても何ら差しつかえないといえる。

　日本の教育制度は世界に比類のないほど充実しているといわれている。しかし，こと障害児教育となるとそうはいえないものがある。たしかに1979年の養護学校の義務化によってほとんどの障害児に教育権が保障された。とはいえ，それは障害児は「特殊教育諸学校」へ，という分離教育の道をいっそう広げたにすぎない。換言すれば，障害児に統合教育の道が開かれたわけではないのである。

　障害児教育の世界的趨勢は統合教育である。ところが，文部科学省が統

合教育を現行教育制度の枠外のものとして位置づけているため，日本では障害児統合教育は制度的には認められておらず，地方の教育委員会の姿勢いかんにかかっている。にもかかわらず，統合教育を望む障害児やその家族は後を絶たない。視覚障害児統合教育を例に挙げるならば，全国ですでに200例を超えている。

　文部科学省のかたくなな姿勢のために，統合教育は地方によってその対応が区々である。つまり，統合教育を認める地方もあれば，まったく消極的な地方もあるというようにである。たとえ統合教育を認めているとしても，地方によってそのあり方は大きく異なっている。

　視覚障害児統合教育でいうならば，たとえ実施しているとしても，点字の教科書を保障する地方もあれば，ほとんど保障しない地方や一部だけしか保障しない地方もあるというように，その対応はばらばらである。

　このような学習環境のなかで視覚障害児は統合教育を受けており，そのために高校入試の壁を突破することが困難な状況も見受けられる。すなわち，9年間の義務教育において不充分な学習環境にもかかわらず，高校入学の合否判定にはほとんど考慮が払われないのである。

　スウェーデンでは1986年に盲学校が全廃され，視覚障害児統合教育が制度として実施されている。このような世界的趨勢を鑑みれば，日本においても統合教育を現行教育制度の枠内のものとして位置づけ，手厚い教育を障害児に対して保障すべきではないだろうか。

　障害児は障害をもっているというだけであって障害児が「特殊教育諸学校」へ行かなければならない理由はどこにもない。障害児にとって最も望ましいのは，「特殊教育諸学校」へ行くか地域校へ行って統合教育を受けるかの選択権が与えられることである。一日も早くこのことは実現されなければならない。2007年4月からは，「特殊教育」に替わって「特別支援教育」が始まるが，ここにおいても同じことがいえる。　　〔愼　英弘〕

5 地域福祉から

1 孤独化する子どもたち

　「現金30万円を支払うから」両親の離婚に不満があったとして，16歳の息子が友人で15歳の高校生に母親殺害を依頼。刺殺で実行させた。「父親に勉強しろといわれ家にいるのがつらかった」16歳の高校生が放火殺人。38歳の母親と7歳，5歳の弟妹を焼死させた。「長年，夫からの暴力をうけてきたから」84歳の妻が80歳の夫を刃物と金槌で殺害。「おばあちゃんにつねられた，と父親に告げ口したから」50歳の祖母が3歳の孫を殺害。「夜泣きがうるさくて，金銭や生活でムシャクシャしていたから」23歳と24歳の夫婦が9カ月の二女を水死させた。口論で63歳の父親が27歳で無職の二男を刺殺した。

　以上の事件は2006年におきた近親者による殺人事件である（親族殺害事件の動機を類型化すると，①子育て，②学業，③介護，④無職（貧困），孤立，⑥離婚）。子どもが親を殺し，親や祖母が子や孫を殺す。夫婦が配偶者を殺害する。日本は「殺人列島になってしまいそうだ」と岩見隆夫が指摘する。これまで，殺人事件といえば，他人による凶悪犯罪が中心であったが，近年は「親族による親族に対する殺人」が多発している。その背景には家族の絆が崩壊し，家庭という家族の居場所が喪失していることにある。広井良典は「日本社会は共同体をカイシャと核家族に求め都市のなかの村社会を作っていったが個々人がただ孤立してバラバラとなっている」と主張する。しかも終身雇用の崩壊や格差社会の浸透は，人と人の支え合いを切断し，孤独化を促進する。

　一方，IT技術（ウェブ社会）が支配する現代生活の「ワンタッチ」の便利さは結果までのプロセスが省略される。さらに価値判断にイエスかノーか，賛成か反対か，勝ちか負けか，良いか悪いか等の二分法が主流となる。本来二分法は判決等最後の判断基準に用いる手法である。思考力での二分法は，子どもたちの心まで二分化したのではないか。

　現代の子どもや若者たちの多くが，直接の対話より，相手がみえない電

子メールや携帯電話でのコミュニケーションを選択している。同じ教室にいながら，対面せずに友人と携帯電話で話す学生や，隣同士机を並べている若手社員同士がメールで仕事のやり取りをするのは珍しいことではないらしい。しかもメールの会話は音声もない。

　対話でのコミュニケーション（言語・準言語・非言語）からくる「摩擦の回避」の選択をしているのかもしれない。このようなコミュニケーションの方法は，二分法を促進し，さらに心のデジタル化を促進する。子どもや若者が思い悩むことなく，二者択一で短絡的な結論を出してしまうことがある。その結果，人の心までも二者択一のデジタル化が進む。「心のデジタル化」により自己調節能力や想像（創造）する能力が極端に低下する。殺害した後，加害者が被害者に対して「大変なことをしてしまった。申し訳ない」との反省談話がその能力低下を如実に物語っている。

2　地域福祉で心のデジタル化を予防

　では子どもの「心のデジタル化」を防ぐためには，どんな施策や工夫が必要か。それは徹底した遊びを奨励したい。特に乳幼児期，学童期での遊びが重要である。その遊びも集団での戸外遊びが望ましい。子どもたちは遊びや喧嘩を通して，対話の手法や多様な価値観等社会のルールを学びとっていく。

　国政レベルでは「家族・地域・職場の支え合いの循環で，国民が安心し，充実感を持って生活できる社会を創りだしていく(7)」政策の実行が不可欠である。一方，市民レベルでは人とヒトのつながりや人とヒトの支え合いを基盤とした，家族・家庭の再生が緊急課題である。ネイバーフッド・ガバメント（近隣政府）とネイバーフッド（家族・友人・隣人）が協働で，子どもを「まち育て」のシンボルとして，地域福祉を確立していくことである。

〔柿本　誠〕

6 教育・医療制度から

1 教育・医療と児童福祉の視点

　児童福祉において，児童の存在を考える場合，子どもを未成熟な大人と見るのではなく，その時々の生育段階において，精一杯に生きつつある固有の存在であることを認識しておかなければならない。1989年に国際連合総会において採択された「子どもの権利条約」では，子どもは人格の全面的かつ調和のとれた発達が保障され，また十分に社会のなかで個人としての生活を送れるようにすべきであることを掲げ，「子どもの最善の利益が第一次的に考慮される」（第3条）としている。では，子どもの最善の利益を保障していくとは何か。子どもの心身の発達可能性から考えると，教育・医療と福祉が子どもの生活のうえで最も重要な意味をもつものであろう。

　しかしながら，現実のわが国の教育，医療は，その荒廃ぶりが叫ばれ，教育場面においては不登校，いじめなど，その時々の問題の形は変わってきているものの，教育制度等の根本的な問題が解決できないままに，犠牲となった子どもたちがさまざまな問題を抱えているのが現状である。

　ここでは，こうした教育・医療と福祉の将来について，児童の権利の視点から検討してみることとする。そこで，その視点を，「自立」，「主体性」，「個性化」の三つをキーワードから考えていきたい。

　ところで，子どもの教育，医療を考える時，石川憲彦の「子供はわれわれ大人に比べれば，やはりずっと自然的存在です。大人になっていくことを私たちは，人という生物が文化に即してだんだん人間になっていくことだと立てたわけですが，そうではなくて，自然的な人間から文化的な人間への変化の中で，もう一度，より自然に近い子供たちが，ふと自分の体や自然に従って立てている反乱の諸現象，そこからもう一度，自分が置かれている位置とか，自分が回復しうる自然の言葉を大人の側が見るかどうか」[8]が問われているという言葉は示唆に富んでいる。この視点を視野に入れつつ先の3点について考えていきたい。

2 教育・医療がめざす子どもの自立

　教育も医療もめざしているのは子どもの自立であろう。誤解を恐れずに言うと，教育にしても，医療にしても，子どもが大人の何らかの保護から徐々に離れ，個としての存在になっていくことを目的としている。もちろん，大人になれば完全に自立しているのかというとそんなことはありえない。すべてのことを自分で賄うことのできる人はいないし，自立といっても相互に依存した関係のなかで成立している以上，必要に応じてそれらを利用する。しかしながら，大人の場合，さまざまな問題に対して，その解決方法を自己選択し，自己決定している。たとえば，病気で考えてみると，「熱があって体がだるい」といった場合，「寝ていれば治る」，「医者に行った方がいい」というようなことは自分で判断し行動する。しかし，子どもの場合には，親が医者に連れて行くなり，寝かせておくなりの判断をする。つまり，こうした日常のさまざまな問題に対して，子ども自身が自分で判断し，自分で選び実行し，その責任を負う，すなわち自己選択，自己決定できるようになっていくことが自立であり，この目標に向けての子どもの教育，医療のあり方が求められるであろう。言い換えれば，保護の名のもとに教育や医療が子どもに強制されるのでなく，子どもの判断を信頼するなかで子どもの自立が可能になっていくのではないだろうか。

　こうした意味において，「子どもの権利条約」第12条の意見表明権は大きな意義がある。そこには「子どもに影響を与えるすべての事柄について自由に自己の見解を表明する権利を保障する。その際，子どもの見解がその年齢および成熟に従い，正当に重視される」と述べられている。このことは，子どもを信頼していくことから始まるもので，子どもの自立の方向を示しているといえる。

3 子どもの主体的な教育・医療への参加

　教育や医療の場面においては，専門家といわれる人と子どもが垂直的な関係で成り立っている。教師は子どもを教育していく専門家として，医師は治療する専門家として，子どもに向き合っている。そこにおける両者の

立場は「教育する者と教育される者」、「治療する者と治療される者」である。しかし、教育においても、医療においても、専門家が客体である子どもに向けてなされるものではない。その主体は子どもであり、子どもがみずから学ぼうとしたり、みずから治ろうとするところから教育も医療も成り立っている。しかし、専門家である教師、医師は主体である子どもを抜きにして、「教育すること」、「治療すること」と向き合って教育的行為、医療的行為を行おうとするところに大きな誤りを犯している。単に、「子どもができなかったことができるようになった」、「病気が治った」ことのみを教育や医療であるととらえるのでは生徒抜きの教育であり、患者抜きの医療である。教育も医療も人間と向き合うことからその行為の重要性が考えられ、本質がある。学校への帰属意識を失った子どもが学校で何かができるようになったとしても、あるいは医師を信頼しない子どもがたとえ病気が治ったとしても、それは教育でも医療でもありえない。子どもが主体的に学ぼうとしたり、子どもが主体的に治そうとするところから教育も医療も成立している。学校においては生徒である子どもが、病院においては患者である子どもが主人公になることが必要なことであり、そこに教育や医療の存在意義がある。

　牧柾名は子どもが自分自身主人公になっていく過程を「大人にとって何でもないように見えることが、子どもにとってはとても大事なことです。自分自身が主人公になる、これが子どもにとっての自由や人権の第一歩ではないでしょうか。教えられたように動くのではなく、自分で考え、自分で感じたことを両親に、あるいは友だちにあるいは保母さんに、体や言葉で伝えることができるように、自分自身を統御することが人格的自由のはじまりだと思います」(9)と述べ、子ども自身が主人公になっていくための、人間の関係の必要性を強調している。すなわち、教育の場面においても、医療の場面においても、他の人との働きかけ合うなかで、子ども自身が学ぼうとしたり、病気を治そうとしたりする関係が築かれるのである。要するに、教師や医師と子どもが互いに主体者として相互作用していく関係性がなくては教育も医療も成り立たない。

4　教育・医療における個性化

　先程も述べたとおり，教育にしても，医療にしても，人間が主体となったかかわりのなかで営まれる以上，個性をもった教師や医師と，個性をもった子どもがぶつかりあうなかで成立する。もし，教育が学習指導要領に従っただけの知識の切り売りであったり，医療が医療技術を用いて病気そのものの治療だけをめざすのであれば，もはや人間が行う教育や医療は必要ではない。的確に事実を伝える機械や技術を修得したコンピュータ，ロボットが教師や医師に代わっていくであろう。しかし，それでは教育も医療も存在価値がない。子どもの喜びや悲しみ，痛みなどさまざまな心の動きを理解し，ともに分かち合うなかで，教育のできること，医療のできることが見えてくるものである。この基本に立ち返った時，そこには「かけがえのない一人ひとりの子ども」が浮かび上がってくる。しかしながら，現実の教育現場では子どもの個性に応じた教育が標榜されながらも「落ちこぼれ」と称して，あるいは非行児とレッテルを貼り，教育場面から締め出すことはしても，決して教師みずからが「落ちこぼした」ことや非行に走らせたことを省みようとしない。そして教育効果とその効率から子どもをより分け，教師にとって楽な子どもにだけ教育していくようになる。良い子とは，教師の言うことに逆らわず，管理しやすい子どもとなる。管理され画一的になった子どもに個性を求めることができるのであろうか。一方，医療場面においても「１時間待って，３分治療する」状況のもと，子どものおなかの痛みや，熱のでる原因が体の病気によるものなのか，心の問題から起こってきているのかといったことをじっくり確かめることもないまま，病気の診断をくだし，薬を渡すだけで終わっている治療が医療なのだろうか。多くの集団のなかの子どもとしてではなく，また多くの患者のなかの子どもでもない，この世にたった一人しかいない子どもの存在を認めたとき，はじめて子ども一人ひとりに応じた教育や医療の役割が認識される。そして，個性をもった教師と医師という主体と，個性をもった子どもという主体が互いに向き合うなかで教育も医療も実践されるべきである。

　以上，「自立」，「主体性」，「個性化」の３点から今後の教育，医療のあ

り方について検討したが，これらを根本的に解決するには，前述したように，教育制度あるいは医療制度等さまざまな課題があることは事実である。しかしながら，現場における多くの問題は単に制度改革がなされたことで解決できるものではない。専門家と称する教師や医師が，もう一度子どもを「かけがえのない一人の人間」として，その権利を保障していく立場に立つと同時に，教育，医療が教師や医師と子どもが互いに影響しあう関係のなかで成り立っているという認識をもつことが重要であろう。

〔村井　龍治〕

7 児童福祉の国際的動向から

1 国際的視点について

　児童の権利について国際的視点から改めて考えてみたい。すでに第2章で触れたように，人権思想と近代国家の価値は自然権思想ないし契約説に依拠して成立した。近代国家の成立の段階においては，行政権の濫用を司法制度や議会制度が統制するというとらえ方が支配的であった。その後，しだいに市場や家族だけで対処できない社会問題，生活問題が浮上し，それに対応すべく行政サービスが担う領域がしだいに拡大し，司法制度や議会制度もそれを支える方向へと変容していく。そして国家が国民的な最低生活保障を担うようになって福祉国家が成立する。

　児童福祉法第2条が，児童育成における国家責任原理を強調するのも，日本国憲法に規定された国家の最低生活保障原理を踏まえればこそである。このことは，児童に付与された潜在的意味における諸権利が，福祉国家の枠組みを通じてこそ実態化されることを意味しよう。

　しかしながら，自然権思想にもとづく近代国家の形成とは，同時に資本主義化の進展であり，それは伝統的共同体を破壊し，人びとを孤立と不安へと追いやり，そのことが自由な市民の国民国家への統合を促したこと，そこに，19世紀末から20世紀にかけての国家主義ないし帝国主義の台頭があったことも事実である。人びとの国家・国民への統合は，反面において，在日外国人や無国籍者への排除と差別を生み出すことになった。福祉国家

の成立が，人びとの国民的統合を前提として成り立つものだとすれば，それは反面において，ある特定の人びとを非国民化し，排除することを意味したといえよう。

　たとえば，日本国憲法は国民の権利を規定しているが，国民とは戸籍を有するものとされている。老人福祉法等の社会福祉関連法には国籍要件が設けられている。しかしながら，児童福祉法第1条は「すべて児童は」を主語としており，国籍要件を設けていない点に注目したい。国際化のなかで日本に不法入国してくる外国人労働者の問題がある。そこから国籍を有しない子どもが誕生してくる可能性がある。この点，児童福祉法は児童の福祉を図るために，他の社会福祉関連法とは異なって国籍要件を設けていない。このことは，児童の権利を擁護するためには，国家主義的な枠組みを克服しなければならないという側面のあることを示している。

　国家主義ないし帝国主義の台頭が全体主義を生み，人類を二度の世界大戦に導いたこと，そのことは子どもたちに最悪の環境を与える結果となったことは忘れられるべきではない。そのことへの反省から国際連合が結成され，1948年世界人権宣言が採択された。この時，国際的宣言（The International Declaration）という当初案が，フランスの主張によって「世界人権宣言」（Universal Declaration of Human Rights）に名称変更されたことに注目したい。国家を前提とした国際（International）によって守られる人権ではなく，人類とつながる一人ひとりの人間によって担われる人権が強調されたといえよう。1989年採択された「児童の権利に関する条約」もそうした精神の延長上にある。

　児童の権利が福祉国家の枠組み，国による家族政策や社会政策を通じてこそ，実態的に守られていくことは依然として強調されなければならない。しかしながら，飢餓的な貧困と内乱状態に置かれた国や地域，いまだ十分な社会的諸制度を整備できていない途上国，そこにおける子どもたちの福祉と権利は，その子どもが属する国の枠組みに依拠するのみでは実現しない。そこで，そうした国や地域の子どもたちの福祉と権利は，国の政策だけではなく，種々の国境を超えたNGO（非政府組織）等の支援活動によって大きく支えられている現状がある。

　以上，児童の権利は，福祉国家の枠組みを通じて保障されると同時に，国家を超えた市民的連帯によって支えられていく側面のあることが理解さ

れよう。

2　福祉国家の成立とその揺らぎ

　従来，近代主義的な価値観から社会福祉や福祉国家がとらえられてきたが，近年のグローバリゼーションのなかで，近代主義的な価値観への批判も大きくなってきているように思われる。ここでいう近代主義的な価値観とは，近代国家の普遍的なモデルを西欧における近代国家に見いだし，かつ，福祉国家の普遍的なモデルを西欧型の福祉国家に見いだし，非西欧諸国をその型に導いていくことを理想視する価値観のことである。日本の近代化過程と社会福祉の成立を説明する場合も，近代主義的な価値観から，日本的特殊性がしばしば批判的に指摘されてきた。

　しかしながら，西欧における近代国家の成立から福祉国家への歩みとは，工業化によって達成された民主化過程の成果であるが，同時にそれは非西欧的世界を植民地化し，その工業化を抑制して，原料調達地として再編成し，その政治的民主化運動を弾圧する歴史でもあったといえよう。西欧における福祉国家の成立，その国民に保障された最低生活保障は，非西欧的世界の植民地化と貧困を土台とするもの，いわば二重基準の上に成立してきたとも考えられる。

　振り返って，日本の近代化過程の歩みは，西欧列強による植民地支配の経緯において特異な位置を占めてきたように思われる。日本は西欧列強による植民地支配を免れ，工業化に成功した。しかしそこに大きな矛盾が生じ，代償も大きかったといえよう。西欧列強は，後発の資本主義国家として経済的に台頭しはじめた日本への危機感から，日本側に不当な労働力コストの削減があるのでないかと批判し，工場法等の制定を日本側に迫っていった。それに対し日本政府と経営者層は，日本商品の海外市場での競争力が児童労働を含む労働者の長時間労働と低賃金によってようやく確保されていると考えていた。したがって，ILO総会等の席上において日本側は日本の特殊事情を説明しつつ西欧の理解を得ようとしたし，工場法を形式上制定したとしても中小零細企業における児童労働の温存を図っていったのである。

　児童の権利の一つとして児童の教育を受ける権利がある。それは貧困世

帯の児童の労働からの解放をもって現実化する。実際に，戦前日本において貧困家庭は家計補助的な児童労働に依存し，私企業，特に中小零細企業は児童の長時間労働とただ同然の低賃金に依存していた。もし児童の権利確保のため工場法を実効的なものとして制定し，児童労働をより完全に禁止しようとすれば，児童はかえって労働の場を失い，児童労働に依存する貧困家庭の生活はさらに追い込まれることなり，かえって貧困児童は売春等の闇市場に追いやられ，暴力的支配下に置かれる可能性が高まってしまう。だからこそ，戦前日本おいて実効的な工場法は不在であったのであり，そうした代償の上で成り立ってきた工業化の歩みであったといえよう。かつ，日本は西欧列強にならってアジアを植民地化してきた。

戦後，児童の権利が，児童福祉法の成立をもってというよりは，労働基準法や義務教育制度の確立をもって現実化してきたという意味は大きい。その後の経済復興を通じて日本は福祉国家への仲間入りを一応は果たすことになったといえる。

日本が経験してきた矛盾は，現在，途上国が抱える問題にそのまま連続しているように思われる。途上国における貧困世帯は児童労働に依存している。ここに貧困ゆえの多産・多子の問題があり，貧困の世代的な再生産という構造的問題が依然として存在している。児童の権利擁護という名目で工場法を制定し，児童労働を禁止しようとすれば，かえって貧困児童は働く場を失い，ストリートチルドレン化する可能性が高いだろう。

西欧的な福祉国家の枠組みを途上国にそのまま当てはめようとすることは，かえって破壊的な影響をもたらす危険性がある。そこで途上国で強調されているのが社会開発である。途上国においては社会的諸制度が未整備である。また，社会福祉の前提として，飢餓的な貧困の問題と不衛生な環境の問題がある。また，乱開発による環境破壊の問題もある。西側諸国による一方的援助の付与では問題解決にはつながらない。そこで途上国における児童福祉ないし社会福祉は，経済開発と一体のものとして，より生産的な観点から計画されると同時に，地域住民による内発的なネットワーク形成が重視されている。

1970年頃の石油ショックは西欧の福祉国家に揺らぎをもたらした。その後の経済のグローバル化によって，大企業は労働力コストの安い途上国に生産拠点を移し，東アジアでは急速に工業化が進展した。しかし，西側諸

国の工場が閉鎖に追い込まれ，若者層の失業問題が深刻化していくようになる。経済のグローバル化によって福祉国家を支えていた不平等な二重基準が解体し始めたこと，これが福祉国家揺らぎの構造的背景であろう。もし，高福祉高負担の福祉国家を維持発展させようとすれば，累進的な所得課税を維持しなければならない。しかし，現在の経済のグローバル化と所得格差の拡大は国民的統合意識を後退させる。富裕層への過剰な課税は，その海外流出を招来しかねない。ここにおいて英米そして日本では新保守主義が台頭し，税を通じた所得の再分配政策が後退してきている。また，社会福祉サービスにおいても国家責任原理の強調に代わって多元的なサービスの供給主体論が強調されてきている。しかし北欧諸国のように，政府，企業，労働組合の協力関係によって完全雇用政策を維持し，福祉国家を維持しようとする国がある。今，福祉国家は新たな岐路に立たされているといえよう。

3　貧困と児童労働，ストリートチルドレン，児童売春，海外移民

　経済的に豊かになった国々において，いじめや非行，児童虐待の問題が深刻な社会問題になっている。一方，貧困に喘ぐ途上国においては，不衛生な環境や栄養失調等によって死亡する乳幼児は依然多く，未就学のまま児童労働を強いられている大勢の子どもたちが存在している。ストリートチルドレンは3,000万人から1億人いるといわれ，中南米の大都市でとりわけ深刻である。エイズの問題はアフリカにおいて特別深刻であり，エイズで親を失い孤児となった者が1,000万人に達するという。さらに，児童売春・児童買春の問題，実質上の人身売買の問題がひろく存在している。
　かつての日本では貧困家庭において児童労働は一般的であった。なかでも女児の場合は未就学のままに奉公に出されることが多かった。しかし女児の奉公先は子守や女中奉公にもっぱら限られていた。働くとすれば紡績業で女工として働くことであった。そこには長時間労働と驚くほどの低賃金，まったくの無権利状態と健康破壊が待ちかまえていた。よって芸娼妓となって売春によって家計を支えた女子は少なくなかった。公娼制度は名目上は廃止されていたものの貸座敷業として実質的に温存され，日清戦争以後かえって全国に普及拡大し，さらに日本からの海外移民や海外進出に

ともなって売春女性は海外へと拡がっていった。

　貧困世帯にとって貧困からの脱出の方法の一つが海外移民であった。アメリカ，ハワイ，ブラジル移民はよく知られるが，フィリピンやインドネシアへ移民として渡った日本人が少なくなかったことはあまり知られていない。そこでの生活は困難を極めた。海外移民のためには，就労支援から教育問題まで広範で総合的な支援が要請されたが，そうした活動はごく一部であった。

　現在，貧困に喘ぐ途上国の人びとが，仕事を求め，また一家を支えるため，日本に外国人労働者として移入してきている。いわゆる，3Kと呼ばれる危険で汚い仕事を外国人労働者が担うようになりつつある。外国人家族の子弟の教育問題は，民族的アイデンティティの問題とからんで複雑で困難な課題となっている。児童福祉サービスにはこうした問題への新たな対応が求められている。

　また，かつて，日本女性が売春婦として海外に派遣されたように，現在，途上国から日本にきて売春を強いられる女性が多く存在する。いい仕事の場があるという甘言に誘われて日本に入国し，暴力団の支配下で売春を強いられる構造は，実質上の人身売買である。また，先進国男性の途上国における児童買春の問題がある。日本でもようやく1999年「児童買春，児童ポルノに係る行為等の処罰及び児童の保護等に関する法律」が制定された。

4　途上国における人口問題と先進国における少子化問題

　かつてマルサスは『人口論』を著し，農業生産物は算術級数的にしか増加しないが人口は幾何級数的に増加し，人口増加による貧困は回避できないとして人口増加の抑制の必要を主張した。しかし，その後の工業化は，農業の生産性をも飛躍的に向上させることになり，人口の増加にかかわらず，生活水準はしだいに向上していくことになった。しかし，現在，工業化にともなう人口増加は爆発的であり，環境破壊の問題が深刻化するにおよんで再びマルサスの主張は現実味をおびてきていることも確かであろう。

　現在，途上国において，出産の制限が最大の社会問題となっている。その一方で，福祉国家を成立させた先進国において出生数の減少が顕著になり，少子化対策が課題となっている。こうした状況はどのように説明され

るのだろうか。以下，近代家族の形成をめぐる歴史的段階が三つあったという見解から説明を試みたい。

伝統的な共同体的社会においては，生産力の向上はほとんど望めなかったから，人口調整のための種々の社会的装置が機能し，人口増加は抑制されていた。徒弟制度は人口抑制のための一つの社会的な装置でもあったといえよう。一定の年齢になれば他家に徒弟奉公に出され，一定の徒弟期間を終えて初めて自立し，結婚できるというしくみは，早期の結婚と出産を防ぐという意味があった。

しかし，産業化，工業化によって徒弟制度は解体し，人口は急増し，新たな近代的貧困問題が顕在化してくる。同時に，産業化によって新たな支配階層として中産階級が台頭し，そこには男女役割分業的な近代家族観が成立していく。19世紀半ばから20世紀にかけて，女性は家庭を守るべきもの，また，母性尊重の価値観が拡がっていった。しかしながら労働世帯の実状として，児童労働や母親の内職が一般的であった。近代家族の価値観は支配層で形成されながら，労働世帯が置かれていた実状とは乖離していた。男女役割分業的な近代家族の価値観が労働世帯にも普及拡大していったのは戦後，日本の場合，戦後の高度経済成長の時代であったといえよう。

こうした価値観の寿命はそれほど長く続くことはなかった。女性の大学への進学率は飛躍的に向上し，就職して仕事に生き甲斐を見いだす若い女性が急増していく。しかし，産業構造としては，女性に家計補助的労働を担わせてきた伝統があって，容易に構造転換が図られず，その能力を十分に生かしつつ育児を支えるような職場はごく限られている。また，近代家族の形成において男女役割分業的な価値観が浸透したため，就労し結婚する女性にとって，家事・育児の負担がそれほど軽減されるわけではない。就労と結婚ないし育児との両立の困難さが新たな問題として浮上してくることになった。こうした矛盾への自己防衛として女性の晩婚化ないし非婚化があり，そのことが近年の先進諸国における少子化の要因といえるだろう。この点フランスは，多様な家族手当，保育サービスの積極的活用，労働時間の短縮等によって出生率が回復していることに注目したい。女性の就労率の高い国と地域において出生率が高くなっていることが近年の調査結果で明らかになっている。過剰な男女役割分業観を是正し，女性にとって働くことと家庭生活が両立できる環境を社会的諸制度の確立（男女の同

一労働同一賃金，最低賃金の保障，労働時間の短縮，児童手当，育児休業制度，保育サービスの普及等）を通じて実現させていくことが今日求められている。

　一方，途上国においては人口増加の抑制が社会問題となっている。先進国においては，工業化とそれによる生活水準の向上が，出生数の減少につながっていった。しかし，途上国においては貧困ゆえの多産の構造が依然として存在している。貧困世帯が児童労働に依存する構造があり，老後の生活保障も子どもの扶養に期待するほかない。また，これまで途上国においては乳幼児の高い死亡率が人口調整の役割を果たしていたが，近年の衛生環境の改善によって乳幼児死亡率は低下傾向にある。にもかかわらず，貧困ゆえの多産の構造は容易には変わらない。ここに途上国における人口爆発と貧困の悪循環の背景があろう。途上国における児童福祉ないし社会開発においては，衛生環境の改善と同時に家族計画が特別重視されているといえよう。
〔細井　勇〕

●注──
(1) 佐藤進・高沢武司編『児童福祉法50講』有斐閣，1976年，4ページ。一番ケ瀬康子編『児童福祉論』有斐閣，1974年，155-156ページ。
(2) 厚生統計協会編『国民の福祉の動向（2005年）』厚生統計協会，2005年，75-78ページ。
(3) 『朝日新聞』2007年7月28日。厚生統計協会編『国民の福祉の動向（2008年）』厚生統計協会，2008年，58ページ。
(4) 『朝日新聞』「人口減で明日は（導入編）」2006年4月16日。『朝日新聞』「出生率1.25。なぜ大さわぎ？」（ののちゃんの自由研究）2006年7月28日。
(5) 毎日新聞社『サンデー毎日』2006年9月17日号。
(6) 広井良典『持続可能な福祉社会』筑摩書房，2006年，5ページ。
(7) 厚生労働省編『厚生労働白書（平成18年版）』ぎょうせい，2006年，363ページ。
(8) 石川憲彦『影と向きあう教育と治療』光村図書出版，1984年，125ページ。
(9) 牧柾名『かがやけ子どもの権利』新日本新書，1991年，76ページ。

●引用参考文献──
① 厚生統計協会編『国民の福祉の動向（各年版）』厚生統計協会，各年。
② 厚生労働省編『厚生労働白書（各年版）』ぎょうせい，各年。
③ 網野武博編著『児童福祉の新展開（改訂第2版）』同文書院，2005年。
④ 才村純「児童虐待防止に向けた自治体の役割の今日的論点──児童虐待防止制度改正の意義と課題」『地方自治職員研修』第38巻第6号，2005年。
⑤ 厚生労働省大臣官房統計情報部編『社会福祉行政報告』厚生統計協会，2006年。

⑥ 社会保障入門編集委員会編『社会保障入門2006』中央法規出版，2006年。
⑦ 野崎和義『福祉のための法学——社会福祉の実践と法の理念』ミネルヴァ書房，2002年。
⑧ 波多野里望『逐条解説児童の権利条約（改訂版）』有斐閣，2005年。
⑨ 日本弁護士連合会子どもの権利委員会編『子どもの虐待防止・法的実務マニュアル（第3版）』明石書店，2005年。
⑩ 日本弁護士連合会編『子どもの権利ガイドブック』明石書店，2006年。
⑪ 川崎二三彦「児童相談所から見た法改正と今後の課題」『子ども虐待とネグレクト』第7巻第2号，2005年。
⑫ 石川憲彦『子育ての社会学』朝日新聞社，1985年。
⑬ 石川憲彦他『子どもの心身症』岩崎学術出版社，1987年。
⑭ 高杉晋吾『子どもに何が起きているのか』三一書房，1987年。
⑮ 中西新太郎他『競争の教育から共同の教育へ』青木書店，1988年。
⑯ J.ミッジリィ，京極高宣・荻原康生監訳『国際社会福祉論』中央法規出版，1999年。
⑰ E.ベック＝ゲルンスハイム，香川檀訳『出生率はなぜ下ったか——ドイツの場合』勁草書房，1992年。
⑱ 谷勝英編『現代の国際福祉——アジアへの接近』中央法規出版，1991年。
⑲ 浅井春夫『子どもを大切にする国・しない国』新日本出版，2006年。
⑳ 大阪保育研究所編『「幼保一元化」と認定こども園』かもがわ出版，2006年。
㉑ 全国保育団体連絡会・保育研究所編『ほいく白書 2006』ひとなる書房，2006年。
㉒ 汐見稔幸他『保育園民営化を考える』（岩波ブックレット No.651）岩波書店，2005年。

◆索 引

あ行

アダムス, J. 24, 25
アフターケア 173
育児休業制度 6, 97, 142, 155, 156, 217, 241
育児ノイローゼ 137, 144
育児の社会化 5, 141
池上雪枝 185
意見表明権 27, 213, 231
石井十次 22, 30
石井亮一 30
遺族年金, 遺族基礎年金 129
一時保育 155
一時保護 65, 115, 119
1歳6カ月児健康診査 84
伊藤清 34
異年齢集団 138, 141
医療・社会統合モデル 198
医療ソーシャルワーカー 73
インフォーマル・ネットワーク 76
ADC, AFDC 25
NPO 76
M字型カーブ 6, 138, 139
エリザベス救貧法 19
エンゼルプラン 47, 91, 217
延長保育 155
応益負担 220, 223
大型児童館 102
大型児童センター 101
岡山孤児院 22, 30

か行

海外移民 239
介護保険制度 40
改正救貧法(1834) 20, 23
核家族化 4
学習ボランティアの導入 177
学童保育 152, 155
篭山京 2
過疎化 3, 4

家庭学校 30, 185, 193
家庭裁判所 75, 113, 114, 188
家庭裁判所調査官 75, 188, 189
家庭支援専門相談員 67, 117
家庭児童相談室 65, 100
家庭児童福祉主事 65
家庭相談員 65
家庭福祉員制度 151
寡婦家庭 125
家父長的国家観 18
感化法 29, 186, 192
棄児養育米給与方 28
虐待防止ネットワーク 214
救護法 33
休日保育 155
(旧)生活保護法 36
救世軍 21
教育費の負担増大 5
教区徒弟 20, 21
国親思想(パレンス・パトリエ) 24
ぐ犯少年 181, 191
ケイ, エレン 23
ケンプ, C.H. 110
合計特殊出生率 6, 78, 79, 143
工場法 21, 109, 236
公的責任 13, 19, 27-41, 212
孝橋正一 13
公立保育所の民営化 154, 157
小型児童館 101
国際障害者年 196
国際障害分類(ICIDH) 198
国際生活機能分類(ICF) 198
国民年金制度 225, 226
子育て支援 40, 88, 96, 143, 144, 156, 216, 217
子育て支援サービス 156
子育て費用の増加 5
国家扶助法(英) 23, 24
子ども家庭相談事業 100
子ども家庭福祉 60, 216
子ども・子育て応援プラン 47,

61, 93, 95, 98, 103, 211, 213, 217
子どものウェルビーイング 60
子どもの最善の利益 213, 230
子どもの発達 9
雇用の分野における男女の均等な機会及び待遇の確保等に関する法律 139

さ行

3歳児健康診査 84
三子出産ノ貧困者ヘ養育料給与方 28
産前産後休暇 142
三位一体改革 212
シーボーム報告 24
支援費制度 40, 200, 201
試験観察 189
次世代育成支援対策推進法 91, 93, 145, 211
慈善事業 21
慈善組織協会 21
肢体不自由児施設 55, 203
肢体不自由児通園施設 55
肢体不自由児療護施設 55, 204
市町村(児童家庭相談機関) 53
市町村保健センター 65, 66, 73, 84
児童委員 77, 100
児童家庭支援センター 56, 103
児童館 56, 100, 101
児童環境づくり推進機構事業 104
児童虐待 58, 108, 165, 170, 171
児童虐待の防止等に関する法律 111, 115, 214
児童虐待防止市町村ネットワーク 75
児童虐待防止法(1933) 34, 109
児童憲章 37
児童健全育成 88-90, 96
児童権利宣言 27

243

児童厚生施設　90, 101
児童指導員　67, 70
児童自立支援施設　40, 56, 192
児童自立支援専門員　67, 69, 70
児童心理司　64, 84, 202
児童生活支援員　67, 71
児童センター　101
児童相談所　51, 64, 113
児童手当制度　38, 48, 105, 139, 218, 241
児童の遊びを指導する者　67, 71, 102
児童の居場所づくり事業　105
児童の権利思想　18, 26, 32
児童の権利に関する条約　27, 141, 200, 213, 230, 235
児童の定義　43, 123, 187
児童売春・児童買春　238
児童福祉　13
児童福祉司　64, 69, 119
児童福祉施設　45, 53, 54, 57
児童福祉施設最低基準　150, 151, 157, 223
児童福祉審議会　45, 47
児童福祉専門職　60, 62-64, 72
児童福祉の対象　15
児童福祉の担い手（主体）　16
児童福祉の方法　16
児童福祉法　36, 40, 43, 93, 113, 150, 151, 191
児童扶養手当制度　37, 48, 127-129, 224-227
児童扶養手当併給禁止措置　224
児童ふれあい交流促進事業　103
児童文化財の推薦・普及　105
児童問題（英, 1948）　23, 185
児童問題　1, 7, 31
児童問題の悪循環　7
児童遊園　56, 102
児童養護施設　54, 166, 170, 174
児童養護問題　7, 165
児童労働　109, 238
自閉症児施設　54, 204
司法福祉　181
社会改良運動　22

社会的自立　8, 174
社会的養護のあり方に関する専門委員会　61
社会福祉運動　14
社会福祉基礎構造改革　39, 211, 219
社会福祉サービスの市場化・商品化　40
社会福祉法　40, 149, 211, 220
重症心身障害児施設　55, 204
恤救規則　28, 30
出生数の減少　2
主任児童委員　102
ジュネーブ児童権利宣言　27
障害　197
障害基礎年金　225, 226
障害児教育　226
障害児の特別なケアへの権利　200
障害児の発達　198
障害児保育　158, 163
障害児問題　195, 224
障害者基本法　195
障害者自立支援法　47, 49, 201, 202
障害者に関する世界行動計画　197
小規模保育所　150
少子化社会対策基本法　47, 58, 92, 145
少子化社会対策大綱　93, 94, 211
少子化対策推進基本方針　91
少子化対策プラスワン　91
少子化問題・対策　2, 6, 88, 91
情緒障害児短期治療施設　55, 204
小児慢性特定疾患治療研究事業　83
少年　44, 187
少年院　74, 188
少年鑑別所　74, 188, 191
少年教護法　34, 186, 192
少年裁判所制度　24, 185
少年審判　182
少年法　181, 187, 188
触法少年　181, 191

助産施設　54
自立援助ホーム　174, 189
自立支援医療制度　90
新エンゼルプラン　47, 91, 217
親権の制約　113, 213
心身障害者扶養共済制度　203
身体障害　195
身体障害者手帳　202
心理療法を担当する職員　68, 69
ストリートチルドレン　237, 238
スピーナムランド法　20
生活の自己責任　39
生存権　19, 21
性別役割分業　4, 110, 140, 240
世界人権宣言　235
セルフヘルプグループ　76
全国肢体不自由児父母の会連合会　205
全国重症心身障害児（者）を守る会　206
全国心臓病の子供を守る会　206
全国保育士会倫理綱領　63
先天性代謝異常等検査事業　83
全日本手をつなぐ育成会　205
総合施設　144, 147, 221
措置継続・措置解除　172
措置（費）制度　40, 48, 219, 220

た行

第三者評価　149, 150
高瀬真卿　185
高田慎吾　31
滝乃川学園　30
男女共同参画社会基本法　139
単親家庭　122
地域子育て支援事業　155
地域子育てセンター事業　98
地域福祉　228
知的障害　196
知的障害児施設　54, 204
知的障害児通園施設　54
チャイルド・ガイダンス・クリニック　25
直接入所契約制度　221

通告義務　115, 169, 184
東京孤女学院　30
東京養育院　30
統合教育　226, 227
特殊教育　226, 227
特別育成費制度　172
特別支援学校　76
特別支援教育　76, 227
特別児童扶養手当　48, 202
都市化・工業化　3
留岡幸助　30, 185, 187, 193

な行

生江孝之　31, 32
難聴幼児通園施設　55
ニート　165
日常生活への援助活動　175
「日本型福祉社会」構想　38
日本国憲法　36, 234, 235
乳児　44
乳児院　54, 166, 170
乳幼児健康診査　83
認可外在宅保育サービス　151
認可外保育サービス　150, 156
認可外保育施設　151
認可保育所　150, 156
妊産婦健康診査　81
妊娠中毒症等の療養援護　81
妊娠の届出　81
認定こども園　145-150, 221
ネイバーフッド　229
ネットワーク　75-77
年齢別労働力率　6, 139

は行

パーソナル・ソーシャル・サービス　24
バーナード・ホーム　21
パーマネンシー・プランニング　25, 114
働く母親の増加　6, 138
発達障害者支援法　201, 204
母親クラブ　104
原胤昭　109
晩婚化・晩産化　2, 6, 80, 138
犯罪少年　181, 191

B型肝炎母子感染防止事業　84
ひきこもり　165
被虐待児症候群　110
非行　22, 24, 29, 181, 189
ひとり親家庭　122
ファミリー・ソーシャルワーカー　67, 117
ブース，W.　21, 22
福祉国家　23, 38, 236
福祉事務所　65
父子家庭　125, 132
ブリストル孤児院　21
ベビーホテル　151
保育　90, 137, 143
保育サービス　143, 152
保育サービスの情報公開　149
保育士　40, 66, 67, 70, 144, 157, 160, 162
保育所　56, 143, 145, 146, 152, 153, 158
保育所の民営化　146
保育制度改革　145, 219
保育対策等促進事業　154, 155
保育の質・水準　222, 223
保育ママ制度　151
保育問題　90, 137, 219
保育料　151, 153, 222
保育料徴収金基準額　153, 223
放課後児童健全育成事業（放課後児童クラブ）　57, 90, 103, 155
法務教官　74, 188
ボウルビィ，J.　23, 141
保健所　53, 65, 73, 81
保健所法　188, 191
保護観察所　188, 191
保護処分の決定　189
母子及び寡婦福祉法　123, 125, 127, 128
母子家庭　123
母子家庭等日常生活支援事業　128, 132
母子家庭の母の就業の支援に関する特別措置法　131
母子寡婦福祉資金の貸付　130
母子休養ホーム　131
母子健康センター　84

母子健康手帳の交付　81
母子指導員　67, 70
母子自立支援員　65, 131
母子生活支援施設　56, 131, 133
母子福祉センター　131
母子扶助制度　25
母子保健（法）　78, 91
母子保護法　34
母性保護規定　97
堀木訴訟　225
ホワイトハウス児童会議　25

ま行

マリア・コルエル事件　110
マルサス，T.R.　239
マルトリートメント　112
ミュラー，J.　21, 22
無認可保育所　144
盲児施設　55, 204

や行

夜間保育所　155
山室軍平　22, 109
幼児　44
幼稚園　145, 146
幼稚園就園奨励金制度　171
幼保一元化　145, 147, 149
要保護児童　173
要保護児童対策地域協議会　115, 214

ら行

療育手帳　202
療育の給付　83
利用契約制度　40, 149, 201, 220
ルソー，J.J.　18, 19, 26
劣等処遇の原則　20, 21, 23
ろうあ児施設　55, 204
労働力の育成　14, 21
ロック，J.　18, 19

わ行

ワンペアレントファミリー　122

索引　245

≪執筆者紹介≫（執筆順）

菊池正治（きくち・まさはる）第1章，第2章2，終章3執筆
　久留米大学文学部教授

細井　勇（ほそい・いさむ）第2章1，第7章，第11章，終章7執筆
　福岡県立大学人間社会学部教授

柿本　誠（かきもと・まこと）第3章，第5章，終章5執筆
　日本福祉大学社会福祉学部教授

徳永幸子（とくなが・さちこ）第4章執筆
　活水女子大学健康生活学部教授

佐藤直明（さとう・なおあき）第6章執筆
　鹿児島国際大学福祉社会学部教授

郷地二三子（ごうち・ふみこ）第8章執筆
　福岡医療福祉大学人間社会福祉学部教授

宮崎正人（みやざき・まさと）第9章執筆
　東筑紫短期大学保育学科教授

坂口寛治（さかぐち・かんじ）第10章執筆
　尚絅短期大学幼児教育科准教授

米澤國吉（よねざわ・くにきち）第12章1・3執筆
　中部学院大学人間福祉学部教授

河井伸介（かわい・しんすけ）第12章2執筆
　中村学園大学非常勤講師

勝　智樹（かつ・ともき）終章1執筆
　鹿児島国際大学大学院福祉社会学研究科博士後期課程在学

清水教惠（しみず・きょうえ）終章2執筆
　龍谷大学社会学部教授

愼　英弘（しん・よんほん）終章4執筆
　四天王寺大学大学院人文社会学研究科教授

村井龍治（むらい・りゅうじ）終章6執筆
　龍谷大学社会学部教授

≪編著者紹介≫

菊池正治（きくち・まさはる）
　現在，久留米大学文学部教授。1974年，龍谷大学大学院修士課程修了。主著，『現代公的扶助法論』（共著）法律文化社，1990年。『日本仏教社会福祉概論——近代仏教を中心に』（共著）雄山閣出版，1999年。『日本社会福祉の歴史　付・史料』（共編著）ミネルヴァ書房，2003年。『人物でよむ近代日本社会福祉のあゆみ』（共著）ミネルヴァ書房，2006年。『基礎からはじめる社会福祉論』（共編著）ミネルヴァ書房，2007年。

細井　勇（ほそい・いさむ）
　現在，福岡県立大学人間社会学部教授。1981年，同志社大学大学院修士課程修了。主著，『山室軍平の研究』（共著）同朋舎，1991年。『誰もが安心して生きられる地域福祉システムを創造する』（共著）ミネルヴァ書房，1995年。『石井十次の研究』（共著）同朋舎，1999年。『ストップ・ザ・児童虐待——発見後の援助』ぎょうせい，2001年。『人物でよむ近代日本社会福祉のあゆみ』（共著）ミネルヴァ書房，2006年。

柿本　誠（かきもと・まこと）
　現在，日本福祉大学社会福祉学部教授。1997年，熊本大学大学院法学研究科修士課程修了。主著，『福祉教科教育法』（共編著）ミネルヴァ書房，2002年。『社会福祉法制度』（共編）金芳堂，2004年。『新しい認知症介護』（共著）中央法規出版，2005年。『社会福祉研究の動向』（共著）中央法規出版，2005年。『四訂社会福祉実習』（共編著）中央法規出版，2005年。『現代の社会福祉入門』（共編著）みらい，2006年。

MINERVA 福祉専門職セミナー⑱
児童福祉論
——新しい動向と基本的視点——

| 2007年3月30日 | 初版第1刷発行 |
| 2009年3月1日 | 初版第3刷発行 |

〈検印省略〉

定価はカバーに表示しています

編著者	菊池　正治
	細井　　勇
	柿本　　誠
発行者	杉田　啓三
印刷者	江戸　宏介

発行所　株式会社　ミネルヴァ書房
607-8494 京都市山科区日ノ岡堤谷町1
電話075-581-5191／振替01020-0-8076

©菊池正治ほか，2007　　共同印刷工業・清水製本

ISBN 978-4-623-04718-5
Printed in Japan

菊池正治・清水教惠編著
基礎からはじめる社会福祉論　　　本体2400円

菊池正治・室田保夫ほか編著
日本社会福祉の歴史 付・史料　　　本体3200円

室田保夫編著
人物でよむ
近代日本社会福祉のあゆみ　　　本体2800円

林　博幸・安井喜行編著
社会福祉の基礎理論〔改訂版〕　　本体2500円

望月　彰著
自立支援の児童養護論　　　　　　本体2800円

加藤孝正編著
新しい養護原理〔第5版〕　　　　本体2500円

《社会福祉研究選書》

髙田眞治著
① 社会福祉内発的発展論　　　　本体3800円
　　──これからの社会福祉原論

右田紀久惠著
② 自治型地域福祉の理論　　　　本体4500円

――――― ミネルヴァ書房刊 ―――――
http://www.minervashobo.co.jp/